刘宝存　主编

比较高等教育研究丛书

初编　第 **2** 册

中美研究型大学博士生教育质量保障体系的比较研究

陈　玥　著

花木兰文化事业有限公司

国家图书馆出版品预行编目资料

中美研究型大学博士生教育质量保障体系的比较研究／陈玥 著
-- 初版 -- 新北市：花木兰文化事业有限公司，2022〔民111〕
目 8+286 面；19×26 公分
（比较高等教育研究丛书 初编 第 2 册）
ISBN 978-986-518-737-8（精装）
1.CST：高等教育 2.CST：比较研究 3.CST：中国
4.CST：美国
525.08   110022076

ISBN-978-986-518-737-8

9 789865 187378

比较高等教育研究丛书
初编 第 二 册   ISBN：978-986-518-737-8

中美研究型大学博士生
教育质量保障体系的比较研究

作　　者 陈　玥
主　　编 刘宝存
企　　划 北京师范大学国际与比较教育研究院
总 编 辑 杜洁祥
副总编辑 杨嘉乐
编辑主任 许郁翎
编　　辑 张雅淋、潘玟静、刘子瑄　美术编辑 陈逸婷
出　　版 花木兰文化事业有限公司
发 行 人 高小娟
联络地址 台湾 235 新北市中和区中安街七二号十三楼
　　　　 电话：02-2923-1455／传真：02-2923-1452
网　　址 http://www.huamulan.tw 信箱 service@huamulans.com
印　　刷 普罗文化出版广告事业
初　　版 2022 年 3 月
定　　价 初编 14 册（精装）台币 38,000 元

中美研究型大学博士生
教育质量保障体系的比较研究

陈玥 著

作者简介

陈玥，陕西周至人，北京师范大学教育学博士，加州大学洛杉矶分校访问学者（2017-2018年）。现为陕西师范大学教育学部副教授，硕士生导师，兼任北京师范大学研究生教育研究中心研究员，主要研究方向为比较教育、学位与研究生教育等。在《教育研究》、《比较教育研究》等刊物公开发表论文 30 余篇，出版或参编（译）相关著作 4 部，主持国家级课题 2 项，省部级课题 1 项，曾获第五届全国教育科学研究优秀成果奖三等奖等。

提　　要

　　博士生教育质量保障问题是博士生教育发展进程中的一个重要议题，完善的质量保障体系是提升博士生教育质量的重要保证。目前，美国研究型大学博士生教育在世界范围内得到广泛认可，而作为其博士生教育中的关键一环，质量保障也常常受到其它国家学术机构的效仿。本书的主要内容包括四个方面：首先，全面梳理美国博士生教育的历史变迁，以期为接下来的研究奠定基础。其次，运用朱兰的"质量三部曲理论"分别探究美国研究型大学博士生教育质量保障中的质量策划、质量控制（包括外部质量控制和内部质量控制）与质量改进，旨在明晰研究型大学在博士生教育质量保障中的作为。再次，基于美国研究型大学博士生教育质量保障体系中的质量策划、质量控制和质量改进全面而深入的分析，进一步运用"质量三部曲理论"反观和审视我国研究型大学博士生教育质量保障体系，继而从比较的视角全面窥视中美研究型大学博士生教育的质量策划、质量控制和质量改进，以期在反思批判中认识到我国研究型大学博士生教育质量保障体系中的不足以及未来改进和努力的方向。最后，外观美国研究型大学博士生教育质量保障体系的基础上，内联我国的现实情况，继而提出未来我国博士生教育质量保障体系的构建策略。

全国教育科学"十二五"规划国家青年课题"中美研究型大学博士生教育质量保障体系的比较研究"（课题批准号：CDA150129）

《比较高等教育研究丛书》总序

刘宝存

20 世纪 80 年代以来，科学技术突飞猛进，知识经济迅猛发展，国际竞争日趋激烈，经济全球化不断深入，文化多元化趋势增强……世界教育面临前所未有的新形势、新问题和新挑战。为了应对这些新形势、新问题和新挑战，以更好的姿态进入 21 世纪，世界各国无不把教育作为优先发展的战略领域，把教育改革与创新作为应对时代挑战和提高国际竞争力的重要举措，在全球范围内兴起了一场教育改革运动。在如火如荼的全球性教育改革中，世界各国都致力于建构世界一流的教育体系和教育标准，推动教育公平，提高教育质量，改进教学模式和方法，推动教育的国际化和信息化，促进教育治理体系和治理能力的现代化，提升教育为社会经济发展服务的能力，满足社会民众日益增长和个性化的教育需求。与以往的教育改革多聚焦于某一个层次或某一个领域的教育不同，世纪之交的教育改革运动涉及学前教育、基础教育、高等教育、职业教育、师范教育、教育管理、课程与教学等各级各类教育和教育的各个领域，是一场综合性的教育改革，而且迄今已经持续三十多年，但是仍然呈方兴未艾之势。

高等教育是一国教育体系中的最高层次，在培养高层次人才、开展科学研究和社会服务、推动国际合作与交流等方面发挥着至关重要的作用。从各国高等教育领域的教育改革看，新自由主义教育思潮成为占主导地位的教育思潮，新公共管理和治理理论被奉为圭臬，追求卓越和效率、倡导分权和扁平化管理、强调公民参与和公共责任，成为高等教育管理的价值取向。世界各国在高等教育中追求卓越，致力于创新人才的培养，特别是培养面向 21 世纪的教师、提高博士生培养的质量成为高等教育改革的重点。为了培养创新人才，各国高等学校在人才培养目标、课程设计、教学模式和方法、教学评价等方面进行改革，本科生科研、基于问题的学习、服务性学习、新生研讨课等以探究能力和实践能力为导向的教学模式和方法风行世界，建构高等教育质量保障体系成为各国的共同选择。在信息技术和全球经济一体化的推动下，各国致力于打造智能化校园，促进信息技术与教育教学、大学治理的融合；致力于发展跨境教育和学生流动，提升高等教育的国际竞争力和影响力。

北京师范大学国际与比较教育研究院是中国成立最早、规模和影响最大的比较教育研究机构，也是比较教育学科唯一的国家重点学科依托机构。该院 1999 年获批首批教育部普通高等学校人文社会科学重点研究基地，2012 年获批教育部国别和区域研究基地，2017 年成为教育部高校高端智库联盟成员单位。该院的使命是：（1）围绕世界和我国教育改革与发展的重大理论、政策和实践前沿问题开展研究，探索教育发展的规律，把握国际教育发展的趋势，为我国教育改革与发展提供理论支撑；（2）为文化教育部门和相关部门培养具有国际视野、通晓国际规则、能够参与国际事务与国际竞争的高层次国际化人才；（3）积极开展教育政策研究与咨询服务工作，为中央和地方政府的重大教育决策提供智力支撑，为区域教育创新和各级各类学校的改革试验提供咨询服务；（4）积极开展国际文化教育交流与合作，引进和传播国际先进理念和教育经验，把我国教育改革发展的先进经验和教育研究的新发现推向世界，成为中外文化教育交流的桥梁和平台。60 多年来，该院紧紧围绕国家战略，服务国家重大需求，密切跟踪国际学术前沿，着力进行学术创新，提升咨政建言水平，成为世界有重要影响的国际与比较教育理论创新中心和咨政服务基地；牢牢把握立德树人的育人方向，创新人才培养模式和方法，成为具有全球竞争力国际化人才的培养基地；充分发挥舆论引导和公共外交功能，深化国际交流与合作，成为中国教育经验国际传播中心和全球教育协同创新中心。

为了总结该院在比较高等教育领域的研究成果，我们以该院近年来的博士后报告和博士论文为基础，组织了这套《比较高等教育研究丛书》。《比较高等教育研究丛书》的各位作者现在已经在全国各地的高等学校工作，成为在比较教育领域崭露头角的新秀。首辑丛书包括十四部，具体如下：

黄海啸　美国大学治理的文化基础研究

陈　玥　中美研究型大学博士生教育质量保障体系的比较研究

翟　月　美国大学非营利管理教育课程设置研究

孙　珂　美国高校创新活动的风险治理机制研究

李丽洁　美国营利性高等教育机构的组织学分析

李　辉　美国联邦政府对外国留学生的监管研究

苏　洋　「一带一路」国家来华留学博士生教育质量监控体系研究

尤　铮　美国大学在亚洲的海外办学研究——基于对纽约大学的考察

肖　军　德国大学治理模式变迁研究

褚艾晶　荷兰高等教育质量保证政策研究

徐　娜　俄罗斯提升国家研究型大学国际竞争力的策略研究——以制度
　　　　变迁理论为视角

郑灵臆　芬兰「研究取向」的小学教师教育研究

朋　腾　俄罗斯高等师范教育人才培养模式变革研究

王　蓉　美国高校服务－学习实践的研究

根据我们的设想，《比较高等教育研究丛书》将不断推出新的著作。现在呈现在各位读者面前的只是丛书的第一辑，在条件成熟时我们陆续将推出第二辑、第三辑……。同时我们也希望在第二辑出版时不仅包括北京师范大学国际与比较教育研究院的研究成果，而且希望将国内外其他高等学校的研究成果纳入其中；不但出版基于博士后研究报告和博士论文修改而成的研究成果，而且希望出版高等学校和研究机构教学科研人员的研究成果，不断提高丛书的质量。同时，我们还希望聆听大家在选题方面的建议。

《比较高等教育研究丛书》的出版，得到花木兰文化事业有限公司的大力支持，特别是杨嘉乐女士为丛书的出版花费了许多心血，在此我谨代表各位作者向她们表示衷心的感谢。

刘宝存

2021 年 11 月 28 日

于北京师范大学国际与比较教育研究院

目次

导　论

一、问题的提出

　　作为高等教育的重要组成部分，博士生教育是培养各行各业尖端人才的重要途径。对于一个国家而言，博士生教育质量通常被视为衡量其高等教育发达程度与文化科学发展水平和前景的重要标志；而对于教育机构而言，博士生教育质量则是教育水平和地位的重要标志。随着当今世界经济与科技的快速发展以及国际竞争的日趋激烈，博士生教育面临着比以往任何时候都要严峻的国际竞争环境。加之，我国博士生教育规模的超常规扩张，使得博士生教育质量问题日益突显。因此，面对国际和国内的双重压力，加强博士生教育质量保障方面的研究不仅至关重要而且任重道远。

（一）博士生教育质量问题已成为全球关注的焦点

　　1994 年，美国质量管理专家约瑟夫·M·朱兰（Joseph M. Juran）指出："当 20 世纪被称为'生产率的世纪'时，21 世纪将以'质量的世纪'而为后人所知。"[1]"质量"作为博士生教育领域，乃至整个研究生教育、高等教育领域最为重要的关键词，目前已成为研究者们重要的研究主题以及相关会议论坛的主题词。譬如，欧洲高等教育质量保障协会（*European Association for Quality Assurance in Higher Education, ENQA*）于 2009 年举办的"研究生教育质量保障"（*Quality Assurance in Postgraduate Education*）主题论坛，其中就单独设立"博士生教育质量保障"（*Quality Assurance in Doctoral Education*）

---

[1] [美]约瑟夫·M·朱兰等：《朱兰质量手册（第五版）》，焦叔斌等译，北京：中国人民大学出版社，2003 年，23 页。

的主题板块，重点探讨了不同国家博士生教育质量保障的方法与策略等。此外，2013 年 10 月在陕西师范大学召开的第七届全国教育学一级学科建设高层论坛之主题即为"研究生教育质量保障：问题、挑战及对策"，主要围绕教育学科一级学科博士点学位建设中存在的问题：博导数量的猛增与博士生招生规模的矛盾、招不招在职博士生的困惑、招生公平与博士生招生制度改革、博士生的"两关"（"入口关"与"出口关"）的把守、博士生培养工程质量监控问题等焦点话题展开讨论。可以说，质量是博士生教育的生命线，目前许多国家已将博士生教育作为提升其国际竞争力的战略选择。因此，面对新的形势，全面提高质量已然成为当下我国博士生教育的核心任务。

（二）加快博士生教育研究亦成为创新型人才培养的旨归

博士作为学历教育的"塔尖"，其教育水平不仅反映一国最高教育水平和科研水平，也影响着一国知识创新能力和学术水准。[2]无论对于国家、社会的发展而言，还是对于高等教育自身的发展而言，博士生教育都具有举足轻重的作用。一方面，博士生教育的发展与一个国家的国际竞争力有密切关系，因为高层次人才已经越来越成为国际竞争的一个焦点；另一方面，博士生教育与高等教育自身的生存也有着密切关系，因为博士生教育是培养学生进行科学探索和寻求真理的教育，这既是博士生教育的性质所在，同时也是高等教育存在的历史依据。在国际竞争日趋激烈的今天，拥有创造性人才是在新世纪综合国力竞争中取得优势的关键。在这种形势下，承担培养高水平研究人员与专业学术人员的博士生教育倍受重视，博士生教育的进一步发展是大趋势。尽管目前"研究生教育"的相关研究已经受到学者们的广泛关注，但对于"博士生教育"的学术关注度仍然偏低。学者蔚蓝·鲍文与陆登廷曾在报告《攻读博士学位》（*In Pursuit of Ph. D., 1992*）中感慨地说："令人惊讶的是，对博士生教育的系统性研究是如此的少。"对于担负着为国家现代化建设培养高素质、高层次创新型人才为重任的博士生教育，是建设国家创新体系和未来夺取世界知识制高点的重要支撑力量，因而在未来的发展研究中应加大对博士生教育研究的关注，共同致力于博士生教育研究可持续、高质量发展。

---

2 我国成最大博士学位授予国, http://news.163.com/09/0728/06/5F9PASR5000120GR. html, 2009-07-28.

（三）我国博士生教育改革与发展中的质量保障问题亟待解决

研究生教育是培养高层次人才的主要途径，是国家创新体系的重要组成部分。改革开放十四余年来，我国培养了大批博士生，目前规模依然在逐步扩大。因此，有学者曾用"泡沫化"、"大跃进"等词形容我国当下博士生教育，认为长此以往，不仅难以保证博士生的质量，还会带来博士生就业难的问题，出现"高学历，低就业"现象。虽然我国在不断发展的博士生教育中取得了很大的成绩，且已成为博士生教育大国，但总体上看，博士生教育还不能完全适应经济社会发展的多样化需求，培养质量与发达国家相比还有较大差距。博士生数量的迅速扩张使得教育质量堪忧，质量保障问题已然成为当今我国博士生教育发展的核心。在扩大规模、加速发展的同时，如何保障和提高博士生培养质量？如何确立博士生教育的质量基准？如何走"规模、质量、结构、效益"相结合的道路？凡此种种都是目前亟待解决的问题。

（四）美国博士生教育质量保障的理论与实践提供了反思借鉴的契机

美国的研究生教育一度被认为是高等教育体系的精华，譬如，美国研究生院委员会（Council of Graduate Schools, CGS）曾指出："公众认为接受研究生教育是一项公民权利，而研究生教育一般是那些既有时间又有资源的人所享有的特权。但大量的研究证明，研究生教育正在变得日趋重要，这表现在它可以为公民拓宽职业选择的范围，并为促进未来经济、社会和国家的良好发展做好准备。"[3]伯顿·克拉克（Burton R. Clark）也曾指出："在20世纪末，国际比较有力地支持这样的印象，即在初等和中等教育阶段是薄弱的，甚至是很有缺陷的，而在第三级教育阶段是健全的，甚至是很有效率的，它的最高的教育方案——'研究生教育'，以力量的顶峰出现。"[4]与此同时，美国历来被英国视为博士精英教育的国家典范，有一批集中授予博士学位的"精英"大学。[5]鉴于博士生教育的战略性意义，美国已将研究生教育，尤其是博士生教育列为研究的重要方向，譬如，华盛顿大学所创立的研究生教育创新与研究中心（*Centers for Innovation and Research in Graduate*

3　[美]佩吉·梅基、内希·博科斯基：《博士生教育评估》，张金萍、姜枝译，上海：上海交通大学出版社，2011年，16页。

4　[美]伯顿·克拉克：《探究的场所——现代大学的科研和研究生教育》，王承绪译，杭州：浙江教育出版社，2006年，134页。

5　[美]鲍威尔、格林：《全球博士教育》，查岚、严媛、徐贝译，上海：上海交通大学出版社，2012年，5页。

Education）就是蜚声国际的研究博士生教育问题的重镇。自 20 世纪 90 年代至今，美国启动了一系列博士生教育改革的项目和计划，譬如，"贮备未来教师计划"（*the Preparing Future Faculty Project*）、"博士积极行动"（*the Responsive Ph. D.*）、"重塑博士计划"（*Re-Envisioning the Ph. D.*）、"卡内基博士生教育创新计划"（*the Carnegie Initiative on the Doctorate*）等。此外，美国还建立了一些专门机构来负责对毕业博士生资料的搜集工作，譬如，美国国家科学院（*National Academy of Sciences*）主要负责搜集所有博士毕业生基本资料及就业状况；美国教育部国家教育统计中心（*National Center for Education Statistics*）主要从大学搜集各学科、各级学位（学士、硕士和博士）的毕业人数，并依性别、族裔分。总体来讲，美国已建立了相对广泛而完整的博士生资料数据库，在多年的发展过程中，美国博士生教育在质量保障方面所采取的一些举措对于推动其博士生教育的质量具有重要作用。

然而，由于我国博士生教育质量保障的理论研究和实践起步较晚，质量保障建设仍处于探索阶段。相比之下，以美国为代表的发达国家在博士生教育质量保障方面已有较为成熟的理论和实践，这对我国博士生教育质量保障策略、途径、方式方法等的借鉴不无裨益。但同时也需注意的是，美国的博士生教育虽然在诸多方面都较为突出，但同样也遭受了一定的质疑，譬如，辍学率高、某些学科领域学位完成时间过长等，因此我们在借鉴过程中应当秉持理性、客观的态度，取其精华，摒弃糟粕。

（五）研究问题

基于上述的相关阐述，本研究的具体研究问题是：在整个质量保障过程中，美国研究型大学博士生教育的质量是如何策划的？质量是如何控制的？质量又是如何改进的？中美研究型大学博士生教育质量保障体系中的质量策划、质量控制和质量改进存在哪些差异？我国在未来博士生教育质量保障体系的改革与发展中又该做出何种选择？

二、研究意义

博士生教育是高等教育体系的重要组成部分，它肩负着为现代化建设培养高层次创新型人才的重任。发展博士生教育，对于深入实施科教兴国战略和人才强国战略，建设人力资源强国具有重要意义。总体而言，本研究的意义主要有理论意义和实践意义两个方面。

（一）理论意义

本研究是完善博士生教育质量保障理论建设的有效策略。改革开放以来，我国博士生教育取得了很大进步，尽管目前学者们对博士生教育相关方面已经展开了一些研究，但是这些研究大都来自于实践中的摸索，在理论上缺乏应有的论述，这反过来也影响了博士生教育质量保障作用的有效发挥。我国博士生教育质量保障的发展与实践时间不长，也缺少相关的理论研究，所以在现实中博士生教育质量保障未能达到其预期的目标。因此，加强博士生教育质量保障的深入探究，可以进一步完善我国博士生教育质量保障的理论建设，继而从深层次认识博士生教育质量保障的特征。此外，博士生教育质量评估是博士生教育质量保障最重要的手段之一，质量保障活动的有效开展离不开博士生教育评估这一监控手段的运用。通过对美国研究型大学博士生教育质量保障的研究，不仅能够丰富博士生教育评估的理论，而且对于拓宽博士生教育评估研究的视野具有重要作用。

（二）实践意义

本研究是提出适合我国国情的博士生教育质量保障有效策略的重要途径。完善的质量保障体系是提高研究生教育质量的重要保证，通过对中美研究型大学博士生教育质量保障体系的比较可以看出，虽然博士生教育质量保障有着普遍的基本规律，但是任何一种模式都有其成功的一面，又都有其需要逐步完善的一面。在不同的文化背景下，博士生教育质量保障既要遵循普遍规律，又要保持自己的优势特色，并在实践中不断探索适合本国国情的博士生教育质量保障。因此，本研究将通过对美国研究型大学博士生教育质量保障特征的有效把握基础上，从我国的国情出发，一方面保持我国现行博士生教育质量保障的特色与优势，另一方面提出适合我国国情的博士生教育质量保障的思考。

三、概念界定

对相关核心概念的清晰界定是开展一项研究的重要基础，它可以精确划定研究的边界、范围以及基本内容等。为了明确研究对象，便于研究的顺利开展，在此对研究中"博士生教育"和"质量保障"两个核心概念进行界定。

（一）博士生教育

博士生泛指正在攻读博士学位的、尚未进行毕业论文答辩的在读研究生。博士生教育作为一个较为宽泛的概念，主要是具有招收博士生资格的学校所进行的相关教育过程、环节及问题等。由于博士学位，尤其是哲学博士学位，居于庞大而复杂的高等教育系统顶端。因而，本研究主要探讨的是研究型学位，即哲学博士学位相关方面的问题，而不是日渐重要的专业博士学位（譬如，教育博士、工商管理博士、法学博士等等）的相关问题。美国的博士生主要分为研究型博士生（*Research Doctorate*）和专业型博士生（*Professional Doctorate*）。除非必要，本研究的博士生均指"研究型博士生"。

（二）质量保障

"质量"是现代企业管理中普遍使用的概念。在现代社会，"质量"一词无处不在，它几乎成为后现代主义和大众文化的图腾。它像一个头衔，可以应用于每一个事物：从汽车到薯片，从蓄水装置到谈啤酒。这个词频繁出现在集市、广告牌上，简直成了公开强迫销售的一部分"。[6]然而，对于质量的界定目前还是似是而非的状态，对此并没有达成共识。譬如，学者加利文（Garvin）指出："质量是一个不寻常的含糊概念，很容易形象化却难以界定，使人恼怒。"[7]学者格林（Diana Green）指出，"虽然人们对质量有一种直觉上的理解，但却难以清楚表述"，就像"自由"、"正义"等概念一样，"质量"是一个难以准确界定的概念。[8]学者皮尔西格（Pirsig）也曾指出："质量……你知道它，但你又不知道它，事实上它就是这样自相矛盾的。但如果一些事物比另一些事物好，也即意味着它们比其它事物有更高的质量。然而，当你试图说明什么是质量时，除了具有质量的事物本身之外，似乎其它所有的解释都将成为徒劳。事实上，对于质量确实没有什么可说的。但如果不能说明究竟什么是质量，那么又如何知道质量是什么，甚至怎么知道它是存在的？如果没有人知道什么是质量，那么所有的实用目的也是根本不存在的。但在人们的实际生活中，质量又确实是存在的。不然，等级是以什么为依据呢？人们为什么愿意为某些事物付出代价，但同时又将另一些事物丢

6　[英]玛丽·亨克尔：《国家、高等教育与市场》，谷贤林等译，北京：教育科学出版社，2005 年，219 页。

7　R. L. Galloway & Wearn., K., "Determinants of Quality Perception in Educational Administration Potential Conflict Between the Requirements of Internal and External Customers", Educational Management & Administration, 1998, 26 (1), p.37.

8　Green, D.. "*What is quality in higher education*?", SRHE and Open University Press, 1994, pp.12-17. 转引自：田恩舜：《高等教育质量保证模式研究》，青岛：中国海洋大学出版社，2007 年，21 页。

弃？很明显，一些事物比另一些事物更好，……但什么是"更好"呢？……所以，你如此翻来覆去，旋转着心灵的车轮，但最后你会发现还是无法找到关于质量的溯源。那么，质量究竟是什么？"⁹此段论述，也成为后期学者们讨论教育质量问题的经典引入语。

质量保障（Quality Assurance）是质量管理的一部分，其基本思想是对产品的顾客负责，让顾客确信产品生产者提供的产品是符合标准的，能够满足顾客的需要。¹⁰质量保障这一概念在 20 世纪 50 年代发端于美国，而最早制定"质量保障标准"的则是英国。20 世纪 80 年代中期，质量保障这一概念被正式引入英国高等教育管理领域，并由此在世界范围内掀起了高等教育质量保障运动。而在 20 世纪 90 年代以后，质量保障一词便频频出现在高等教育研究中。学者路易斯·莫利（Loulse Morley）认为："质量保障是作为一个生产程序的规范工具被引入高教领域，而不是一个检查产品本身质量的工具。"¹¹学者艾莉丝（Ellis）认为："质量保障是指厂家或者产品生产者向用户保障其提供的产品或服务持续达成预订目标以使用户满意的过程"。同时，也有学者指出任何领域的质量保障都具有以下基本特征："明确产品或服务的标准；识别达成目标所必须履行的关键职责与程序；不停地借助于用户来指导与监督目标的完成；对达成标准以及达成标准的程序有明确的文献表述；对完成标准的实施程序进行严密的控制；全员参与和奉献的精神"。¹²

综上，本研究将质量保障界定为：为了满足组织中所有成员对于高质量的追求，首先进行相应的质量策划，继而采取有效地、可行地、持续不断地质量控制和质量改进的过程，使组织中所有成员都能够对产品或服务的质量满意。可见，质量保障并不是督导评估部门自己的事，而是组织中以及组织之外的利益相关者的共同责任，他们都要为保障教育质量做出自己的贡献。

9　Jones, L. V., Lindzey, G, & Porter, E., "*An Assessment of Research-Doctorate Programs in the United States: Humanities*", Washington, D. C., National Academy Press, 1982, p15.; David L. Tan, "The Assessment of Quality in Higher Education: A Critical Review of the Literature and Research", Research in Higher Education, 1986, 24 (3), pp.223-265.

10　马健生：《高等教育质量保证体系的国际比较研究》，北京：北京师范大学出版社，2014 年，33 页。

11　Morley, L., "*Quality and Power in Higher Education*", SRHE and Open University Press, 2003, p.14.

12　转引自：陈玉琨等：《高等教育质量保障体系概论》，北京：北京师范大学出版社，2004 年，7 页。

如果将质量保障这一概念引入博士生教育，那么便可以得到博士生教育质量保障的定义：为全面保障和提升博士生（研究型博士生）教育质量，以博士生教育质量不断追求为核心的质量文化为基础，政府、社会和高校所共同实施的连续有效的质量策划、质量控制和质量改进的质量保障管理措施。想要判断某一事物的质量，事先必须明确"要求"，即判断质量的标准，只有事物的特性符合或高于标准的要求，我们才能说明其质量合格。而博士生教育要达成这样的质量标准就需要进行相关的质量控制，通过和所设定的质量标准进行对比后发现其中的具体问题和差距，进而实施相应的质量改进。博士生教育质量保障的这三个过程贯穿于整个教育活动过程，不是一种简单的机制，而是相互联系的有机整体。只有三者各施所长、协同合作，三管齐下时，才能使博士生教育质量的保障发挥其应有的作用。

四、文献综述

为了全面把握国内外的研究现状，本研究主要通过图书馆资源和电子资源数据库进行了查询。其中图书馆包括国家图书馆、上海图书馆、北京大学图书馆、北京师范大学图书馆以及 BALIS 馆际互借中心等；电子资源数据库主要包括 CNKI 学术期刊网、维普数据库、万方学位论文数据库、PROQUEST 数据库、WEB OF SCIENCE 数据库、ERIC 数据库等。此外，还通过 GOOGLE 学术搜索等网络引擎和一些专业网站进行了相关搜索。通过文献检索发现，目前国内外学者关于"博士生教育"[13]的研究现状如下。

（一）国内研究现状

1. 关于"各国博士生教育状况"的研究

要研究一个国家的教育状况，对其发展历程的梳理和分析是必要的。同样，如果要对各国教育展开广泛而深入的研究，那么对各国教育一些基本状况的了解就必不可少。为了推进博士生教育研究的深入发展，国内一些学者致力于对各国博士生教育的现状、演变、发展历史等方面进行了详细的梳

---

13 尽管博士生教育自始至终都是教育体系中极端重要的组成部分，但传统上有关博士生教育的研究并不是很多。早期的研究一般聚焦在整个研究生教育领域，并没有特别把博士生教育作为单独的研究对象。（转引自：沈文钦、赵世奎：〈西方博士生教育研究的主题〉，载《学位与研究生教育》，2010 年第 12 期）因此，文献综述部分在对博士生教育相关综述的基础上，也会涉及部分研究生教育方面的内容，以期全面把握国内外相关研究的现状。

理，有助于学者们对国外研究生教育不同发展阶段的情况有充分的了解，同时也为后期学者们的研究奠定坚实的基础。譬如，王文礼[14]对波兰博士生教育的现状以及目前所面临的一些问题和发展趋势进行了重点论述。同时，他还在后期对芬兰和印度的博士生教育的现状和问题做了同样的分析。此外，学者迟恩莲、叶林、张红等对苏联、日本、法国的博士生教育现状、沿革等一些基本状况进行了详细的阐述。

与此同时，通过文献搜集发现，学者们对世界范围内研究生教育的基本情况也已有一定的研究，并且成果也较为丰硕，有影响力的著作主要集中在20世纪八九十年代。譬如，国内的研究中颇具代表性的著作主要有以下几个：符娟明和迟恩莲主编的《国外研究生教育研究》[15]、刘晖主编的《二十国研究生教育》[16]、周洪宇主编的《学位与研究生教育史》[17]、《外国教育丛书》编辑组所编写的《高等学校的科学研究和研究生教育》[18]、冯增俊所著的《现代研究生教育研究》[19]、王秀卿和张景安的《国外研究生教育》[20]、曹健所著的《研究生培养模式论》[21]、清华大学研究生院所编的《美国研究生教育》[22]等，这些成果均对相关国家研究生教育的概况以及具体情况进行了分析和阐述。除此之外，国内也有部分论文对研究生教育的发展历史和历程进行了详细的梳理。其中，颇具代表性的当属陈庆华和沈跃进的文章《美国研究生教育的历史研究》（上、中、下）[23]，这种系统化的梳理，为后期学者们研究其国家的研究生教育奠定了基础。

14　王文礼：〈波兰博士生教育的现状与问题述评〉，载《中国高教研究》，2010年第11期。

15　符娟明、迟恩莲：《国外研究生教育研究》，北京：人民教育出版社，1992年。

16　刘晖：《二十国研究生教育》，长春：东北师范大学出版社，1989年。

17　周洪宇：《学位与研究生教育史》，北京：高等教育出版社，2004年。

18　《外国教育丛书》编辑组：《高等学校的科学研究和研究生教育》，北京：人民教育出版社，1980年。

19　冯增俊：《现代研究生教育研究》，广州：广东高等教育出版社，1993年。

20　王秀卿、张景安：《国外研究生教育》，北京：科学技术文献出版社，1987年。

21　曹健：《研究生培养模式论》，镇江：江苏大学出版社，2011年。

22　清华大学研究生院：《美国研究生教育》，北京：清华大学出版社，1985年。

23　陈庆华、沈跃进：〈美国研究生教育的历史研究（上）〉，载《学位与研究生教育》，1993年第1期；陈庆华、沈跃进：〈美国研究生教育的历史研究（中）〉，载《学位与研究生教育》，1993年第1期；陈庆华、沈跃进：〈美国研究生教育的历史研究（下）〉，载《学位与研究生教育》，1993年第1期。

2. 关于"博士生教育特点"的研究

有效把握博士生教育的特点，可以帮助研究者对本国或异国博士生教育的基本情况有较为明晰的认识，为后续研究的开展不无裨益。目前，国内学者也在此方面开展了许多研究，譬如，陈跃的文章《法国博士研究生教育的特点及其启示》[24]等。除了上述关于博士生教育特点的研究之外，对于世界范围内研究生教育发展特点的研究，国内也涌现出许多研究成果，其中一些专著中也有涉及研究生教育的特点方面，如《外国教育丛书》编辑组所编写的《高等学校的科学研究和研究生教育》、符娟明和迟恩莲主编的《国外研究生教育研究》、冯增俊所著的《现代研究生教育研究》等。此外，学者李帆[25]、苗乃耕与苗淬[26]、殷小琴[27]等人还在研究生教育发展历程回顾的基础上提出了研究生教育发展的特点。

3. 关于"博士生培养模式"的研究

博士生培养模式是近年来学者们关注的一个热点研究领域，涌现出了一批颇有影响力的研究成果。其中颇具代表性的成果当属陈学飞所编著的《西方怎样培养博士——法、英、德、美的模式与经验》，[28]该书系统分析了西方博士生教育最具代表性的法国、英国、德国和美国博士生培养模式的具体实例。还有些学者也对国外培养模式的特点进行了相关分析，譬如，李晓娟和吴志功[29]对法国博士生培养模式的现状及特点进行了详细阐述。此外，还有些学者对博士生培养模式进行了国际比较研究，譬如，马黎[30]主要在外观美国研究型博士生培养模式的基础上，继而内联我国研究型博士生培养模式的具体

---

24 陈跃：〈法国博士研究生教育的特点及其启示〉，载《中南民族大学学报》（人文社会科学版），2004 年第 3 期。

25 李帆：〈美国研究生教育的历史进程及其特点〉，载《高等教育研究》，1995 年第4 期。

26 苗乃耕、苗淬：〈美国研究生教育的特点及其启示〉，载《中国高等教育》，2007 年第 19 期。

27 殷小琴：《美国现代研究生教育发展的特点与问题》，硕士学位论文，浙江大学，2001 年。

28 陈学飞：《西方怎样培养博士——法、英、德、美的模式与经验》，北京：教育科学出版社，2002 年，1-10 页。

29 李晓娟、吴志功：〈法国博士生培养模式及其启示〉，载《中国高教研究》，2007 年第 11 期。

30 马黎：〈中美研究型博士生培养模式比较研究〉，载《高等教育研究》，1994 年第1 期。

情况，提出了未来培养模式的改进策略。

与此同时，在国内的研究中，有学者就研究生培养模式进行了系统的研究，如符娟明和迟恩莲主编的《国外研究生教育研究》[31]、刘鸿所著的《我国研究生培养模式研究》[32]等。此外，目前部分学者还对于研究生培养模式类型展开了相关研究，学者们根据各自不同的标准对培养模式的类型进行了划分，代表性的有"二类型说"、"三类型说"、"四类型说"、"五类型说"、"六类型说"等五种类型，其代表性观点详见表0-1：

表0-1 关于"研究生培养模式类型"的代表性观点

分类	类 型	划分依据	代表人物
二类型说	"学术型"和"应用型"	根据培养目标的不同划分	胡玲琳[33]（2004 年）贺佐成[34]（2005 年）李盛兵[35]（2005 年）
	"研究型"和"教学型"	根据学位类型的不同划分	李盛兵[36]（2005 年）
三类型说	"学徒式"、"专业式"和"协作式"或"研究型"、"专业式"和"协同式"	根据培养方式的不同划分	薛天详[37]（2001 年）丁康[38]（1997 年）李盛兵[39]（1997 年）
四类型说	"教学型"、"研究型"、"专家型"和"综合型"	根据培养特点与培养方向的不同划分	陈学飞[40]（2002 年）
五类型说	"学校型"、"学院型"、"跨校型"、"以学科为基础的跨校型"和"虚拟研究生院"	根据组织要素的不同划分	李盛兵[41]（2005 年）

---

31 符娟明、迟恩莲：《国外研究生教育研究》，北京：人民教育出版社，1992 年。

32 刘鸿：《我国研究生培养模式研究》，青岛：中国海洋大学，2007 年。

33 胡玲琳：《我国高校研究生培养模式研究——从单一轴向多元模式》，博士学位论文，华东师范大学，2004 年。

34 贺佐成：〈学术学位与专业学位的差异〉，载《中国研究生》，2007 年第 1 期。

35 李盛兵：〈研究生教育模式研究之反思〉，载《教育研究》，2005 年第 11 期。

36 李盛兵：〈研究生教育模式研究之反思〉，载《教育研究》，2005 年第 11 期。

37 薛天详：《研究生教育学》，桂林：广西师范大学出版社，2001 年，283-292 页。

38 丁康：〈世界研究生培养模式的传统与变革〉，载《外国教育研究》，1997 年第 4 期。

39 李盛兵：《研究生教育模式嬗变》，北京：教育科学出版社，1997 年，29-113 页。

40 陈学飞：《西方怎样培养博士——法、英、德、美的模式与经验》，北京：教育科学出版社，2002 年，1-2 页。

41 李盛兵：〈研究生培养模式研究之反思〉，载《教育研究》，2005 年第 11 期。

六类型说	"政府主导型模式"、"高校（研究生培养单位）主导型模式"、"学科专业单位主导型模式"、"导师主导型模式"、"研究生主导型模式"和"社会（用人单位）主导型模式"	根据培养主题在培养过程中所处地位的不同划分	程斯辉[42]（2006年）

除了上述的五种分类之外，还有一些学者探讨了某一具体类型人才的培养模式，主要包括"创新型人才培养模式"、"应用型人才培养模式"、"复合型人才培养模式"、"多样化的人才培养模式"等。

4. 关于"博士生教育中创新人才培养"的研究

步入新世纪以来，世界各国都意识到国家竞争力的关键在于人才的竞争，想要在竞争中处于强势地位，就应当注重高层次人才的培养，特别是要注重造就国家栋梁和社会精英的博士生教育的创新，注重博士生创新能力的培养。刘献君曾在《发达国家博士生教育中的创新人才培养》[43]一书中，通过对德国、美国、日本、荷兰、加拿大等国家的实地深入考察，得出了一些值得我国重视和借鉴的结论。此外，董泽芳[44]、王昕红与张晓明[45]等人也对博士生创新能力的培养进行了详细论述。与此同时，在整个研究生教育中，也有许多学者将研究的视角放在创新人才培养方面，如王铁臣[46]、王伟[47]等。

5. 关于"博士生教育比较借鉴"的研究

比较研究有助于各国在借鉴学习的基础上取长补短，继而不断地完善本国的教育。从研究的观点来看，大多数比较研究认为国外，尤其是美国的博士生教育是相当成功的，譬如，陈学飞的文章《传统与创新：法、英、德、美博士生培养模式演变趋势的探讨》[48]等。与此同时，还有一些学者对发达国家

---

42 程斯辉、詹健：〈研究生培养模式研究的新视野〉，载《清华大学教育研究》，2006年第5期。

43 刘献君：《发达国家博士生教育中的创新人才培养》，绪论，武汉：华中科技大学出版社，2010年。

44 董泽芳：〈博士生创新能力的提高与培养模式改革〉，载《高等教育研究》，2009年第5期。

45 王昕红、张晓明：〈博士生教育中创新人才培养的现状及评价〉，载《高等工程教育研究》，2011年第4期。

46 王铁臣：《创新人才培养与研究生教育体制改革》，长春：吉林大学，2004年。

47 王伟：〈研究生创新能力培养初探〉，载《江苏高教》，2004年第6期。

48 陈学飞：〈传统与创新：法、英、德、美博士生培养模式演变趋势的探讨〉，载《清华大学教育研究》，2000年第4期。

和我国的博士生教育状况进行了比较，如李本娣与程永元的文章《中德两国博士生教育之比较研究》（上、下）[49]分别从学制与学位课程、经费与资助方式、科学研究与培养等几个方面展开了比较研究。由于近年来关于博士生收费话题在国内被广泛的讨论所以谷志远[50]等一些研究者也将研究的视角投射到国外的博士生资助等方面，以期为我国的博士生教育资助政策的完善提供借鉴。西方的研究生教育在多年的发展过程中积累了不少成功的经验，并且极具代表性。目前我国许多研究者通过对国外研究生教育的分析比较，分享其成功经验，从而推动我国研究生教育的可持续发展。譬如，纪勇平[51]对中美研究生教育的相关调节机制进行了比较分析，指出其中的差异与不足，继而提出未来我国的相关调节手段。

6. 关于"博士生教育质量评估"的研究

博士生教育质量评估作为博士生教育质量保障的主要手段，是世界各国学者关注的焦点，我国也不例外。譬如，黄海刚的文章《从声望排名到质量改进——美国博士生教育评估模式的演进》[52]、赵立莹和张晓明的文章《美国博士生教育评价：演变趋势及启示》[53]、赵立莹的博士学位论文《美国博士生教育质量评估体系发展研究》[54]等。新世纪伊始，我国制度化和规范化的研究生教育评价体系已初步形成。随着政府机构改革和职能的转变，我国已有 10 多个省市成立了专业性的教育评价机构，这既反映了当地行政部门切实转变职能的决心，也表明我国教育评估制度建设有了突破性的进展。就国内而言，关于研究生教育质量评价的研究成果较为丰富，如潘武玲[55]、詹春

49 李本娣、程永元：〈中德两国博士生教育之比较研究（上）〉，载《学位与研究生教育》，1996 年第 2 期；李木娣、程永元：〈中德两国博士生教育之比较研究（下）〉，载《学位与研究生教育》，1996 年第 3 期。

50 谷志远：〈美国博士生资助：特点、趋势及启示——基于不同类型博士生的分析〉，载《学位与研究生教育》，2012 年第 1 期。

51 纪勇平：〈中美研究生教育发展及其调节机制的比较分析〉，载《江西社会科学》，2003 年第 2 期。

52 黄海刚：〈从声望排名到质量改进——美国博士生教育评估模式的演进〉，载《比较教育研究》，2012 年第 1 期。

53 赵立莹、张晓明：〈美国博士生教育评价：演变趋势及启示〉，载《高等工程研究》，2009 年第 2 期。

54 赵立莹：《美国博士生教育质量评估体系发展研究》，博士学位论文，华中科技大学，2009 年。

55 潘武玲：〈美国研究生教育质量自我评价制度及启示〉，载《教师教育研究》，2004

燕与唐信焱[56]等人均对研究生教育质量评价制度进行了系统分析。

7. 关于"博士生教育质量影响因素"的研究

随着教育规模的不断扩大，目前社会各界对博士生培养质量的关注及质疑不断引起教育界人士的思考，博士生教育质量及其影响因素也越来越受到学者们的关注。近年来，许多学者也将研究的视角投射到博士生教育质量的影响因素方面，譬如，李小青[57]指出博士生培养质量的影响因素主要有生源质量、培养目标、导师队伍、课程设置、科研环境、管理机制等。此外，还有一些学者采用实证研究的方法对博士生教育质量的影响因素进行了探讨，如李丽与王前[58]等。与此同时，国内对于研究生教育质量影响因素方面的研究成果也颇为丰富，譬如，廖文武的文章《研究生教育质量影响因素分析与对策研究》[59]等。

8. 关于"博士生教育质量保障"的研究

目前，一些学者对于博士生教育质量保障体系构建展开了研究，如乐晨[60]在系统分析我国博士生培养质量保障的现状与问题的基础上，提出了我国博士生培养质量的一些具体对策。同时，一些学者还对国外博士生教育质量保障体系展开了相关研究，如陈欣欣[61]曾对斯坦福大学和普林斯顿大学的博士生教育质量保障体系展开研究。还有一些学者从更深层次来探讨博士生教育质量保障问题，譬如，郭建如的文章《我国高校博士生教育质量保障：制度与文化分析》[62]等。

由于近年来我国研究生教育规模的不断扩大，使研究生教育质量问题凸显，因此，相对于博士生教育质量保障的研究而言，国内学者更多的是将研

年第 2 期。

56 詹春燕、唐信焱：〈国际视域下的研究生教育质量评价——基于美、英、法、日四国的比较研究〉，载《教育发展研究》，2010 年第 21 期。

57 李小青：〈博士生培养质量影响因素剖析〉，载《学位与研究生教育》，2007 年（增刊）。

58 李丽、王前：〈基于实证的博士生教育质量影响因素分析〉，载《学位与研究生教育》，2012 年第 9 期。

59 廖文武、陈文燕、郭代军：〈研究生教育质量影响因素分析与对策研究〉，载《研究生教育研究》，2012 年第 2 期。

60 乐晨：《博士生培养质量保障研究》，硕士学位论文，湖南大学，2012 年。

61 陈欣欣等：〈美国著名大学博士生教育质量保障体系初探〉，载《学位与研究生教育》，1994 年第 1 期。

62 郭建如：〈我国高校博士生教育质量保障：制度与文化分析〉，载《高等教育研究》，2012 年第 6 期。

究的视角投射到整个"研究生教育质量保障"中来，并且成果也较为丰硕。具体而言，主要体现在以下几个方面：关于"研究生教育质量保障体系特征"的研究；关于"各国研究生教育质量保障体系"的研究；关于"具体专业研究生教育质量保障体系"的研究；关于"研究生教育质量保障体系构建"的研究；关于"专业学位研究生教育质量保障体系"的研究等。

（二）国外研究现状

博士生教育与博士生培养日益被看作是一种战略性的资源，而不单单是作为一项纯学术的事物。具体来讲，国外关于"博士生教育"的研究主要围绕以下几个主题开展。

1. 关于"博士生教育的现状、特点、趋势"的研究

通过文献检索发现，早期的一些研究更多的是将博士生教育纳入到较广的研究生教育中来讨论，直到 20 世纪 90 年代左右，博士生教育才逐渐开始成为研究者们所关注的热点。在这期间，也涌现了一批经典的著作，譬如，伯顿·克拉克（Burton R. Clark）1993 年的著作《研究生教育的科学研究基础》（*The Research Foundations of Graduate Education*）和该著作的"姊妹篇"（1995 年），即《探究的场所——现代大学的科研和研究生教育》（*Places of Inquiry: Research and Advanced Education in Modern University*）。可以说，这两部著作在当时学界影响颇为深远，对于目前相关研究的开展也具有非常重要的作用。除此之外，一些学术期刊也逐渐开始设立"博士生教育"专栏，集中探讨博士生教育的相关问题。2007 年，来自世界各国研究博士生教育的学者共同发起并建立了"博士生教育研究国际网络"（*International Doctoral Education Research Network, IDERN*），这为来自世界各地的博士生教育研究人员提供一个重要的对话途径，同时也意味着博士生教育作为一个独立的、小型的学术共同体的形成。[63]同时，还有一些研究对博士生教育的趋势问题进行了相关探讨，譬如，马瑞希·内拉德（Maresi Nerad）就曾撰文从全球化对教育研究影响的视角来谈未来的博士生教育。[64]

---

[63] "Subscribe to the International Doctoral Education Research Network (IDERN)", http://depts.washington.edu/cirgeweb/subscribe-to-the-international-doctoral-education-research-network-idern/, 2013-02-14.

[64] Nerad, M., "Globalization and its Impact on Research Education: Trends and Emerging Best Practices for the Doctorate of the Future". In M. Kiley and G. Mullins, eds, *Quality Postgraduate Research: Knowledge Creation in Testing Times*, CEDAM, The Australian National University, Canberra, 2006, pp.5-12.

　　国外对于博士生教育发展状况、特点等已有些许研究，但同时也在研究生教育发展中对其现状以及趋势等有一些梳理和阐述。譬如，米歇尔·G·阿什（Mitchell G. Ash）在其著作《德国大学的过去与未来：危机与复兴》（*German Universities Past and Future: Crisis or Renewal?*）[65]中，系统阐述了德国大学自 1810 年至 1989 年以来的演变历史，并对德国大学当前的改革、政策和经费资助等问题进行了探讨。欧内斯特·拉德（Ernest Rudd）和雷·辛普森（Renate Simpson）在其著作《最高层次的教育：英国研究生教育研究》（*The Highest Education: A Study of Graduate Education in Britain*）中，[66]主要对英国研究生教育的发展历程以及研究生教育培养过程中所存在的问题等进行了分析。理查德·J·斯托尔（Richard J. Storr）在其著作《未来的开始：人文科学领域研究生教育的历史透视》（*The Beginning of the Future: A Historical Approach to Graduate Education in the Arts and Science*）中，[67]对不同学位研究生教育的产生背景等作了细致的阐述。埃弗雷特·沃尔特斯（Everett Walters）在其著作《今日研究生教育》（*Graduate Education Today*）中，[68]对美国研究生教育的发展脉络等方面进行了详细的分析。在国外，有些国家也发布了一些研究报告对研究生教育的发展趋势进行了预测。譬如，2001 年英国所发布的报告《博士学位学习的趋势和概要：1996-1997 年至 2009-2010 年》，主要对英国高等教育机构初学者攻读博士学位的课程进行了趋势分析，首先从整体上对其发展趋势进行了分析，之后又从微观层面对其进行深入分析与探讨。[69]与此同时，一些研究报告也对世界范围内研究生教育的趋势进行了预测，如《研究生教育的趋势与问题》（*Trends and Issues in Postgraduate Education: Challenges for Research International Experts' Workshop Final Report*）[70]等。

65　Mitchell G. Ash, *German Universities Past and Future: Crisis or Renewal?*, Berghahn Books, 1997.

66　Rudd, E. & Simpson, R., *The Highest Education: A Study of Graduate Education in Britain*, Routledge and Paul, 1975.

67　Richard J. Storr, *The Beginning of the Future: A Historical Approach to Graduate Education in the Arts and Science*, McGraw-Hill Book Company, 1973.

68　Walters, E. *Graduate Education Today*, American Council on Education, 1965.

69　*PhD Study Trends and Profiles*, Higher Education Funding Council For England, 2011.

70　*Trends and Issues in Postgraduate Education: Challenges for Research International Experts' Workshop Final Report*, Dublin City University, Dubilin, Ireland, 2008, pp.1-20.

2. 关于"博士生教育国际化"的研究

全球化与国际化是高等教育的一大趋势，而在所有的教育层次中，博士生教育的国际化程度也是最高的，因此也是学者们关注的焦点。近年来，有不少研究就对不同国家博士生教育国际化水平等展开了详细的分析。譬如，马瑞希·内拉德曾撰文指出·"自 20 世纪 90 年代以来，全球化已经成为一种核心的社会现象，包括研究生教育，尤其是博士生教育。此外，他还指出所有的研究生教育系统渐渐地成为国际化背景下的一部分，并认为博士生教育国际化在当前主要存在两大挑战，即跨学科性以及将大学转型为全球知名的学校。"[71]同时，该作者在文章《全球化及其对研究教育的影响》（*Globalization and Its Impact on Research Education: Trends and Emerging Best Practices for the Doctorate of the Future*）[72]中进一步分析了全球化对博士培养模式的一些影响，认为在全球化的背景下，世界各国的博士生教育呈现出了一些共性的东西，例如跨学科培养、导师制改革等等。学者约翰·邦德（John Bound）[73]肯定了博士生教育国际化的利处，同时也分析了其为美国博士生教育带来了的一系列影响。

3. 关于"博士生教育完成率与流失率"的研究

博士生教育的完成率问题一直是西方国家非常关注的问题，其原因也是多方面，最重要的可能有两个：一是出于金钱的考虑，因为较高的完成率可以有效缩减高校的开支；另一方面，较低的完成率对于博士生或是国家都是一种损失，不仅造成学生金钱的巨大损失，也会造成他们心灵的重创。据相关研究统计，自 1920 到 1999 年期间，美国博士生的平均修业年限（指从获得学士学位后到获得博士学位之间的年限）从 7 年增加到了 11 年。[74]基于此，近年来，发达国家依旧对博士生教育的完成率问题投入了极大的研究

71　Nerad, M., "Globalization and the Internationalization of Graduate Education: A Macros and Micro View", *Canadian Journal of Higher Education*, 2010, 40 (1), pp.1-12.

72　Nerad, M., Globalization and Its Impact on Research Education: Trends and Emerging Best Practices for the Doctorate of the Future. In Kiley, M. and Mullins, G. (Eds.) *Quality in Postgraduate Research: Knowledge Creation in Testing Times*, Canberra, The Australian National University, 2006, pp.5-12.

73　Bound, J., Turner, S. & Walsh, P., *Internationalization of U. S. Doctorate Education*, National Bureau of Economic Research, 2009, pp.1-55.

74　Thurgood, L. L., Golladay, M. J. & Hill, S.T., *US Doctorates in the 20th Century*, Arlington, National Science Foundation, 2006, p.27.

热情。

譬如，马瑞希·内拉德在其学位论文《加利福尼亚大学博士生教育以及影响学位完成时间的因素》（*Doctoral Education at the University of California and Factors Affection Time-to-Degree*）[75]中单设一章"美国博士生教育"（*Doctoral Education in the United States of America*）来讨论博士生教育的完成率问题，他指出有 50%的攻读博士学位的学生最后拿到了博士学位，但这并不意味着离开学校的学生没有获得学位。有很大一部分没有完成博士学位的学生（31%）一般不会在前三年学习期间离开学校。根据专业领域的不同，博士生教育完成率也有所不同，低完成率一般与学位修业年限密切相关。生物科学（68%）和物理科学（67%）拥有较高的完成率，而语言与文化（30%）和艺术（42%）拥有较低的完成率。此外，该作者在《美国博士生教育》（*Doctoral Education in the USA*）[76]一文中，指出美国完成博士学位的平均时间的中值为 8 年，自然科学和工程学专业获得学位的平均时间为 5-7 年，对于社会科学和人文学科专业的学生而言，时间会更长，为 6-10 年。完成时间是从学生进入研究生院开始到最终获得博士学位为止，这也意味着，将攻读博士学位的时间以及中途所耽误的时间都包含在内。

由于获取博士生流失率的数据较为困难，即使获取到了，其数据通常也比较陈旧，所以为了解决这一难题，2004 年美国研究生院委员会专门开启了为期 7 年的"博士完成率项目"（*Ph. D. Completion Project*），主要对美国博士生教育中的完成率与流失率问题展开研究。此外，英国于 2005 年也开始了相关的研究，譬如，研究生教育的主要拨款机构——英格兰高等教育基金委员会（*Higher Education Funding Council for England, HEFCE*）于 2007 年发布了报告《研究型博士学位的更新：准入与完成》（*Ph. D. Research Degrees Update: Entry and Completion*），该报告提供了有关博士生完成率与修业年限等方面的数据，其数据的完备程度与美国不相上下。[77]这为开展英国博士生教育方面的研究提供了很好的平台。

---

75 Nerad, M., "Doctoral Education at the University of California and Factors Affection Time-to-Degree", PhD diss., University of California, 1991, pp.1-60.

76 Nerad, M., Doctoral Education in the USA. In S. Powell and H. Green Eds., *The Doctorate Worldwide*, Berkshire, England, Open University Press, 2007.

77 Higher Education Funding Council for England. Ph. D, Research Degrees Update: Entry and Completion, http://www.hefce.ac.uk/pubs/hefce/2007/07_28/07_28.pdf, 2007, pp.1-50.

4. 关于"博士生教育质量评估与保障"的研究

博士生教育质量评估可以说是博士生教育质量保障中最重要的环节，其主要是对博士生教育过程的质量评估，一般包括学术指导的质量、学术训练的质量以及博士生课程的质量等等。对于博士生教育质量的评估，许多学者都对此进行了广泛而深入的研究，并且取得了一定的成果。譬如，佩吉·梅基（Peggy L. Maki）和内希·博科斯基（Nancy A. Borkowski）所著的《博士生教育评估——改善结果导向的新标准与新模式》（*The Assessment of Doctoral Education: Emerging Criteria and New Model for Improving Outcomes*）[78]等。

国外对于博士生教育质量保障的宏观研究较少，更多的是在整个高等教育领域来谈质量保障问题，只有极个别的一些研究散见于某著作中的某个章节或是一篇小文章中。譬如，马瑞希·内拉德在文章《美国研究生教育及其变革》[79]中，指出推动美国博士项目改革有各种质量保障机制的作用。到目前为止，主要有四种质量保障的策略运用到美国的博士生教育当中，一是机构和项目的认证；二是周期性的大学项目评审；三是由美国研究委员会（*National Research Council*）和美国新闻与世界报道（*U. S. News and World Report*）联合开展的美国项目质量评估（*National Assessment of Doctoral Program Quality*）；四是通过一些研究组织，如华盛顿大学的"研究生教育创新和研究中心"，调查学位获得者的职业生涯结果。总体而言，这几个方面的质量保障机制推动了研究生教育项目水平的提升，并且这些评估组织也会不断更新他们的评估标准。与此同时，在一些研究报告中也对博士生教育质量保障问题进行了相关探讨。譬如，乔安妮·伯恩（Joanne Byrne）等在其研究项目的报告《博士生教育质量保障》（*Quality Assurance in Doctoral Education-Results of the ARDE Projiect*）[80]中，对质量保障和博士生教育的相关问题进行了详细阐述，还对博士生教育评估、管理、职业发展等问题进行了相关讨论。

---

78 [美]佩吉·梅基、内希·博科斯基：《博士生教育评估——改善结果导向的新标准与新模式》，张金萍、娄枝译，上海：上海交通大学出版社，2011 年。

79 Nerad, M.. Graduate Education and its Changes in the U.S., In *Daigakuin Kyoiku no Genjo Kadai* [*Graduate Education, and Future*]. Hiroshima: Research Institute for Higher Education, Hiroshima University, Japan, 2009, PP.291-305.

80 Byrne, Joanne, Thomas, J. & Loukkola, T., *Quality Assurance in Doctoral Education-Results of the ARDE Projiect*, European University Association, 2013, pp.1-42.

5. 关于"博士生教育国际比较"的研究

就国外而言，学者们就博士生教育也展开了比较研究。譬如，乔治·瓦娜达斯（George Vernardakis）在其著作中主要选择美国、法国和英国有代表性的且富有声望的九所研究型院校进行了实证研究，通过访谈每所院校的管理者来收集信息，并试图发现一些共性的模式，比较了项目组织、课程、毕业要求、学生咨询模式等因素。[81]与此同时，基斯·艾伦·诺布尔（Keith Allan Noble）的著作《变革博士学位：一个国际的视角》（*Changing Doctoral Degrees: An International Perspective*）[82]、OECD 所著的《1980 年代的研究生教育》（*Postgraduate Education in the 1980s*）[83]等都从国际比较的视角对博士生教育展开了系统的探讨。此外，目前还有一些专门介绍国外博士生教育的一些译著，如以下两本可谓是介绍各国、各地区博士教育的代表作：一个是由查岚等翻译的《全球博士教育》（*The Doctorate Worldwide*）[84]；另一本是由李毅等翻译的《博士教育全球化：动力与模式》[85]，该书是在 2005 年西雅图华盛顿大学研究生教育改革与研究中心召开的"博士教育变革动力与模式"会议（*Forces and Forms of Change in Doctoral Education Worldwide*）的论文集。这不仅对今后比较研究的开展提供便利，亦对促进国际博士教育的发展具有很大的作用。

（三）国内外研究现状评析

纵观既往国内外相关的研究成果和研究主题，不难发现，尽管目前学者们对于博士生教育质量保障的研究已经做了一些尝试，不管是相关研究也好，亦或是直接研究也好，都为本研究的顺利开展奠定了一定的基础。然而，目前国内外学者关于博士生教育质量保障的相关研究，仍存在一些不足之处。总体而言，主要表征为以下几个方面：

---

81 Vernardakis, G., *Graduate Education in Government in England, France and in the United States*, University Press of America, 1998.

82 Noble, K. A., *Changing Doctoral Degrees: An International Perspective*, Society for Research into Higher Education, 1994.

83 OECD, *Postgraduate Education in the 1980s*, OECD Publications and Information Centre, 1987.

84 [美]鲍威尔、格林：《全球博士教育》，查岚、严媛、徐贝译，上海：上海交通大学出版社，2012 年。

85 [美]内拉德·赫格兰德：《博士教育全球化：动力与模式》，李毅、张国栋译，上海：上海交通大学出版社，2010 年。

第一，宏观研究多于微观分析。虽然博士生教育自始至终都是教育体系中非常重要的组成部分，然而对于博士生教育的研究却并不多，早期的研究一般都聚焦于整个研究生教育领域。因此，这也导致目前对于博士生教育质量保障的研究更多的是一种宏观性的研究，要么融入到研究生教育质量保障中来探讨，要么融入到高等教育这个更大的系统中来探讨。目前，国内外学者在"博士生教育质量保障"方面的微观研究非常缺乏，仅有的一些探讨博士生教育质量保障方面的研究也仅仅是以叙述的手法进行介绍，而国外在此方面的研究也仅是散见于一些专著、期刊论文当中。

第二，相关研究多于直接研究。目前国内外对于博士生教育质量保障的研究，主要是从某一"子系统"领域内来对其进行探讨。多数学者一般仅从一个专门的角度进行分析，譬如，质量评价、质量影响因素等等，而直接对整个博士生教育质量保障进行研究则一直为学界所忽视。

第三，理论研究适切性欠缺。对于博士生教育质量保障研究的理论的适切性有待改善。在国内已有的博士生教育研究中，一方面，简单引入公共管理理论（譬如，新公共管理等）；另一方面，简单移植工商业管理理论（譬如，全面质量管理、ISO 质量认证等）。自 20 世纪 90 年代中后期，全面质量管理逐渐衰落，沦为一种"过去的时尚"。在国外已有的博士生教育研究当中，尽管有一些学者试图结合一些理论来研究博士生教育问题，譬如，用知识生产模式的变迁来解释专业博士教育的兴起、用新制度主义的理论来讨论研究生院制度建立之后的组织变迁和文化转型问题、用社会化的理论来提炼博士生的在读经验等等，但总体来看，大部分研究还是纯经验性的，纯理论维度的研究较为缺乏。

第四，多数研究浅尝辄止，深入研究有待拓展。在现有研究中，对于国外的相关研究更多的是以一种"顶礼膜拜"的态度歌功颂德，而对于我国博士生教育质量保障的深入研究还较为缺乏。很多研究都是思辨型的策略建议、方向指引或是简单的介绍，而对我国博士生教育质量保障的现状和所存在的问题并没有一个全面深入的认识，所以在借鉴时不能有的放矢。

五、研究设计

研究设计在具体的研究过程中具有非常重要的作用，它既是开展科学研究工作的前提和基础，同时也是贯穿整个研究过程的纲领性文本，因而此部分将全面厘清研究的理论基础、研究方法、研究思路等。

（一）研究的理论基础

为了对中美研究型大学博士生教育质量保障进行深入挖掘与分析，本研究选择了美国质量管理专家约瑟夫·M·朱兰（Joseph M. Juran）的"质量三部曲"（The Quality Trilogy）作为理论基础。

1. 质量三部曲理论的基本内容

约瑟夫·M·朱兰是公认的现代质量管理的领军人物，在这一领域中一直担任着一个领导者的角色。1989 年，朱兰所发表的《质量三部曲：一种普遍适用的质量管理方法》（*The Quality Trilogy: A Universal Approach To Managing For Quality*）是他"质量三部曲"理论的开山之作，由此"质量三部曲"理论闯进人们的视野并逐渐被世界各国广为推崇。

简单的说，质量管理是由质量策划、质量控制和质量改进这样三个互相联系的阶段所构成的一个逻辑的过程，每个阶段都有其关注的目标以及实现目标的相应手段。质量策划主要是为实现质量目标而进行准备的过程；质量控制主要是在实际运营中达到质量目标的过程；质量改进主要是通过突破来实现前所未有的绩效水平的过程。朱兰认为："三个过程中的每一个都具有普遍性，遵循着不变的步骤程序。每一程序适用于各自的领域，不因产业、职能、文化或其他因素而有所不同。"[86]

2. 质量三部曲理论的适切性

质量三部曲理论中质量实现的三个步骤为博士生教育质量保障提供了直接的、适切的依据。在质量管理的"三部曲"中，质量策划明确了质量管理所要达到的目标以及实现这些目标的途径，是质量管理的前提和基础；质量控制确保事物按照计划的方式进行，是实现质量目标的保障；质量改进则意味着质量水准的飞跃，标志着质量活动是以一种螺旋式上升的方式在不断攀登和提高。[87]首先，在博士生教育质量保障过程中，同样需要一个基本标准来衡量博士生教育质量，也即是需建立一套质量基准体系，这就相当于质量三部曲理论中的"质量策划"过程；其次，博士生教育质量保障过程中，我们

---

86 [美]约瑟夫·M·朱兰等：《朱兰质量手册（第五版）》，焦叔斌等译，北京：中国人民大学出版社，2003 年，11 页。

87 陈佳贵：《企业管理学大辞典》，北京：经济科学出版社，2000 年，429 页。

需要对其质量进行全面控制，包括内部质量控制和外部质量控制，这就相当于质量三部曲理论中的"质量控制"过程；再次，博士生教育质量保障过程是一个持续改进的过程，因为它要体现时代的需求，具有动态发展性，必须要求对其进行持续改进，才能实现质量的提高，这就相当于质量三部曲理论中的"质量改进"过程。

总体而言，质量三部曲理论是由三个内在相连的、定序排列的三个基本质量过程来完成和实现的，即质量策划、质量控制和质量改进。这"三部曲"实质上是一个往复循环的一个过程，从"质量改进"到"新的质量策划过程"再到"新的质量控制过程"再到"新的质量改进过程"，这也就形成了一个"链"，即是通过不断地"突破"——"策划"——"控制"的循环链。

（二）研究思路

1. 整体研究思路

整体来看，本研究主要包括四个部分：首先，全面梳理美国博士生教育的历史变迁，以期为接下来的研究奠定基础。其次，运用朱兰的"质量三部曲理论"分别探究美国研究型大学博士生教育质量保障中的质量策划、质量控制（包括外部质量控制和内部质量控制）与质量改进，旨在明晰研究型大学在博士生教育质量保障中的作为。再次，基于美国研究型大学博士生教育质量保障体系中的质量策划、质量控制和质量改进全面而深入的分析，进一步运用"质量三部曲理论"反观和审视我国研究型大学博士生教育质量保障体系，继而从比较的视角全面窥视中美研究型大学博士生教育的质量策划、质量控制和质量改进，以期在反思批判中认识到我国研究型大学博士生教育质量保障体系中的不足以及未来改进和努力的方向。最后，外观美国研究型大学博士生教育质量保障体系的基础上，内联我国的现实情况，继而提出未来我国博士生教育质量保障体系的构建策略。

2. 具体研究思路

具体而言，本研究主要以朱兰的"质量三部曲理论"作为分析框架，运用文献法、案例法和比较法，对中美研究型大学博士生教育质量保障体系进行比较分析的基础上，继而提出关于我国研究型大学博士生教育质量保障体系的构建策略。具体研究思路见图 0-1：

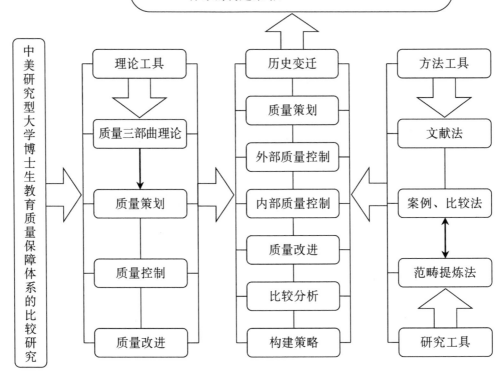

目标1：全面有效地把握美国研究型大学博士生教育质量保障中的质量策划、质量控制与质量改进。

目标2：比较与分析中美研究型大学博士生教育质量保障体系的异同。

目标3：提出关于我国研究型大学博士生教育质量保障体系的构建策略。

图 0-1　研究思路

（三）研究方法

基于研究的特性、需要以及现有的主客观条件，本研究的研究方法主要采用文献法、案例法和比较法，在此基础上借用范畴提炼法对相关的资料进行分析。

1. 文献法

研究方法是针对研究问题的特点和性质在一定的方法论范式指导下所采取的具体研究手段。对美国研究型大学博士生教育质量保障的研究，离不开相关的文献资料，加之现有主客观条件的限制，因此文献法便成为本研究的主要研究方法，它可以为本研究的顺利开展提供了很好的资料平台、信息平台以及基本的分析框架。文献法主要是根据研究的目的，对所搜集的书面或声像资料进行分析探讨，这种方法不仅应用于社会调查研究中，而且广泛应用于各种社会研究中。文献研究的主要作用体现在四个方面：一是能够了解有关问题研究的历史和现状，有助于确定研究课题；二是能够形成关于研究对象的一般印象，有助于观察和访问；三是能够得到现实资料的比较资料；四是有助于了解事物的全貌。[88]

本研究在搜集资料过程中主要采用如下几种方式，即图书馆（包括馆际互借）、电子数据库、网络搜索引擎和一些专业的官方网站等。其中，图书馆主要有国家图书馆、上海图书馆、北京大学图书馆、北京师范大学图书馆、哈佛大学图书馆等以及"BALIS、CALIS 和 CASHL"馆际互借服务；电子数据库主要包括 CNKI 学术期刊网、维普数据库、万方学位论文数据库、PROQUEST 数据库、WEB OF SCIENCE 数据库、ERIC 数据库等；专业官方网站主要有美国教育部（US Department of Education）、博士生教育研究国际网络（International Doctoral Education Research Network）、美国大学联合会（Association of American Universities, AAU）、美国研究生院委员会、美国国家教育统计中心（The National Center for Education Statistics）、美国新闻与世界报道网站、西部研究生院协会（Western Association of Graduate Schools）以及美国各州教育与研究型大学网站等。具体来讲，文献研究的具体过程如下：

首先，确定关键词，搜集文献。在整个文献研究过程中，先后运用上述提及的图书馆、数据库等资源，检索的关键词主要为"研究生教育质量"、"博士生教育"、"质量保障"、"质量评估"、"质量认证"等。在对相关的数据库进行检索的过程中，基本上采用的是顺查的方式，同时为了使文献搜集更为全面，有时也会采用追溯的方式。在此基础上，进一步采用相关的搜索引擎和专业官方网站进行搜索，起到一定查漏补缺的作用。通过文献检索，获取了一些权威机构的内部交流资料（如 *A Great Number of Materials from the International Doctoral Education Research Network*）、官方网站所发布的一些调查报告（如 *Internationalization of U. S. Doctorate Education, Quality Assurance in Doctoral Education-Results of the ARDE Project*）以及相关研究的

---

88 廖盖隆、孙连成、陈有进等，《马克思主义百科要览·下卷》，北京：人民日报出版社，1993 年，1673 页。

经典文献（如 *Doctoral Education in the United States of America, Doctoral Education in the USA*）等。总体来讲，这些文献不仅具有一定的代表性，也具有一定的权威性。

其次，国内文献的阅读，确定研究的领域。通过阅读我国博士生教育的有关调查研究报告、期刊论文、学位论文以及《国家中长期教育改革与发展规划纲要（2010-2020）》等，逐渐明晰了我国博士生教育改革与发展中需要关注的主要问题，即加强博士生教育的质量保障建设，使研究的开展是基于对我国教育问题的回应，而不至于脱离实际。

第三，背景性材料的获得，为深入研究奠定基础。通过阅读美国研究型大学博士生教育的相关学术著作以及政府报告等，对美国博士生教育的历史发展脉络以及目前的培养模式、存在的基本问题有力较为清晰的认识。这些背景材料的获得，对于考察和分析美国博士生教育所经历的发展阶段及其原因具有重要的作用，同时对于深入研究美国公立研究型博士生教育质量保障研究也不无裨益。

第四，官方文献的获取，深化对研究问题的认识。官方文献资料通常反映社会联系，代表集体的观点，也是集体经验的结晶。通过浏览相关的专业网站以及美国各州教育与研究型大学网站，获得大量关于美国研究型大学博士生教育质量保障直接相关的官方文献、报告、数据统计信息等，对于深化研究问题的认识具有重要作用。

最后，经典文献的研读，确定有效的理论分析框架。为了全面有效认识和把握美国公立研究型博士生教育质量保障的内容、措施、方式方法等，通过阅读一些权威期刊、经典书籍以及跨学科的理论书籍，最终确定以朱兰的"质量三部曲理论"作为本研究的主要理论分析框架，从质量策划、质量控制与质量改进三个方面有效分析和认识美国研究型大学的博士生教育质量保障。

总之，"有多少资料，做多少研究"。通过对大量权威、经典以及前沿性的文献资料梳理与分析，为本研究顺利开展提供了很好的资料平台、信息平台以及基本的分析框架。

文献法的确为本研究提供了扎实可靠的资料平台，那么对这些资料如何加以分析呢？本研究在综合各方面因素的条件下，选取了范畴提炼法这一定性的文献分析的方法。在定性研究中，资料收集、分析和理论之间的互动更紧密。[89]概括来讲，范畴提炼就是当面对纷繁复杂的事物，不要囫囵吞枣，也不要面面俱到，而是利用"分析-综合"的思维方式对事物进行抽象、概括的过程。分析要分析到事物的基本单位，分析时要有标准，也就是维度。在分析的基础之上就要进行综合，综合不是简单的加法，不是对原有事物简单的复原，而是一种范畴的整合，利用合并同类项方式，整合比原位高一个层次的理性思维。[90]对于中美研究型大学博士生教育质量保障体系的研究不可避免的要采用范畴提炼的方式，比如对博士生教的历史变迁以及研究型大学博士生教育质量保障的发展特征等，将会采用不同的维度予以分析和综合，建立在此方法基础上的资料分析，能够有效避免研究中相关论述的随意性，确保对研究资料的分析是基于一定逻辑的。

2. 案例法

案例分析法是社会科学研究中一种重要的方法，其主要目的在于通过现实中的典型案例有效的反映出丰富多彩的社会现实，并且佐证论点的合理性和论据的允分性，从而为相关的理论建构提供必要的素材，使理论和实践有机结合。案例分析属于一种感性的教育诠释方式，可以使教育研究更为生动，更为鲜活，更为有说服力。[91]本研究在美国研究型大学案例选择上，主要依据世界上颇为有影响力的三类大学排名进行，最终本研究将加州大学伯克利分校作为美国研究型大学的案例。对于我国而言，博士生培养也主要集中于研究型大学，尤其是 985 院校和 211 院校更是将博士生教育作为人才培养的重中之重，此类院校在培养高质量的人才和提升综合国力方面发挥了重要作用，因而对于我国研究型大学的选择也主要集中在这类研究型大学。通过案例的分析，揭示典型案例对于整个课题研究的普遍意义。

3. 比较法

比较法是贯穿本课题研究的最核心的研究方法。比较研究法就是根据一定的标准，对某类现象在不同情况、不同时期、不同地点的不同表现进行比较研究，确定对象间的异同，找出教育的普遍规律及其特殊本质，力求得出

89　[美]艾尔·巴比：《社会研究方法》，邱泽奇译，北京：华夏出版社，2009 年，375页。

90　邓旭：《教育政策执行研究：一种制度分析的范式》，北京：教育科学出版社，2010 年，63-64 页。

91　邓旭：《教育政策执行研究：一种制度分析的范式》，北京：教育科学出版社，2010 年，63-64 页。

符合客观实际结论的方法。[92]本研究的总体思路将遵循"比较研究"方法论的一般程式与要求。采用贝雷迪"四段法"即"描述、解释、并置、比较"的研究程序。第一、第二两个阶段合并起来为"区域研究",对应的是美国研究型大学博士生教育质量保障体系中的质量策划、质量控制和质量改进。第二、第四阶段合并起来为"比较研究",对应的是中美研究型大学博士生教育质量保障体系中的质量策划、质量控制和质量改进的比较分析,在此基础上提出我国研究型博士生教育质量保障体系的构建策略,以期促进我国研究型博士生教育质量保障体系的不断完善,继而提升我国研究型大学博士生教育的整体质量。

---

92 裴娣娜:《教育研究方法导论》,合肥:安徽教育出版社,2002 年,223 页。

第一章　美国博士生教育的历史变迁

> 不要忘记基本的历史联系，考察每一个问题都要看某种现象在历史上怎样产生，在发展中经过了哪些主要阶段，并根据它们这种发展去考察这一事物的现在是怎样的。
>
> ——列宁

美国研究型大学的发展与壮大，在很大程度上脱胎于注重人文精神培育的英国传统学院以及得益于德国大学重视科学的探究与学术人才培养的理念。博士生教育是当代国际上公认的正规高等教育的最高层次，其质量和数量是衡量一个国家高等教育发达程度与文化科学发展水平及潜力的重要标志。美国博士生教育制度常常被其他国家视为"金本位"的制度，因而也受到其他国家学术机构的频频效仿。站在历史的角度进行教育问题的研究，可以使研究者对教育问题的变迁脉络以及发展谱系进行充分理解和深度挖掘，对教育问题的思考也因此而更加深入。[1]因此，对于美国研究型大学博士生教育质量保障的研究也不可避免地要对其产生的历史背景以及发展历程进行探讨。然而，研究美国的博士教育，必须从美国高等教育，特别是研究生教育这一更广阔的视角进行考察，博士教育通常和研究生教育——包括传统的文、理学科以及很多专业领域的硕士学位教育密切相关。[2]相应地，对于美国研究型大学博士生教育质量保障的历史考察，不可避免地要从博士生教育这

---

1 马健生、陈玥：〈比较教育专业研究生培养的新探索——基于文化理解的视角〉，载《学位与研究生教育》，2013 年第 12 期。

2 [美]菲利普·G·阿特巴赫：〈美国博士教育的现状与问题〉，别敦荣、陈丽译，载《教育研究》，2004 年第 6 期。

一更为广阔的视角进行审视。基于此，本研究根据美国博士生教育在不同时期的发展特征与具体变化，可以将其大致分为六个阶段，以期从宏观层面整体展现美国博士生教育的发展轮廓，并为博士生教育质量保障的相关问题探讨奠定基础。

第一节　19世纪之前：博士生教育的史前阶段

纵观整个美国高等教育发展史，可以看出，美国博士生教育的发展在19世纪之前便露出了一些端倪。

一、中世纪大学学位制度的影响

学位制度起源于欧洲的中世纪大学。学生经过三至七年的学习，修完所规定的课程并考试及格，便可获得"硕士"（Master）、"博士"（Doctor）或"教授"（Professor）的学位。从本质上讲，中世纪大学的"学位"本意是执教的资格、凭证或执照，相当于中世纪手工业者行会中取得"师傅"称号的必要条件。在中世纪大学中，有的大学教师被称为博士，如波洛尼亚大学（Bologna，一译"博洛尼亚大学"——笔者注）；有的大学教师被称为硕士，如巴黎大学。"博士"作为一种学位最早产生于13世纪上半叶的巴黎大学。巴黎大学是仿照手工业者行会组织形式而形成的一个教师行会。博士学位最初只是加入教师行会的一种资格证书。[3]"凡获得巴黎大学硕士和博士者，有资格在任何地方任教而无需对他们另行考试或考察"。[4]可以说，最初的"博士"和"硕士"称号并无区别，均为获得大学教授的凭证，譬如，有学者就曾指出："硕士、博士和教授这三个头衔在中世纪完全是同义语。"[5]之后逐渐分化成表示不同学术水平的独立学位。硕士考试不公开举行，合格者发给证书，取得教学资格。博士考试公开举行，有隆重的仪式。考中者，由同学、亲朋好友伴随，以鼓手乐队为前导，吹吹打打，浩浩荡荡到大礼堂，先进行演说、辩论，后被引导到主教管辖的区域，由副主教赐给学位。至于

3　陈学飞：《西方怎样培养博士——法、英、德、美的模式与经验》，北京：教育科学出版社，2002年，2页。

4　[美]E·P·克伯雷：《外国教育史料》，华中师范大学教育系等译，武汉：华中师范大学出版社，1991年，181页。

5　Hastings Rashdall, F. M. & Powicke, A. B. Emden (edited), *The Universities of Europe in the Middle Ages*, Oxford, The Clarendon Press, 1936, p.19.

"学士"（Bachelor），起初只是一种获得教授证书的候补者的资格，并不是
学位的称号。[6]

二、欧洲大学模式的影响

　　毋庸置疑，美国博士学位制度的发展与完善会受到中世纪大学学位的影
响。同时，由于美国在独立前一直是英属殖民地，所以在当时的情境下，博
士生教育的发展也不可避免地要借鉴和模仿欧洲的办学模式和办学经验，尤
其是借鉴英国牛津大学和剑桥大学的办学经验而逐步发展。北美殖民地时期
所建立的学院，统称为殖民地学院。自 1636 年美国历史上第一所高等学校哈
佛学院（Harvard College）创立（1636 年，北美历史上第一个具有高等教育性
质的学校，即坎布里奇学院成立；1639 年更名为哈佛学院；1780 年升格为哈
佛大学），该学院基本上就是受到英国大学，尤其是当时牛津大学和剑桥大学
学院式的教育教学模式的影响，完全照搬英国古典大学的一套办学理念，实
施典型的英国式的自由教育和博雅教育，以培养"通才"为目标，崇尚经院
学术，以拉丁语为教学语言。哈佛学院初创阶段基本上是仿照剑桥大学伊曼
纽尔学院的模式，甚至是直接套用剑桥大学的伊丽莎白章程。按照伊曼纽尔
的模式建立哈佛学院时，年长的教士掌控了学院，课程与剑桥类似，学院实
行寄宿制便于未成年人的教育，以教学而不是知识的进步为中心。教会和政
府结成紧密同盟，在培养年轻人成为公职人员或教区牧师的问题上没有任何
分歧。[7]其它方面（譬如，学生的训练、管理条例、学位条件等），哈佛也尽可
能仿照英国的做法，因而哈佛学院后来成为"英国式的美国学院"的典范。
可以说，美国的研究生教育和其高等教育一样令人敬佩。在 17 世纪时，哈佛
学生为了获得硕士学位，他们通过自主学习的方式阅读了大量神学科学的内
容，然后在公共场合展示他们所学的内容。

　　在很大程度上，美国的殖民地学院是以欧洲大学的模式为蓝本，它们在
综合吸收欧洲大学小学理念及其办学模式的基础上，创建了属于他们自己的
学院以及相关教育制度。与此同时，美国早期的移民基本上都是欧洲的清教
徒，所以学院的目标主要是培养合格的神职人员。可以说，从哈佛学院的创

6　滕大春：《外国教育通史（第 2 卷）》，济南：山东教育出版社，2005 年，120 页。
7　[美]亚瑟·科恩：《美国高等教育通史》，李子江译，北京：北京大学出版社，2010
　年，17-18 页。

立一直到 18 世纪末，美国高等教育基本上都是沿袭英国大学的传统，其课程设置主要以古典学科为主，最终目的是培养神职人员和有教养的官吏。因此，美国早期的殖民学院布满了浓厚的宗教性和强烈的古典主义色彩。譬如，哈佛学院建校时宣称："为社会造就合适的人力，主要是培养教会认识。"[8]1754 年耶鲁学院（Yale College）校长克来波说："学院是传教士的社团，养成从事宗教职务的人员。耶鲁学院的建校意图是按我们的途径培育传教士。"[9]威廉·玛丽学院（The College of William and Mary）的建立是为了给教会培养受过虔诚教育的有学问和举止端庄的青年，同时也为在印第安人中间传播基督教的信仰。[10]

三、殖民地学院的大发展

除了哈佛学院（现用名哈佛大学；所属教会为清教徒；地点为马萨诸塞）外，殖民地时期建立的高等院校还有 1693 年所创办的威廉·玛丽学院（现用名威廉·玛丽大学；所属教会为英国国教；地点为弗吉尼亚），1701 年所创办的耶鲁学院（现用名耶鲁大学，所属教会为公理会；地点为康涅狄格）；1740年创建的费城学院（现用名宾夕法尼亚大学〈University of Pennsy Lvania〉，无派系；地点为宾夕法尼亚）；1746 年创办的新泽西学院（现用名普林斯顿大学〈Princeton University〉，所属教会为长老会；地点为新泽西）；1754 年创办的国王学院（现名为哥伦比亚大学〈Columbia University〉，所属教会为英国国教；地点为纽约）；1765 年创办的罗德岛学院（现名为布朗大学〈Brown University〉，所属教会为浸礼教；地点为罗德岛）；1766 年创办的皇后学院（现名为罗杰斯·新泽西州立大学〈Rutgers, The State University of New〉，所属教会为荷兰改宗教会；地点为新泽西）；1769 年创办的达特茅斯学院（Dartmorth College，所属教会为公理会；地点为新罕布什尔）等九所学院。其中，只有威廉·玛丽学院和达特茅斯学院目前仍沿用原名并维系文理学院的教育传统，其它几所后来发展成为研究型大学。虽然这些学校的课程是多种多样的，但一般都包括[11]：（1）第一年设有拉丁语、希腊语、希伯来语、修辞学和逻辑；（2）第二年设有希腊语、希伯来语、逻辑学和自然哲学；（3）第

---

8 周洪宇：《学位与研究生教育史》，北京：高等教育出版社，2004 年，72 页。

9 滕大春：《美国教育史》，北京：人民教育出版社，1994 年，399 页。

10 陈学飞：《美国高等教育发展史》，成都：四川大学出版社，1989 年，12 页。

11 王廷芳：《美国高等教育史》，福州：福建教育出版社，1995 年，2 页。

三年设有自然哲学、形而上学和伦理学；（4）第四年设有数学、复习希腊语、拉丁语、逻辑学和自然哲学。学校和管理人员也多是教士，所以这些私立大学都是教会学校，学者的工作是为上帝服务的，一切的教育措施均为教会所控制。在美国殖民地时期，教会确实在创建与扶助那些以为培养有学问的神职人员为主要职能的学院方面起过重要的作用。

1783 年美国正式独立，这为美国高等教育的发展与变革带来了一定的契机，其中最重要的标志即是州立大学的广泛兴起，这为各州培养各类人才发挥了重要的作用。由于北美在独立之前长期处在英国殖民统治之下，所以上述这些学院绝大部分都在教会的控制之下，它们几乎无一例外的受到来自英国大学和学院办学模式的影响。在创建初期，学院的主要培养目标是培养不同宗教教派的教士，整个学院也带有一种浓厚的宗教和古典色彩。因此，在相当长的一段时期内，其学院的课程设置绝大部分是传统的人文学科，而反映社会变革与生产力发展的一些新近课程内容却寥寥无几。整个学院内部充斥着一种经院气息，校内缺乏科学研究与学术的探讨，传授古典的、与现实生活割裂的知识是当时高等学校教育教学的重要任务。然而，虽然殖民地时期的学院是在各教派的控制下，但由于当时客观条件的限制，各教派必须寻求外部力量（诸如殖民地当局、工商界等）在财力物力等方面的资助；同时由于欧洲启蒙运动的强大影响和殖民地内部经济政治的发展等原因，使得世俗的力量对学院的影响有不断增强的趋势。[12]在殖民地时期学院的发展中，学生不仅有来自社会上层阶级的家庭，而且也有普通家庭的子弟，这在很大程度上打破了欧洲高等教育贵族式的传统，为美国高等教育的民主化开辟了新的发展方向和道路。

总体来看，殖民地学院时期的大学和学院几乎都只是进行本科层次的教育。虽然也有一些学院授予少量的硕士和博士学位，但这些博士学位并非真正意义上的博士学位，而是荣誉性的（早在 1692 年哈佛学院就授予英克里斯·马瑟〈Increase Mather〉名誉博士学位）、形式上的学位而已。譬如，当时已经在学院毕业且获得学士学位的学生，如果要获得硕士学位，他们不需要任何形式的学习，只需继续缴纳 3 年的学费且表现出一般的学术造诣即可。由上所述，哈佛学院所代表的殖民地学院是以英国大学的学院为原型的，其教育的主要目的是培养基督教绅士。"对教学而不是对研究的强调，对学生

---

12 陈学飞：《美国高等教育发展史》，成都：四川大学出版社，1989 年，21 页。

而不是对学者的强调，对秩序和纪律而不是对学问的强调，这些都是哈佛取自英国大学住宿学院的特点。"[13] 然而，由于殖民地的情况不同于宗教主的情况，因而哈佛学院也表现出不同于英国大学或学院的一些特征。其中最为突出的特征便是哈佛学院于 1642 年开始便独立地授予学位，尽管这种授予学位的权力从未获得过有关当局的批准或个人的认可，[14] 但它却是在学位授予方面不同于英国的一个有力尝试。虽然说这一阶段学位授予方面的具体做法还是借鉴和模仿英国大学的一些传统，具有明显的自发性质且尚未形成规范化、标准化、制度化的研究生教育形式，但是在此方面的探索，哈佛学院确实为未来美国的学位建设以及博士生教育的发展奠定了坚实的基础。

第二节　19 世纪初至 19 世纪 50、60 年代：博士生教育的萌芽阶段

由于美国独立之前，一直处于英国殖民统治之下。而美国独立战争之后，逐渐打破了强加于美国人民头上的殖民枷锁，为资本主义生产力的发展与壮大开辟了新的道路。由于受到德国的影响，这一时期美国在认识自身教育状况不足的基础上，积极借鉴德国学徒式博士生培养模式的相关经验。总体而言，这一时期美国博士生教育较史前阶段有了较大的发展，其发展的契机主要有以下五个方面。

一、契机之一：美国学院发展中的不足

究竟是什么激发了人们在 18 世纪末和 19 世纪初开始倡导研究生教育的构想？曾经一度，学士学位并非正规学习的结束，而是真正代表了学术生活的"第一学位"（"first degree"）；然而，当研究生教育开始时，上述时期的观点就已经过时了。当然，许多美国人获得了文学硕士学位，而获得这一

---

13 贺国庆：《德国和美国大学发达史》，北京：人民教育出版社，1998 年，83 页。

14 注：殖民地学院已经开始授予学士和硕士学位。哈佛学院 1650 年的特许状上并无言及学位授予权。但哈佛学院早在 1642 年就授予了 9 个学士学位。殖民地由一所学院授予学位的做法，背离了英格兰的大学垄断学位授予权的传统。此外，按照英格兰、欧洲的传统，大学特许状上总是要载明学位授予权的；而哈佛只是一所小学院，立法者难以决断，便干脆在特许状上避开这一问题。只是到了美国独立战争开始后，于 1780 年的马萨诸塞州的宪法上才载明给予哈佛学院学位授予权。哈佛学院创办人在早期自行授予学位的做法确实是一种果敢的行为。（资料来源：王廷芳：《美国高等教育史》，福州：福建教育出版社，1995 年，86 页）

学位不仅需要从学院毕业后在学校再待三年，而且还需提供一份达到一定知识水平的证明。通常情况下，他们并不需要以学生的身份居住在学校。根据中世纪的传统，学生需在大学认真学习获得第二学位，然后再获得博士学位，但自1800年以来这种传统发展得非常缓慢，以至于难以推动此方面的变革。学院学习已经变成一种几乎完全的本科教育，但在这里却提供了美国文理学院最高级的课程教学。文学硕士会偶尔逗留在学校中，但这些"常驻毕业生"（Resident Graduates）却很少被视为现代意义上的研究生。他们的头衔表明了他们所做的一些准备及其学术地位：允许他们居住在学校团体中，但是他们并没有或是很少受到关注。如果像他们这一群体人数足够多的话，他们最大的期望就是能够组建一个班级。鉴于硕士学位的糟糕情况，人们逐渐丧失了起初想要进行高级学习的动机，加之哲学博士还未在国内发展起来，所以许多想要进行高级学习或接受系统学习和指导的美国人往往被迫暂时移居国外。[15]

学校对于勤奋学习学生的经济激励是非常缺乏的，这种经济扶持甚至都不能持续到他们获得硕士学位。1643年，安妮·默尔森（Anne Mowlson）在哈佛设立了一个"扶贫"奖学金，资助那些贫困且有志继续深造的学生直至获得文学硕士学位，但是这些资金被纳入到学院的资本基金中，并未直接用于资助那些贫困学生。乔治·伯克利主教（Bishop George Berkeley）为耶鲁学院提供了一笔资产，这笔资产中所得收入用于资助在第一个学位和第二个学位间隔期的三个学生。然而，到19世纪中期，每个学位候选人仅仅能得到大约46美元的资金，这笔钱"如此之少，以至于不能对学生的思想和目标产生任何特定的影响。"[16]

在很大程度上，本科生的课程都是规定好的，或者是完全既定的，通常需要学生去适应课程，而不是让课程去适应学生。正是基于这样的原因，学院通常被称作是"普罗克汝斯忒斯之床"（Procrustean bed），意即强求一致的课程制度。文学学士通常掌握了足够多的古典知识，他们可能对纯理论哲学（academic philosophy）、传统宗教（orthodox religion）以及社会和物理科学的基本原理非常熟悉。然而，他们不必喜欢文学，也不必认识他们自身的特

---

15 Richard J. Storr, *The Beginning of Graduate Education in America*, Chicago, University of Chicago Press, 1953, pp.1-2.
16 Richard J. Storr, *The Beginning of Graduate Education in America*, Chicago, University of Chicago Press, 1953, p.2.

殊才华，或者是掌握任何传统学习限制之外的高深知识。上述这一判断也反映出这样一个事实，即在学院时期的生活，重点强调的是智力训练，而将知识的学习置于次要的地位。耶鲁当局发出这样的论断，他们认为心灵拥有特定的能力，所有的一切都在整个教育过程中扮演着基础性的作用，并且他们也认为这样的教育只要理解基本的课程即可，而不允许学生做出他们的选择。已有的本科生项目之所以缺乏吸引力，主要是这些项目过于强调传统记诵式的教学方法。耶鲁大学校长杰里迈亚·戴（Jeremiah Day）将此称为"这是我们课程学习和训练的重要组成部分"。此外，耶鲁的教授詹姆斯·L·金斯利（James L. Kingsley）也认为，教授们一些直接且有力的行为与学生的知识结构是相似的、契合的。但这样的练习是有规则的："学习本质上是卑微的、简单的、古老的且乏味的记诵。"[17]

可以说，在上述这种记诵式学习的系统下，年轻人只有通过这种"磨练人"的准备，才有望开始获取一些实际职业的基础知识。[18]由于旧时学院的单一性目的，所以这在很大程度上限制了它的可能性。因为对于每个学生而言，不仅目标是完全相同的，而且课程也是相同的。单一的、固定的一套课程，反过来阻止了高级课程或是专门课程的发展。这种要求将心智课程强加于那些持反对意见的年轻人身上，使得他们对任何其他事情都不适合。尽管这种做法受到了现代批评家们的批评，但是学院在很大程度上也受到了社会的制裁。在东部的人口中心，学院教育被作为职业发展的前提条件，而且这种职业也是通往受人尊敬的、有一定社会地位的必经之道。在阿利根尼山脉（Allegheny Mountains，北美阿巴拉契亚山系西部的分支）的另一边，尽管他们的目的在这些地方是非常不同的，但如果没有较高的社会地位的话，仍然会对社会（和地区）的流动具有很大的作用。于是在很大程度上，阿利根尼山脉的上层美国社团将学院视作是永远为了社会职位的一个适合的机构，而从不考虑学生真正在那里学到了什么。改革者们直接攻击这些社会机构在很大程度上是挫败的：去追求不同的目的通常意味着对外围起作用。[19]

---

17 Richard J. Storr, *The Beginning of Graduate Education in America*, Chicago, University of Chicago Press, 1953, p.2.

18 Nerad, M., Raymond, J. & Miller, D. S., *Graduate Education in the United States*, London, Garland Publishing, Inc., 1997, pp.10-11.

19 Nerad, M., Raymond, J. & Miller, D. S., *Graduate Education in the United States*, London, Garland Publishing, Inc., 1997, pp.11-12.

宗教色彩、地方自豪感以及国家规模限制了高级学习机构的发展，因而他们主要通过鼓励创建许多小型的、相对较弱的学院，而非鼓励大型的、相对较强的大学的创建与发展。美国不缺乏有能力、有才华的人，但是他们却被分散在广泛的国土上，通常对自身的了解是通过传教士教育的方式获得的，但有天赋的学生却不能从国家教育中获益。此外，即使是一些创建时间较长的学院，由于长期缺乏资金支持，它们只能资助很少一部分教师或购买一些基本的教学设备来维持正常的教学。

综上可以发现，早期的学院存在诸多方面的不足，硕士环境糟糕，博士尚未发展；经济激励机制不足；课程学习是既定的，学生几乎无选择权；教学方法几乎是记诵式的等等，这也进一步促使美国采取相关的措施来完善其学院的发展，为其今后教育的发展以及质量的提升带来一种良好的契机。

二、契机之二：深受德国的影响

德国大学的学术模式，在很大程度上主要指柏林大学的模式，这一模式深受自由主义和新人文主义思想的影响，对于激发人们的创造性才能和探索精神具有重要的推动作用。德国大学的发展也深受洪堡这种"教学自由"与"教学与科研相结合"思想的影响，可以说，柏林大学是这一时期德国高等教育的榜样和缩影，史学家称："柏林大学的创办像一个燃烧点发出耀眼的光芒，一切光线全都从这里出发。"[20]而真正促进德国经济和科学迅速发展以及一跃成为世界经济最发达的国家的是德国的研究生教育，因为这一时期其他国家研究生教育还没有发展起来，甚至是没有相关的高级人才培养机构，因此德国大学吸引了来自世界各地的学子，成为培养高级研究人才的摇篮。正是由于德国大学所提倡的学术自由以及重视科学研究所带来的巨大活力和科学成就，加之18世纪末许多美国青年学子对美国的教育状况不满，所以德国大学对这一时期的美国也产生了较大的吸引力。毫无讳言，美国研究生教育的产生与发展与德国现代大学有着密不可分的关系。约翰·布鲁巴克（John S. Brubacher）就曾指出："德国大学的学术成就对19世纪美国高等教育的冲击，是现代文化史中最具价值的论题之一。"[21]鲍德里奇（J. Victor Baldridge）

---

20 [德]弗·鲍尔生：《德国教育史》，滕大春、滕大生译，北京：人民教育出版社，1986年，128页。

21 John S. Brubacher & Willis, R., *Higher Education in Transition*, Harper & Row, Publishiers, 1976, p.174.

也曾指出："德国的影响比其它任何单一的影响因素都要巨大。它不仅给予美国高等教育赋予了新的动力，而且永久地改变了美国教育的特征。"[22]史学家称之为"是 19 世纪德国大学新理想的最显著代表，也是把大学作为专心致志于真正的科学研究与科学教育的机构的典型。"[23]

事实上，对于高级学习的追求和需求主要存在于内战前的美国。在 19 世纪，对于高级知识的学习主要在学习型的社团开展，譬如，本杰明·富兰克林（Benjamin Franklin）所创建的美国哲学会（American Philosophical Society）。这种在高等教育外部追求学习的传统持续了非常长的时间，其中就包括 1848 年所创办的"美国科学促进会"（American Association for the Advancement of Science）和 1863 年所创办的美国国家科学院（National Academy of Sciences）。未来的改革家们试图将高级学习引入学院课程，但是几乎都是以失败告终。譬如，乔治·蒂克纳（George Ticknor）于 19 世纪 20 年代试图将高级学习引入哈佛学院课程教学，尽管他已经成功的提升了自己院系的指导水平，但最终的改革还是步履维艰，收效甚微。然而，一般来讲，学问或研究一般被迫在学院外进行。据估计，第一次专业的研究生训练产生于 19 世纪早期的神学院（Theological Seminaries）。这些最好的机构招募了许多学院的研究生，成为一个传授圣经学（Biblical scholarship）之地，训练了一批未来的教育领导者。更为重要的是，哈佛学院随后发展起了科学学院，耶鲁学院则在 19 世纪 40 年代也建立了相关的学院。哈佛学院的劳伦斯学院（Lawrence School）成为一些哈佛学院教学人员进行科学研究的一个出口。[24]

据说最早访问德国大学的美国人是本杰明·富兰克林，他于 1766 年访问了哥廷根大学。乔治·蒂克纳在德国学习之后提出了众多的建议，其中最重要一条建议就是强调高级学习和研究生教育。19 世纪 20 年代早期，爱德华·埃弗里特（Edward Everett）、乔治·班克罗夫特（George Bancroft）、约瑟夫格林·科格斯韦尔（Joseph Green Cogswell）也相继奔赴德国学习并获得学

---

22 Baldridge, J. V., *Policy Making and Effective Leadership*, Jossy-Bass Inc, Publishier, 1978, p.250.

23 许迈进：《美国研究型大学研究——办学功能与要素分析》，杭州：浙江大学出版社，2005 年，15 页。

24 Nerad, M., Raymond, J. & Miller, D. S., *Graduate Education in the United States*, London, Garland Publishing, Inc., 1997, pp.9-10.

位，回国后主要致力于在哈佛大学开展研究生教育方面的改革，[25]之后他们四个人被看作是"第一批在德国大学学习的美国人"。值得一提的是，他们最初不约而同地都选择了哥廷根大学。究其原因主要有以下几点：其一，哥廷根所在的汉诺威当时归属于英国，便于与美国人沟通；其二，哥廷根具有优秀的师资；其三，哥廷根具有优良的教学方法；其四，哥廷根拥有一流的大学图书馆。以上四点中最重要的是哥廷根教授的价值和影响。[26]上述四人是19世纪第一批获得德国大学学位的美国人，也是大批赴德国留学人员的先驱。四人回国后都曾在哈佛学院任教，其历史作用是不言而喻的。美国学者斯文（Charles F. Thwing）说："总的来看，这四人如果不是对哈佛学院，但至少是通过哈佛学院，对美国文学和高等教育产生了影响。他们把欧洲学术带到了美国，打破了美国生活的孤立局面。他们丰富了美国的思想，激发了美国学者正确评价德国知识和教学的重要价值。"[27]截止到1950年，约有200名美国学生跟随他们四人的足迹在德国大学进行深造学习，主要集中在哥廷根大学、柏林大学等等。他们回到美国后强烈建议将德国人自由思想的精神、做事彻底的精神、努力工作的精神等灌输给美国人。不管这种方式的可行性如何，但他们依然试图采用类似的方式致力于美国高等教育质量的提升。

的确，上述四人对美国的研究生教育的发展具有重要的影响。在此，我们重点对乔治·蒂克纳（George Ticknor）[28]和爱德华·埃弗里特（Edward Everett）在此阶段的贡献做出重点阐述，因为正是由于他们孜孜以求的努力与探索，为后期美国研究生教育和博士生教育的改革与发展指明了方向。蒂克纳受聘在哈佛学院任现代语的教授，他仿效杰斐逊（Jefferson）积极在哈佛进行课程改革。他们俩都对学习有深厚的兴趣并且都取得了巨大的成就，但是对待工作的方式以及对高等教育体系改革的理想却是非常不同的。杰斐逊站在传统的制高点上，试图开展一系列"大建设计划"（Grand Projects），并

25 Walters, E., *Graduate Education Today*, Washington, D. C., American Council on Education, 1965, p.3.
26 贺国庆：《德国和美国大学发达史》，北京：人民教育出版社，1998年，110-111页。
27 贺国庆：《德国和美国大学发达史》，北京：人民教育出版社，1998年，114-115页。
28 注：从德国留学归来的乔治·蒂克纳（George Ticknor）在哈佛学院建立选修课制度，调整古典语言等传统课程，引入现代语言、自然科学等学科，扩大学生的选课自由。

计划建立一种完全的、新型的大学；而蒂克纳则受到德国大学的影响，寄希望于在现有学院的基础上开展教育改革。实际上，在蒂克纳准备去德国之前，他对德国的方式方法有一种预先不赞成的倾向。然而，直到1816年，当他亲眼目睹了德国的学习生活之后，改变了他以往对德国的那种印象。德国令人钦佩的学习设施以及德国大学所提供的学习方面的刺激物使他印象非常深刻。因此他决定放弃学习法律的兴趣，决定延长在欧洲学习的时间，以期使自己成为一名学者。他最开始倾向于文学，仅仅幻想哪里能为他未来的职业提供最好的准备。接着，他对英国、法国和德国的教育做了比较，认为英国尽管有一段青涩和光荣的时代，但英国的青年人缺乏一种其应当具备的勇攀高峰的旺盛斗志；在法国，文学已经埋没在国家独立的废墟之中，变成政治改革家们的一场运动；在德国，文学的精神已经存有半个多世纪，所有的一切都充满着新意和年轻的活力。因此，这也促使他寄希望于德国，因为德国那种学术自由精神和哲学精神吸引着他，并且摒弃了所有的偏见，让他非常向往之。蒂克纳试图将德国的精神移植到美国，这种德国的精神即是"运用哲学的思维来从事所有的文学研究，使学问尽可能的摆脱单调沉闷和机械主义，多一些愉悦和灵活。"[29]

蒂克纳的一位同事爱德华·埃弗里特，他从国外学习回来之后也倾向于通过欧洲的标准来评价学术机构，他反观哈佛，认为哈佛的课程设置是非常狭窄的，并且其教育也是不完整的、组织是不成熟的、资助也是匮乏的等等。埃弗里特认为："尽管欧洲大学从自身的考虑发展一些分支学科并传授相关分支学科的知识，但是恰当地说，这些机构是职业性质的学校，年轻人在文科中学主要进行古典学习来修缮他们自己，大学学习主要是为律师、医生、牧师或教师等职业做准备。然而，在美国，教学很少被当做是一种职业，大部分学校所提供的其他领域的训练也是不足的，甚至这些学院彼此之间是互相隔绝的。"[30]在审视了哈佛的情况之后，埃弗里特认为必须要改革学校现有的章程和组织，倘若不改革，学校将会失去社会的资助和信任。[31]尽管埃弗

---

29 Richard J. Storr, *The Beginning of Graduate Education in America*, Chicago, University of Chicago Press, 1953, pp.15-16.

30 Richard J. Storr, *The Beginning of Graduate Education in America*, Chicago, University of Chicago Press, 1953, p.17.

31 Richard J. Storr, *The Beginning of Graduate Education in America*, Chicago, University of Chicago Press, 1953, pp.19-20.

里特对他的改革充满了信心，但是其改革与发展依然举步维艰、步蹒履踬。

19 世纪 20 年代，诸多从德国归国的美国人表现出对德国高等教育系统的向往，使他们愈加意识到美国学院的不足。然而，他们并没有试图去复制哥廷根大学或柏林大学来创建美国的大学，而是直接借鉴当时哈佛大学试图仿照德国的模式建立一种研讨班（seminar）。通过两年的研讨班学习之后，如果想要成为一名教师就必须通过严格的考试，其中就包括毕业论文展示、一般的口语测试等等。自此之后，不仅拉开了美国学院向德国学习的序幕，而且也是哈佛博士生教育的一个重要起点。然而，经费问题却进一步阻碍了相关研究生教育改革的步伐。可以说，对于那些家庭贫困且有潜力的学生进行相应地资金扶持是必要的，因为研讨班当时还不是非常有名，还不足够吸引那些愿意成为专业化的古典主义者们的加入等。因为他们不能为学生提供足够的津贴，所以对研讨班最终是否能够走向成功许多人依然持着怀疑的态度。[32]因此，资金扶持成为早期美国人模仿德国模式进行相关教育改革的一个重要绊脚石。

受美国工业革命和西进运动的影响，19 世纪后美国的经济发展迅速，这也在很大程度上带动了文化、教育等方面的改革，而这一切也对高等教育人才培养方面带来了较大的挑战。在 19 世纪的大部分时间里，美国绝大多数的高等教育机构都依附于一些比较小的宗教机构，它们提供的差不多都是古典的博雅教育，其主要目的是培养牧师和其他一些专业人员。直到 19 世纪中期，一些新的领域，尤其是科学和工程被增添到美国高等教育的课程体系当中，或者是在一些专门的机构中开展相关的教学工作（譬如，创建于 1865 年的麻省理工学院〈Massachusetts Institute of Technology〉），或者是在某些机构中的一些学院中开展相关的教学（譬如，哈佛学院于 1847 年创立的立罗伦氏科技学院〈Lawrence Scientific School〉和耶鲁学院 1854 年于创立的雪菲尔德科学学院〈Sheffield Scientific School〉）。然而，当时这些机构并没有建立专门的研究生教育项目。[33]因而，由于不满美国高等教育的发展状况，一些美国的有识之士为了接受较高级别的教育，不可避免地奔赴欧洲，尤其是德国进行学习，他们在德国深受那种学术自由与教育和科研相结合的高等教育培养模

---

32 Richard J. Storr, *The Beginning of Graduate Education in America*, Chicago, University of Chicago Press, 1953, pp.24-28.
33 Lori, T., Golladay, M. J. & Hill, S. T., *U. S. Doctorates in the 20th Century*, National Science Foundation, Division of Science Resources Statistics, 2006, p.4.

式。据估计，19 世纪约有 10000 多美国人留学德国[34]，其中超过 50%的人攻读哲学博士；仅 19 世纪 80 年代，就有 2000 美国人在德国大学里从事研究生阶段的学习与科研。一万人出国留学在当时无疑是一个惊人的数字，如此众多的学子不远万里、远涉重洋求学德国，足见德国大学的魅力和影响，这也反映了美国人吸收别国文化如饥似渴和不畏艰难的精神。为此，国外学者将1814-1914 年这 100 年看作是"高等教育史上最令人惊异的世纪"，并将这种横渡大西洋的学者迁徙视为"高等教育史上文化相互影响的最不寻常的例子之一"。[35]

这些留德学生返回美国之后，绝大多数留在大学任教，成为美国高等学校教学和科研的骨干，他们在这一过程中不仅带来了德国大学关于研究生教育、科学研究的重要性，而且也带来了关于学术自由等新的思想和观念。事实上，从德国大学获得博士学位逐渐成为在美国高等学校任职的一个必不可少的条件。哲学家、留德学生罗伊斯（Josiah Royce）1891 年曾说："这是对德国大学梦寐以求的一代人。英格兰已成过眼烟云，它被看作是学术性不足的地方。法兰西在当时也被忽略。而唯有德国的学术是我们的老师和引路人……一个初去德国的人对理论生活的可能性仍抱有怀疑的态度，回国后即成为一名为了求知而将时间都用在纯粹知识上的理想主义者，他决心对大量的人类知识储藏作出贡献，渴望有机会帮助建立美国大学。"[36]由此可以看出，许多留德返回美国的有识之士不仅试图将德国大学的教育思想和实践移植到美国大学中，还在此基础上变革以往英国学院式的模式。最为重要的是，该时期学生如若要获得博士学位，必须通过严格的学习和考试才可以，这在很大程度上变革了以往那种荣誉性的博士学位，对于推动美国现代研究生教育的发展具有重要的现实意义。名噪一时的威斯康星大学的亨利·巴纳（Henry Barnard）、密歇根大学的塔潘（Henry Tappan）、明尼索达大学的伏尔威尔（William Folwell）、康奈尔大学的怀特（Andrew White）……等人，都曾以德国大学作范例而从事校政建设和教育改革，成为卓有建树的大学校长。

---

34 注：这一万名留德人员包括哈佛大学校长梯克诺和艾略特、密执安大学校长塔潘、康奈尔大学校长怀特、克拉克大学校长霍尔、哥伦比亚大学校长巴特勒和约翰·霍普金斯大学校长吉尔曼等。他们把德国大学的学术模式带到美国，使得研究生教育的种子在美国的土地上生根、发芽。

35 贺国庆：《德国和美国大学发达史》，北京：人民教育出版社，1998 年，115-116 页。

36 贺国庆：《德国和美国大学发达史》，北京：人民教育出版社，1998 年，115-116 页。

毫无疑问，那些留德学者的一些思想在美国的大学中逐渐发展起来。然而，他们在借鉴德国思想时并非仅仅复制德国大学的各个方面，而是根据美国的传统做出了相应的调整。譬如，迫切要求改革的乔治·蒂克纳就认为："我们必须更多的适应我们的时代精神和需求以及我们所居住的国家。"[37]

三、契机之三：受时代精神的影响

哈佛的改革经验是当时美国高等教育改革的一个标志，也体现出当时改革的一种不安。如果学院不能很好地依据国家的经济发展进行改革的话，学院终究会走向没落，甚至被遗弃。因此，这一时期也特别强调学院的发展与改革要很好地适应时代的精神和需求。倘若很好地践行这一"时代精神"的话，古典课程和现代课程需要并行发展，同时还要摒弃以往单一的本科生教育项目。[38]

这一时期，耶鲁学院在大学改革发展过程中较为有代表性。1827年，耶鲁学院院长和董事会成员指派了一个委员会来商讨关于削减必修拉丁语和希腊语课程的相关事宜。在发表相关意见之前，委员会咨询了学院教师们的意见，大致有两个方面：一是校长杰里迈亚·戴（Jeremiah Day）所写，他主要关注的是基本理论问题；另一个是詹姆斯·L·金斯利（James L. Kingsley）教授，他主要对当局提出了关于一些具体问题的处理方案。这两个意见的侧重点都是讨论变革的问题。在听取意见之后，委员会向董事会提交了一份报告，这一报告就是1828年著名的《耶鲁报告》（Yale Report），其中就包括了那个时期保守的学术性政策的争论。《耶鲁报告》宣称，以"精修古代语言"为特征的必修课程对于学院是唯一适当的课程体系，这种课程体系不仅在官能心理学心智训练概念的基础上被证明是正确的，而且学院的目的是通过古典文科课程的学习为学生未来从事各种专业奠定一般的基础，所以只设必修课的传统必须坚持。耶鲁报告认为，由于大学生智力上还不够成熟，还不了解构成"高深学术成就共同基础的"各种确定不疑的知识，因此不能给学生以选课的自由。[39]为了训练学生的心智，耶鲁学院的教育不应当是部分

---

37 Walters, E., *Graduate Education Today*, Washington, D. C., American Council on Education, 1965, p.5.

38 Richard J. Storr, *The Beginning of Graduate Education in America*, Chicago, University of Chicago Press, 1953, p.1.

39 Richard J. Storr, *The Beginning of Graduate Education in America*, Chicago, University of Chicago Press, 1953, p.29.

的（partial），只包括几门科目；另一方面，也不应该是肤浅的（superficial），对每一件事物只是一知半解；相反，耶鲁学院的教育目标是要提供一种彻底的（thorough）课程。[40]对于耶鲁学院为什么不允许学生选择自己最喜欢的学科、最适合自己才干的学科或是与自己所欲从事的专业最有关的学科的问题，报告给出理由："我们必修的课程仅仅包含了每一个想要获得一种彻底教育的人应该理解的那些科目。这些科目不是任何专业或艺术所特别具备的。专业或艺术的科目应该在专业和实用的学校里学。而科学的原理，是所有高级智力成就的共同基础。在我们的初等学校中，读、写、算是人人要学的，不论他们的前景如何不同；与此相同，在一所学院里，人人应该学习那些科目，对这些科目，凡是预定要达到较高社会阶层的人是不能忽视的。"[41]

此外，耶鲁报告还认为，不能将美国的学院与德国的大学进行比较，认为这种比较是误入歧途且荒谬的。校长戴说："耶鲁学院没有完全模仿欧洲大学的传统，也不能做一些荒唐的尝试去模仿它们。德国的教育机构中能与学院进行比较的只有文理中学。如果在耶鲁中的神学院、医学院和法学院中再加一个哲学院（主要是进行文学与科学的高级研究），那么这四个学院便可构成欧洲大陆意义上的大学，但学院将仍然拥有其自身独特的、适当的目的。在现存的条件下，试图将学院纳入大学的行列不仅没有意义的，而且也没有价值。"[42]总之，《耶鲁报告》对美国高等教育的发展产生了巨大的影响，以至于布鲁贝克认为"该报告或许是自美国独立至南北战争期间高等教育发展史上最有影响的教育文献。"[43]

四、契机之四：创建"国家大学"的尝试

独立战争时期是美国历史发展上的重大转折，在它的影响下，改造殖民地时期高等教育的传统便逐渐开始，其主要方向是建立更为实用的高等学校。在此背景下，美国政治家本杰明·拉什（Benjamin Rush）首次提出了创

---

40 王廷芳：《美国高等教育史》，福州：福建教育出版社，1995 年，121 页。

41 转引自：王廷芳：《美国高等教育史》，福州：福建教育出版社，1995 年，121 页。

42 Richard J. Storr, *The Beginning of Graduate Education in America*, Chicago, University of Chicago Press, 1953, p.29.

43 王宝星：《美国现代高等教育制度的确立》，石家庄：河北教育出版社，2005 年，77 页。

建"国家大学"（National University）的设想。拉什不管是在教育领域还是在政治领域，都是一个爱国主义者。对于他而言，美国革命远远超乎于一场战争那么简单，它还需要建立一个共和主义的国家，直至这些任务完成后革命才算真正完成了。为了完成这项"革命"，他认为国会不仅必须重塑公信力，向国防事业提供资助以及恢复商业。与此同时，还应当拨款创建一所"国家大学"。他认为创建"国家大学"这一任务要比其他的任务更为紧迫。[44]然而，由于宗教集团种种客观方面的原因，拉什关于创建国家大学的议案并没有通过国会的审议，但这一努力毕竟对以往的学院有所触动。

如果国会试图去创建一个国家教育系统的话，那么相关的危机可能便会很好的化解。如果拉什在1788年的构想能够付诸实践的话，那么大学应当将有用的和职业性的课程作为课题体系的主导。数学应当限定于与财产分割、金融和福利等领域相结合；自然哲学和化学的学习应当与农业、制造业、商业和战争紧密相关；古典课程和智力训练被看作是个人自己的事情，所以在课程体系当中并没有体现出其重要性。然而，创建一个伟大的国家大学，不管是致力于实用主义（Utilitarianism）或人文主义（Humanism），还是提供微薄或丰厚的奖学金，最终还是没有能够"实体化"。尽管也得到了像华盛顿（Washington）和杰斐逊的鼎力支持，但是这一理想并没有获得足够的认可，所以也没有被写入法律。[45]

尽管关于创建国家大学的构想可能看似是一种无望的"乌托邦"，但这也是教育改革重要态度转变的一个迹象，因为它们基本上阐明了大学改革的一些相关模式。在这一时期，许多学校开始设想建立州立大学，或是试图将当时存在的学院改为州立大学，然而这种努力大都是纸上谈兵，最后并未付诸实施。即使后期确实建立了一些州立大学，但就其本质和性质而言，这些所谓的"州立大学"依然沿袭了殖民地时期的传统，并不能算作是真正的州立大学。在这一时期，虽然对建立州立大学反对的呼声异常强烈，但并没有阻止创建州立大学的种种努力。其中，托马斯·杰斐逊就是其中的一个典型代表，他对美国建立州立大学的主张在当时产生了深远，乃至革命性的影响。经过多年的努力，他于1825年成功创立了美国史学家公认的第一所真正

44　Richard J. Storr, *The Beginning of Graduate Education in America*, Chicago, University of Chicago Press, 1953, p.7.

45　Richard J. Storr, *The Beginning of Graduate Education in America*, Chicago, University of Chicago Press, 1953, pp.8-9.

的州立大学——弗吉尼亚大学（University of Virginia）。该大学具有三个特点：完全是政府的事业，非民间的或半官方的；完全是世俗的，是按照民主主义和自由主义思想建立起来的；它提供较以前学院更高级的教育。[46]说它是"真正的"州立大学，不仅是因为该大学完全是政府的事业、完全世俗的，而是它所提供的教育水平要比当时其它州立学院的水平要高，可以说弗吉尼亚大学是当时在启蒙运动影响下的一个杰出代表。

五、契机之五：受留德教育家亨利·塔潘的影响

此阶段还有一所意义重大的州立大学不得不提，这就是留德教育家亨利·塔潘（Hery Tappan）所创立的密歇根大学，它和弗吉尼亚大学一样被看作是当时美国州立大学的样板。塔潘曾试图通过引进学者开展科研，并让许多优秀的学生参与这些科研活动来开展研究生教育，他曾就读于普鲁士及一些欧洲其它大学，这一特殊经历也对他后来重视科学研究和研究生教育的思想产生了深远影响。塔潘曾试图将德国大学的理念移植到美国大学中，使密歇根大学成为一所"真正意义"上的大学。他说："在新教德国取得如此的进步，世界上没有任何地方存在这样广泛、这样自由和这样全面的大学教育。"他认为德国大学的优点有二："第一，他们是纯粹的大学，没有馋入任何学院式的教学。第二，它们是完整的大学，提供图书馆和所有其他学习材料，具有讲授神学、法学、医学、哲学、数学、自然科学、语言学和政治学、历史和地理、艺术史和艺术原理，总之有讲授人类知识的各门分支的优秀教授。教授如此之多，以至采取了适当的各司其职的安排。每门学科都进行讨论，每个大学生选择他将要学习的课程，这促使他具有责任心并且勤奋地学习。他被允许自由从事研究；但如果想要成为一名教士、医生、律师、政治家、教授或任何高级学校的教士，必须通过最严格的考试，包括口试和笔试。"[47]

1858 年，密歇根大学在塔潘的领导下，制定了第一个正式攻读文科硕士学位的计划，这也是美国公认的学士后教育开始的标志。1858 年该大学董事会又进一步决定："学士学位拥有者完成至少一年的学习计划（每学期至少修习 2 门课程）、通过考试并提交论文"可授予文科或理科硕士学位。1859年，该校首次授予它的 2 名毕业生以攻获硕士学位。19 世纪中期，在美国大

---

46 李盛兵：《研究生教育模式嬗变》，北京：教育科学出版社，1997 年，69 页。

47 贺国庆：《德国和美国大学发达史》，北京：人民教育出版社，1998 年，138-139 页。

学中开展研究生教育的各种建议和努力纷至沓来。1860年，耶鲁学院设立哲学博士学位，这是按照德国大学模式制定出的美国第一个哲学博士学位，并规定学位获得者的条件是"学士学位后至少在校学习两年、通过最终考试并完成高水平的学术论文"。[48]可以说，1861年在美国的高等教育发展史上是非常重要的一年，不仅仅是因为在这一年美国内战的开始，更为重要的是美国在这一年授予的博士学位。1861年，耶鲁学院授予了首批3个哲学博士学位，他们都是在完成了两年的研究生学习，通过了几个领域的期末考试以及提交了毕业论文之后获得了雪菲尔德科学学院（Sheffield Scientific School）的哲学博士学位。这也标志着美国博士生教育和博士学位制度的初步建立。尽管该博士学位水平很高，但它却是学位的构建与研究生教育的培养体系在美国的雏形，这也成为美国正规研究生教育的肇始。尽管耶鲁学院在接下来的两年中又授予了四个博士学位，但研究生教育在1870年代以前并没有真正的开始。研究生教育的不断发展进一步促进了研究生教育相关制度的发展，而这一制度的发展也是19世纪末和20世纪初接受更高级别教育需求不断高涨的动力源泉。由于耶鲁学院的广泛影响，康奈尔大学在1868年成立之时便宣布，该校将培养研究生作为办学任务之一，并于1872年开始授予哲学博士学位。哈佛大学也于1872年正式通过管理委员会的决议，建立研究生部以及后来建立的文理研究生院，全面开展研究生教育，翌年便开始授予哲学博士学位和理学博士学位。1876年，美国历史上第一次获得博士学位的少数民族是一位非裔美国人，他获得的是耶鲁学院的物理学博士学位。1877年，第一位女性获得了美国的博士学位。[49]

总体来看，这一时期美国博士生教育的发展还处于的起步阶段，其主要特征有如下几个方面：

第一，博士生培养具有理性主义的特征。在理性主义者的眼里，人永远是教育的对象，人的个性发展和传播理性知识，始终是大学教育的最高原则，主张在教育过程中实现人的自我完善，抛弃教育中的实用性与职业性。[50]美国博士生教育形成之初即受到德国大学博士生培养模式的影响，培养的理念具有明显的理性主义特征，试图用理性作为衡量一切事物的标准。

48 陈学飞：《美国高等教育发展史》，成都：四川大学出版社，1989年，68-69页。
49 Lori, T., Golladay, M. J. & Hill, S. T., *U.S. Doctorates in the 20th Century*, National Science Foundation, Division of Science Resources Statistics, 2006, p.4.
50 施晓光：《美国大学思想论纲》，博士学位论文，北京师范大学，1998年。

第二，学习和模仿德国大学研究所的模式。美国的博士生教育在这一时期已经开始在美国的土地上萌发。从上述可以看出，现代研究生教育始于德国，尤其是柏林大学所开创的研究生教育，对世界各国产生了深远影响，而在这一过程中美国无疑是最大的受惠国，主要是大批留德回国的美国人以及亲自到美国高校任教的德国教师对美国研究生教育的发展提供了重要契机。相对于历史悠久的欧洲国家来说，美国是一个年轻的国家，它无法单独培养出足够数量的学者，因而在欧洲尤其是在德国受过高等教育的外国学者为美国带来的价值是不可低估的。斯文说：这些外国学者成为美国大学教师的意义，"是不能以金钱衡量的，其价值比金钱重要的多。"[51]毋庸置疑，美国的研究生教育主要是在德国的影响下产生与发展起来的，在广泛学习与模仿德国大学研究生培养模式的基础上，广泛吸收了德国大学中强调学术研究、重视知识发展以及重视对学术研究人才培养的核心要素。虽然美国研究生教育的发展源于德国，但是又不同于德国，因为美国在学习借鉴德国大学思想时并非是囫囵吞枣式的照搬，而是从美国社会的实际情况出发，创造性的进行鉴别和选择，汲取德国大学办学理念中最有价值的要素。正如当时哈佛校长艾略特（C. W. Eliot）所说的："当美国研究型大学降临时，它将不是一个德国大学的摹本，而是根植于美国社会和政治传统而逐渐地和自然地结成的硕果。它将是美国受有优良教育阶层的高尚目的和崇高理想的表现。它是富有开拓精神的，因而是举世无双的。"[52]

第三，美国的高等教育学术水平这一时期还处于较低的发展阶段，博士生教育也处于刚刚起步阶段。一方面，研究生教育的培养规模还较小（到南北内战时期，全国开始研究生课程的学校尚不足十所，只占当时高等院校总数的 6%左右。全国研究生总数还不满四百人，取得博士学位者不到六十名。[53]），仅仅是个别学校在博士生教育方面进行了一些尝试性的探索，并未形成一定的规模。另一方面，研究生培养方式大多是通过学士后课程，只是在本科课程基础上增加了某些广度，在内容上还谈不上专门化，科研与学术上的探讨极少。因而，尚未摆脱培养本科生所使用的传统方法与程式的束

51 贺国庆：《德国和美国大学发达史》，北京：人民教育出版社，1998 年，137 页。
52 郭健：《哈佛大学发展史研究》，石家庄：河北教育出版社，2000 年，102 页。
53 陈树清：〈美国研究生教育发展的历程及其特点〉，载《外国教育动态》，1982 年第 1 期。

缚。[54]此外，由于当时高等学校内部和社会上对于模仿德国模式开展研究生教育还普遍持冷漠的态度，所以研究生教育在当时的发展真可谓是步履蹒跚，举步维艰。直至南北战争之后，随着美国工业化、世俗化等的不断发展，整个美国社会的思想发生了根本性的改变，此时对于研究生教育的发展处于不断上升的态势。正是在这种不断模仿、探索的过程中，美国的研究生教育、尤其是博士生教育逐步建立起适应本国社会文化发展的制度形式和人才培养体系，但前进的脚步依然非常缓慢。这个时期美国的一些大学先后为建立自己的研究生教育作出了最初的但却是十分可贵的探索，在课程设置、教学科研、人才培养等方面显示出向高层次发展的趋势。

总之，这一时期美国的研究生教育，尤其是博士生教育的发展还处于初级阶段，不仅规模较小，而且水平也偏低，其中探讨科学研究与学术方面的问题就更为罕见了，研究生教育在整个高等教育发展中还仅仅处于一种次要的和陪衬的位置，并未形成自身的博士生培养规模。与此同时，美国这一时期也逐渐开始注重博士生教育质量的改进，但因为当时相关条件的限制，尚且不具备开展高深学习的一些条件。

第三节　19 世纪 60、70 年代至 19 世纪 90 年代末：博士生教育的形成阶段

19 世纪 60 年代发生的南北战争，为美国资本主义的发展扫清了障碍，工业化的进程也在这个过程中快速发展，使得资本主义生产力获得了前所未有的增长，而生产力的迅猛发展也进一步推动了美国研究生教育的发展壮大。这一时期，美国高等教育经历了一场重大的变革，而这些变革也进一步推动了在美国高等教育系统内建立研究生教育以及开展相关研究。早在 1860 年前的半个世纪，理查德·斯托尔（Richard Storr）就曾指出："与普通的需求完全不同的是，人们对于研究生教育的需求已经变得非常高涨。"渐渐地，渴望接受研究生教育的有识之士，为了满足自己进一步学习的需求和欲望，纷纷奔赴德国大学接受相关的训练。德国理论学习和学术训练以及德国大学成功的具体实践案例，不仅吸引了美国的改革家们，而且吸引了来自世界各

---

54 陈树清：〈美国研究生教育发展的历程及其特点〉，载《外国教育动态》，1982 年第 1 期。

地的科学家和学者们。1861 年耶鲁授予的美国第一个哲学博士学位，而这基本是仿效德国的学位制度，未来的一些学者们也都纷纷奔赴国外接受研究生教育。1876 年，霍普金斯大学正式创立，这所大学基本上被视为"德国模式"的大学。然而，德国大学的影响并没有在此止步，它的影响在接下来的几十年中持续增长，在 19 世纪 80 年代，美国大学受德国的影响达到了最高潮。在 19 世纪 90 年代，奔赴德国学习的美国有识之士的热情依然非常高涨。然而，当这些有识之士回到美国的校园时，他们需花费一定的时间将其在德国大学所学的一些理念与美国高等教育的现实进行一定的对接，以期能够很好地适应美国本土大学的发展。[55]这也即意味着，将德国大学所受到的高级学习和研究在美国大学进行一定的同化和吸收，以此促进美国博士生教育的有效发展以及质量的全面提升。

一、1876 年约翰·霍普金斯大学的创立

直到 19 世纪 80 年代，当古典课程逐渐失去其原有的支配地位，大学的建造者在德国模式的激励下才认为美国学院没有高级学习的栖身之地。在很大程度上，他们将学院研究等同于在德国文科中学（Gymnasium）中所教的内容。根据这一观点，"大学的真正运作"仅仅开始于研究生层次。在 1890年以前，美国高等教育的经验反映了这一观点。丹尼尔·科伊特·吉尔曼（Daniel Coit Gilman）试图将约翰·霍普金斯大学（Johns Hopkins University）塑造成一个强调研究生教育和研究的机构，尽管他意识到当时所盛行的观点不允许他免除本科学院。G·斯坦利·霍尔（G. Stanley Hall）试图在克拉克大学进一步开展相关的试验，倡导一个纯研究生教育的机构。威廉·瑞尼·哈珀（William Rainey Harper）[56]预期芝加哥大学不仅可以作为学习的一个顶峰，而且可以作为分支学院（feeder college）系统的一个顶点。然而，由于研究生数量非常少，加之经费方面的严重缺乏，使得学院的工作难以继续维持。克拉克作为一个研究生机构不能自力更生；霍普金斯恢复了很多（尽管仍然很少）传统的本科生学院；芝加哥在后期一直在争论如何协调本科生教育和高级学习最好的

---

55 Nerad, M., Raymond, J. & Miller, D. S., *Graduate Education in the United States*, London, Garland Publishing, Inc., 1997, pp.8-9.

56 威廉·瑞尼·哈珀（William Rainey Harper）是芝加哥大学的创始者和首任校长，1856 年 7 月 24 日生于美国俄亥俄州的新康科德城，1875 年获得语言学博士学位。

途径和办法。[57]

总体而言，美国建立研究型大学、发展研究生教育的途径主要有两种：一是创建新型大学。譬如，几乎在同一时期（指第二个《莫雷尔法案》的颁布），涌现出一大批开展研究生教育的新型私立学院——创建于 1889 年的克拉克大学（Clark University）、创建于 1891 年的斯坦福大学（Stanford University）、创建于 1892 年的芝加哥大学（Chicago University）。二是改造传统大学为研究型大学。主要是一些在旧有学院基础上重新改组的大学，譬如，哈佛大学、耶鲁大学、康奈尔大学、哥伦比亚大学、伊利诺伊大学、普林斯顿大学、加利福尼亚大学等等。在美国研究生院的创建过程中，大学校长在其中起了引领和促进的作用，其中最为突出的便是美国研究生教育的创立者吉尔曼，在他的领导下，霍普金斯大学于 1876 年正式开办。它是一所著名的私立大学，其建校的目的就是开展研究生教育。[58]霍普金斯大学的建立是这一时期美国研究生教育发展的主要代表，它代表了面向学术建设的高等院校成长的方向，是受德国影响并适应本国学术发展需要而建立的高等院校。可以说，霍普金斯大学是美国正规研究生教育形成的标志，它极大地推动了美国式研究生教育的发展，同时期其它高等院校的研究生教育几乎都频频效仿霍普金斯大学研究生院的相关做法逐步发展壮大的。

吉尔曼在就职演说中阐述约翰·霍普金斯大学的目的是："最慷慨地促进一切有用的知识的发展；鼓励研究；促进青年人的成长；促进那些依靠其能力而献身于科学进步的学者们的成长"。[59]同时他也指出"研究生教育和高一级教育是大学最重要的使命。"[60]在这一办学思想中，至少表明了两点：一是促使大学将科学研究置于重要地位；二是促进一切有用知识的发展。因此，吉尔曼后来曾被誉为"一位在整个职业生涯中对美国高等教育都产生影响的人""美国研究生教育的保护人"。[61]基于上述认识，吉尔曼主张聘请世

57 Nerad, M., Raymond, J. & Miller, D. S., *Graduate Education in the United States*, London, Garland Publishing, Inc., 1997, p.12.

58 Lori, T., Golladay, M. J. & Hill, S. T., *U.S. Doctorates in the 20ᵗʰ Century*, National Science Foundation, Division of Science Resources Statistics, 2006, p.4.

59 陈学飞：《美国高等教育发展史》，成都：四川大学出版社，1989 年，70 页。

60 王英杰：《美国高等教育的发展与改革》，北京：人民教育出版社，2002 年，17 页。

61 Francesco Cordasco Rowman and Littlefidd, *The Shaping of American Graduate Education: Daniel Coit Gilman and the Protean PhD*, New Jersey, 1973, p.67.

界上最知名学者[62]到巴尔的摩，他更喜欢将霍普金斯大学的钱用于"人，而不是砖块和灰浆"。他所需要的是世界上最优秀的学者，而不是最宏伟的建筑。他说："大学的荣誉应该取决于教师和学者总的品质，而不应取决于人数，更不取决于供他们使用的建筑物。"[63]因此，在吉尔曼的眼中，教师应当是大学的中心，教师的需要和工作在大学中起着至关重要的作用。可以说，约翰·霍普金斯大学很好地践行了吉尔曼这一思想，在早期的学校建设当中，甚至没有篮球场、足球场等，但却有许多开展研究所需的一些设备，学校看上去不太像个大学，倒像个商店或工厂。

约翰·霍普金斯大学的创立，不仅意味着美国第一次有了真正意义上的德国大学形式的高等学校，而且标志着美国大学时代的真正开始，许多美国高等教育领域的专家也都认为霍普金斯大学创立之前美国没有大学。作为当时一所典型的研究型大学，霍普金斯大学也代表了南北战争后美国高等教育向高深的学术进军的趋向，影响颇为深远。尽管有些学院在办学定位上是强调教学的，但其它一些学院所开展的研究生教育都以霍普金斯大学为模板。譬如，受霍普金斯大学的影响，一些著名大学都纷纷效仿该大学的做法，无论是较早开设研究生课程的哈佛、耶鲁、康奈尔，还是正在兴起的加利福尼亚、威斯康星以及后来新建的芝加哥、斯坦福等等，都先后建立了研究生院，加强研究生教育，突出科学研究的重要性。哈佛校长艾略特对于约翰·霍普金斯大学在发展美国研究生教育和科学研究中所起的楷模作用给予了高度评价，他曾指出："1870-1871年，哈佛大学勉强办起了研究生系，但未能发展起来，霍普金斯大学的榜样促使我们的教师努力致力于我们的研究生教育，这时才得以发展。对哈佛如此，对美国其他渴望创办一种高级文科及科学院的大学也是如此。"[64]可以说，霍普金斯大学是美国第一次将研究生的培养置于首位，授予博士学位与开展科学研究被视为大学的重要标志，而博士学位的获得则是从事大学教育与科研的前提和基础。哈佛当时的校长埃利奥特指出：哈佛的研究生院最初创立的时候是很弱小的，直到有了霍普金斯大学的

---

62 注：吉尔曼从威廉斯学院聘请了著名的化学家依拉·雷姆森，从弗吉尼亚聘请了优秀的希腊学者，从伦塞勒多科技术学院聘请了一位物理学家，从英国聘请了一位数学家和一位生物学家（托马斯·赫胥黎的学生）。

63 贺国庆：《德国和美国大学发达史》，北京：人民教育出版社，1998年，144页。

64 转引自：贺国庆：《德国和美国大学发达史》，北京：人民教育出版社，1998年，147页。

榜样，才促使我们的教授把力量投入到扩展研究生的教学上来。其它每一所期望创建高级的文理学院的大学，其实际情况也都是如此。[65]尽管由于种种原因，霍普金斯大学的鼎盛期只有二十余年，但是它却开启了美国现代博士生教育的大门，使美国从此拥有了名副其实的博士生教育。

二、1900 年"美国大学联合会"的建立

自约翰·霍普金斯大学创立之后，美国博士生教育的发展获得了长足的进步，截止到 1900 年，全国共有 1／3 的学校开设了博士课程，共授予博士学位 382 个，比 1890 年增加了一倍。随着获得博士学位的人数日益增多以及在芝加哥大学的影响下，到 20 世纪初，获得博士学位成为大学终身教职的一个基本条件。从此也彻底废弃了大学教师从牧师或官员中遴选的传统做法，使大学教育工作开始走向专业化。[66]同时，为了适应各种学术发展的要求，一些研究学会也相继建立。譬如，1848 年建立的美国科学促进会、1847 年建立的美国医学会、1877 年建立的美国化学学会、1879 年建立的美国考古研究会、1884 年建立的美国历史学会、1891 年建立的美国心理学会等等。

尽管美国的博士生教育在这一时期获得了较大的发展，但是博士生教育在世纪之交依然呈现出一片混乱的状态。美国大批学生仍然成群结队地奔赴欧洲的一些大学接受研究生教育，美国这一时期的博士生教育并没有或较少能够获得欧洲大学的尊重。对此，施派歇尔（Speicher）做出了回应，他指出："问题是，不像欧洲，美国高等教育是分权的，基本上是不受监管的；文凭工厂遍布各地，甚至是'摇摇欲坠'的一些机构还声称自己是'大学'，并且还授予哲学博士学位。譬如，有些机构允许哲学博士候选人的课程学习可以不在学校，而且在代理人的监督下考试都可以在家中进行。正是在博士生教育过程中缺乏一定的标准和连贯性，损害了美国一些学校的声誉。"[67]为了改善这种情形，1900 年 1 月，芝加哥大学、哈佛大学、哥伦比亚大学、约翰·霍普金斯大学和加利福尼亚大学伯克利分校的校长提出倡议，邀请美国天主教大学、克拉克大学、康奈尔大学、密歇根大学、宾夕法尼亚大学、普林斯顿大学、斯坦福大学、威斯康星大学麦迪逊分校和耶鲁大学共 14 所博士学位授

65 陈学飞：《美国高等教育发展史》，成都：四川大学出版社，1989 年，73 页。
66 王廷芳：《美国高等教育史》，福州：福建教育出版社，1995 年，180-181 页。
67 Lori, T., Golladay, M. J. & Hill, S. T., *U.S. Doctorates in the 20th Century*, National Science Foundation, Division of Science Resources Statistics, 2006, pp.4-5.

予大学派送的代表就"关于研究生教育共同关心的事宜"展开讨论，此次会议的目的主要有三个方面[68]，第一，解决移民问题成为美国联邦研究生俱乐部（Federation of Graduate Clubs）的重要议题；第二，提升我们自身的博士生学位在国外的认可度；第三，提升我们薄弱学院的标准。紧接着便创建了"美国大学联合会"，它的建立标志着美国的研究生教育迈入了一个全新的阶段，即标准化阶段，使研究生院成为美国高等学校的正式组成部分。经过多年的发展，"美国大学联合会"的成员在不断地发展和壮大，由最初的 14 所大学发展到 59 所美国大学和 2 所加拿大大学。[69]当时这 14 所大学所授予的博士学位占全美博士学位授予的 90%。与此同时，美国大学联合会的建立，标志着一种研究型大学群体的出现，这也表明，研究生教育已经逐渐在美国著名的大学中确立自己的地位，并开始向制度化、正规化方向不断迈进，由此美国的研究生教育也步入了一个全新的发展时期，并且也促进了美国高等教育的发展壮大。截止到第一次世界大战，先后又有十余所研究型大学加入美国大学联合会，不仅使美国研究生教育获得了进一步的发展，而且使研究生教育的地位得到了进一步的巩固。

需要指出的是，表面上美国大学联合会的创建是为了建立统一的标准，但它同时起着排外俱乐部的作用，暗含着整个高教系统不言明的分工：一部分大学凭借从事研究生教育和科研工作而处于声望等级的顶端，由此从整个系统分化出来自成一个部门。虽然各校继续为教学人员、研究生和慈善性资助互相竞争，财政和地位资源在整个部门持续集中，成为美国高教系统一个持久的特征，等于马太效应在大学的形式，积累起来的好处使富者愈富。[70]在研究型大学内部，各校之间的相互竞争几乎成为一种"魔力"。

纵观这一时期美国博士教育及质量保障活动，可以看出，其主要特征表现在如下方面：

首先，美国的博士生教育仍然具有理性主义的一些特征，但开始受到实用主义的影响。尤其是《莫雷尔法案》的颁布与实施极大地促进了美国高等教育的发展，在很大程度上也是一种讲求实用的形式。譬如，许多赠地学院

---

68 Lori, T., Golladay, M. J. & Hill, S. T., *U.S. Doctorates in the 20th Century*, National Science Foundation, Division of Science Resources Statistics, 2006, p.5.

69 注：关于美国大学联合会的学校名录详见附录一。

70 [美]伯顿·克拉克：《研究生教育的科学研究基础》，王承绪译，杭州：浙江教育出版社，2001 年，265 页。

的建立主要是为了变革美国农业发展的状况，联邦政府利用该法案在大学中从事关于农业方面的研究，客观上也推动了研究生教育的发展。

其次，联邦政府以及相关的基金会开始资助研究生教育。随着研究生教育在这一时期的逐渐形成和确立，其作用也逐渐被联邦政府和一些私人企业所认识。除了联邦政府为研究生教育提供资金之外，卡内基、斯坦福等基金会也纷纷开始向研究生教育提供资金支持，为研究生教育的有序发展提供了很好的物质保障。但这种资金的支持，也进一步使研究生教育受到了资金提供者的控制，使其更加体现出他们的意志。

第三，美国模式的博士生教育开始建立，博士学位的要求逐渐开始标准化。19 世纪后期，美国开始践行德国大学的模式，并在实践中切实发展洪堡的思想，推动了美国研究型大学的发展，其标志性事件是霍普金斯大学的创立。有研究美国高等教育史的专家这样认为，美国高等教育规模快速扩张，质量不断提高的坚实基础是在南北战争之后约半个世纪里奠定的，而以研究生教育和科学研究为最重要使命的霍普金斯大学的建立，是一个极其重要的分界点和里程碑。[71]这一时期的美国博士生教育变革了德国学徒式研究生教育的模式，19 世纪末美国模式的博士生教育在美国纷纷建立起来，博士学位的要求也逐渐正规化和标准化。

第四，颇具美国特色的研究生院制的创立。美国在学习、借鉴和模仿德国大学的基础上，结合自己本国的一些具体情况，建立了研究生院制。研究生院的建立使得大学教育的层次愈加明确和清晰，高等教育系统分层的倾向和态势成为 一种必然的走向；博士生教育成为大学结构中的最高层次，也被看成是扩充与提高大学竞争地位的特征；大学为此通过吸纳知名教授和有研究倾向的学生进行高深学问的探究。[72]美国学者戴安娜·克兰（Diana Crane）指出："最好的学生被最好的研究生院挑选，最好的研究生院被头等的科学家挑选给予训练，下个世纪的最有成就的科学家就来自这个经过严格挑选的群体。"[73]美国学者弗来克斯纳（Abraharn Flexner）指出："迄今为止研究生院是美国大学里最值得称赞的部分，即使从最严格的意义上说，相当数量的

---

71 许迈进：《美国研究型大学研究——办学功能与要素分析》，杭州：浙江大学出版社，2005 年，45 页。

72 单中惠：《外国大学教育问题史》，济南：山东教育出版社，2006 年，72 页。

73 [美]伯顿·克拉克：《研究生教育的科学研究基础》，王承绪译，杭州：浙江教育出版社，2001 年，259 页。

研究生院所做的相当部分工作也是真正具有大学质量的工作。"[74]

总体而言，美国博士生教育从这一时期正式开始形成，联邦政府以及各研究型大学也都在为开展博士生教育及其质量的提升而不断地努力着。博士生教育已经脱离了上一时期那种在大学中次要的、陪衬的地位，逐步实现了正规化和制度化的发展。在长期的发展与完善中，美国创立了研究生院这一高级的层次，较好地安排了科研与高层次的训练，这也使博士生教育地位得以确立，从而揭开了美国博士生教育的新篇章。

第四节　20 世纪初至 20 世纪 60 年代末：博士生教育的发展阶段

20 世纪初，美国已经从一个半农业、半工业的国家转变为一个工农业均高度发展的资本主义国家，这对于研究生教育的发展也提出了新的要求。20 世纪是美国历史上一个非凡的时代，自 1900 年开始便出现在国际舞台上，而在 20 世纪末成为世界的一支重要力量，这种显赫地位呈现的一个关键因素则是美国博士生教育的大力发展。20 世纪初，美国的博士生教育主要在一些研究型大学开展，起初的博士生教育规模并不算很大，但在培养方面的要求却非常严格。在 1900 年，大约有 250 名研究型博士从东北和中西部十几所新建的研究型大学获得博士学位。尽管自 1900 年开始，基于研究的博士生训练成为美国高等教育中永恒不变的组成部分，但这种训练仍然集中在少数学校中。最初创建"美国大学联合会"的 14 所大学仍然是这一时期博士学位诞生的"重地"，其博士学位授予量约为 90%。[75]自此之后，美国的博士生教育获得了前所未有的发展，诸多研究型大学将博士生教育作为其发展的一个主要方向，并在此过程中注重博士生教育质量的提升。

一、发展时期：20 世纪初至第二次世界大战

这一时期，数以千计的美国人从德国获得了博士学位，他们不仅获得了高级知识，而且直接体验了大学生活中的最高价值。德国的教授拥有州政府

---

74 [美]亚伯拉罕·弗莱克斯纳：《现代大学论》，徐辉、陈晓菲译，杭州：浙江教育出版社，2001 年，60 页。

75 Lori, T., Golladay, M. J. & Hill, S. T., *U.S. Doctorates in the 20th Century*, National Science Foundation, Division of Science Resources Statistics, 2006, pp.1-5.

资助的学院，他们依附于其所在的大学董事会。这些学院提供了开展研究所需要的资源，使得研究成为他们职业中的一项核心任务，并且允许他们直接与高级学生和助教共同从事相关的研究。然而，所有开展研究的先决条件（如资源、教职员工的时间和高级学生等），在美国本土的发展均是有问题的。20 世纪初，相比德国而言，在美国开展研究的一些设施毫无疑问是非常原始的。在很大程度上，这也导致美国教授们的研究通常是出于经济利益的考虑，因为自然科学中的研究要求大量的、持续的资金跟进。令人担忧的是，博士生学习依然只占一小部分，甚至在一些首屈一指的大学当中也是如此。据统计，美国的哲学博士学位授予量从 1897 年第一次授予就超过 300 人（尽管一半以上的学位授予仅仅集中在 6 所大学），但是授予博士学位的总量在接下来的几十年中并没有突破 400 人。在世纪之交时，大多数授予博士学位的学院也不及本科生学院的 10%。在当时，并非所有的学生认为从事高级研究是值得的，而这些困扰美国大学萌芽时期发展的一些根本性的问题，在 1900 年后得到了大范围的克服。[76]

此外，这一时期一些较大的、更加专业化的机构推动了美国学术部门从本质上变革德国的学院模式，即形成了美国模式。美国的学术部门开始拥有一批全职教授，不像以往的一个教授"领衔"，然后统治下级，他们也逐渐建立起自己的研究领域。在美国研究型大学，所有的教职人员都期望成为其所属领域的专家，致力于他本人的进一步发展。这种发展对于推动博士生教育以及研究本身至关重要，但这一切的发展基本上都是因为本科生教育的发展。1899 年，哈佛大学接受了一大笔捐赠，该捐赠被指定用于相关研究的开展。于是，哈佛大学用这笔资金创立了 30 个研究生奖学金，其中还包括利用课余时间义务教学的研究生，由此便出现了兼职任教的研究生，这与当时所盛行的德国模式和实践截然不同，研究生并非完全致力于研究。曾经一度，这一革新也引起来争论，譬如，斯坦利·霍尔（G. Stanley Hall）就曾质控哈佛大学建立了一个"血汗制"（"Sweating System"），意即低工资、高强度、劳动时间长的雇用制。然而，研究生教学兼职很好的满足了美国大学的需求，这不仅为研究生提供了必须的资金支持，同时也进一步减轻了相关的教学压力。[77]

---

76 Nerad, M., Raymond, J. & Miller, D. S., *Graduate Education in the United States*, London, Garland Publishing, Inc., 1997, p.14.

77 Nerad, M., Raymond, J. & Miller, D. S., *Graduate Education in the United States*, London, Garland Publishing, Inc., 1997, p.19.

　　美国大学的真正发展是在两次世界大战期间。在第一次世界大战后，许多专业领域依然掌控在欧洲的模式之下，然而在第二次世界大战前夕，美国的科学家和学者们已经在所有的专业领域内建立了他们自己的知识领地。此后，美国博士生教育得到了大力发展，在20世纪20年代的十年间，美国所授予的哲学博士学位数量大约翻了三倍，在20世纪30年代的困境中又增加了50%。尽管博士生教育的发展不太容易被评估，但各研究型大学通过自身的努力和接受外部机构的协助，使得博士生教育质量的评估逐渐成为可能。20世纪20年代是美国大学发展的关键时期，它始于战后萧条的深渊，结束于十年后的繁荣，这为美国大学带来了巨大的财富，但是他们却不曾知道。尽管始于大萧条时期，但他们的努力却是持久的。[78]

　　在第一次世界大战之前的十年中，就大学的规模和条件而言，战前战后美国公立大学和私立大学并没有什么区别。然而，战后公立大学和私立大学各自的发展策略发生了分歧。对于州立大学而言，他们所声称的大学"越大越好"（"bigger is better"）的观念依然在持续着，通过扩招、增加教职员工数量、完善专业设施等方式来推动更多的研究生接受高级学习。对于私立大学而言，部分地顺应校友的偏好，限制他们的学生数量，集中增加有选择性学生群体的资源。然而，这两种策略在20世纪20年代都取得了成功。[79]在两次世界大战期间，私人企业成为研究型大学的一个固定资助者。但相比基金会的资助，私人企业的资助趋于支持有利于自身的研究，很少是为了提升大学的研究能力。这是一般情况下的认识和概括，但也有例外，即私人企业也会支持特定领域的研究生。基金会的角色以及小范围内企业的资助，在一定程度上改变了美国研究型大学的研究环境，使它们第一次可以有组织的开展研究，并且可以获得固定的资金支持。自此之后，美国独立的"研究工厂"相继诞生，不仅解决了研究型大学开展研究的主要障碍，而且也使研究活动变得更具价值。[80]

　　在美国，研究型大学研究活动的不断增加对研究生院和博士生教育的发

78 Nerad, M., Raymond, J. & Miller, D. S., *Graduate Education in the United States*, London, Garland Publishing, Inc., 1997, pp.19-20.

79 Nerad, M., Raymond, J. & Miller, D. S., *Graduate Education in the United States*, London, Garland Publishing, Inc., 1997, p.20.

80 Nerad, M., Raymond, J. & Miller, D. S., *Graduate Education in the United States*, London, Garland Publishing, Inc., 1997, p.22.

展产生了诸多积极的影响。许多研究型大学常常会获得相关的研究基金资助，这使它们可以支持更多的博士生。然而，基金会的支持对美国科学的发展产生了非常重要的影响和作用——美国博士后研究人员（post-doctoral fellowships）的产生。第一个"博士后"（"postdocs"）是由洛克菲勒基金会（Rockefeller Foundation）和美国国家研究委员会（National Research Council）于 1919 年建立的。然而，博士后研究人员仅限于数学、物理和化学等领域。该项目起初的十几年当中，这些领域内约有 1/10 的哲学博士学位被授予美国国家研究委员会的博士后研究人员，并且这些人员当中通常有 80% 将会从教于美国大学。[81]随后，博士后研究人员很快拓展到医学和生物学领域，这不仅巩固了美国的高等教育，而且构成了下一时期美国科学领域的领军人物。

尽管一些非凡的机会在美国一些最好的且最具前途的研究生院开始，但总体而言，美国的博士生教育面临组织和概念缺乏等方面的困境。直到 20 世纪 30 年代，合理化的美国研究生学习才开始出现。哈佛于 1930 年第一次对即将入学的学生实施了严格的标准。然而，由于缺乏对申请者的评价以及学生学术兴趣判断方面的可靠标准，哈佛此举是否会取得成功和有效进展在当时尚不确定。1937 年，哥伦比亚大学、哈佛大学、普林斯顿大学和耶鲁大学联合开展了美国研究生入学考试（Graduate Record Examination, GRE），其主要目的是致力于改进研究生入学的标准。[82]可以说，这也是美国提升博士生教育质量的一个重要探索。

两次世界大战期间，美国博士生教育获得了长足的发展。由于许多资源是致力于发展师资力量，所以维持博士生的研究能力成为一种"昂贵"的事情。然而，基金会对研究型大学的博士生教育研究开展的支持，使这种看似"昂贵"的事情变成了一种更为值得的事情。在第二次世界大战后，本科生院和研究生院进入了一种全新的领域，它们之间存在着一种共生的关系。总体来讲，此阶段美国博士生教育的规模迅速扩大，各级学位授予数量大幅度增长。详见表 1-1：

81 Nerad, M., Raymond, J. & Miller, D. S., *Graduate Education in the United States*, London, Garland Publishing, Inc., 1997, pp.22-23.

82 Nerad, M., Raymond, J. & Miller, D. S., *Graduate Education in the United States*, London, Garland Publishing, Inc., 1997, p.23.

表 1-1　1900-1940 年美国高等教育高级学位授予数

年　度	总　　数	硕　士	博　士	授博士学校	授硕士学校
1900	1965	1583	382	25	150
1910	2556	2113	443	32	
1920	4894	4279	615	44	200
1930	17268	14969	2299		
1940	27938	24648	3290	100	300

资料来源：陈庆华、沈跃进：〈美国研究生教育的历史研究（上）〉，载《学位与研究生教育》，1993 年第 1 期。

　　在第一次世界大战到第二次世界大战期间，美国研究生教育发展迅速，硕士、博士学位授予量大幅度上升。从表 1-1 可以看出，美国高等学校在 1900 年授予的硕士和博士学位的总数为 1965 名，其中硕士学位人数为 1583 名，博士学位人数为 382 名。而到 1940 年时，硕士和博士学位的总数达到 27938 名，其中硕士学位人数为 24648 名，博士学位人数为 3290 名。在 1920-1940 年的 20 年间，博士学位增长了 4.7 倍，硕士学位增长了 4.8 倍。在 1900 年至 1940 年 40 年间，美国高等学校授予的硕士学位和博士学位增加了 14 倍左右，其中硕士学位数增加了 15 倍，博士学位数增加了 8 倍。同时，授予硕士和博士学位的学校数也呈现出较大的增长态势，就 1920 年和 1940 年相比，可授予博士学位的学校由 44 所增加到 100 所，可授予硕士学位的学校由 200 所增加至 300 所。与此同时，这一时期美国的博士生教育学科与专业设置等都进一步拓展，学位类型也日益多样化。为了适应各个领域高度发展的迫切需要，博士生课程的开设由文理学院逐渐向各个专业学科进行拓展和延伸。譬如，农业、商业、工程等专业学科均开设了相应的高水平博士课程，并且其发展速度也较快。相关学科和课程设置的不断完善，在很大程度上对于美国博士生教育质量的提升具有重要的推动作用。

二、蓬勃时期：第二次世界大战至 20 世纪 60 年代末

　　第二次世界大战在美国高等教育发展史上具有特别重要的意义，它不仅使美国的经济获得了大力发展，而且战争也在很大程度上刺激了科学研究的迅猛发展，同时对于推动国防事业的发展也具有重要的作用。由于高层次人才在第二次世界大战中扮演了非常重要的角色，所以博士生教育的作用便日

益凸显出来。加之，这一时期政府以及工商界人士均表示培养高层次人才是振兴国家的重要力量，所以博士生教育在此阶段备受重视，并获得了新的发展。据统计，这一阶段开设研究生课程的学校大量增加，可授予博士学位的学校由 1940 年的 100 所，发展到 1950 年的 175 所和 70 年代初的 350 所。此外，开设博士课程的学科数量也大量增加。1916 年到 1918 年期间，开设博士课程的学科共 149 个，1958 年猛增到 550 多个；同时每所学校开设博士课程的学科数量由平均 25 个增加到 55-60 个学科。[83] 由表 1-2 可见，1940 至 1970 年间，美国博士学位的授予数量增长了 8 倍多，这也有效弥补了战后美国对于高层次人才的需求。

表 1-2　1940-1970 年美国硕士、博士学位授予数

年　度	硕　士		博　士	
	人　数	10 年增长率	人　数	10 年增长率
1940	24648 人	64.7%	3290 人	43%
1950	58183 人	136.1%	5633 人	71.2%
1960	74435 人	27.9%	9829 人	74.5%
1970	208291 人	179.8%	29866 人	203.9%

资料来源：硕士学位授予数引自《美国和日本研究生入学考试》，北师大出版社；博士学位授予数引自《中国高等教育结构研究》，人民教育出版社。转引自：陈树清：〈美国研究生教育发展的历程及其特点〉，载《外国教育动态》，1982 年第 1 期。

　　然而，随着美国博士生数量的急剧增长以及规模的不断扩大，博士生教育的质量问题逐渐引起了教育界的普遍关注。1926 年中北地区教育联合会就对研究生教育发展过快表示不安，认为："研究生教育发展的太快了，以至使人们不得不提出一些诸如学习质量和学位价值之类的问题来。"1925 年和 1934 年，全美在雷蒙德·休斯（Raymond Hughes）的带领下，分别对全国的研究生教育质量进行了评估，评估得出的结果是"在全国文理研究生院中，教育质量非常好的占 20%，比较好的占 35%，不够好的占 45%"。1934 年，美国大学联合会声明"对于没有足够师资和设备条件而开设研究生课程并且

---

83 陈庆华、沈跃进：〈美国研究生教育的历史研究（中）〉，载《学位与研究生教育》，1993 年第 2 期。

授予博士学位的学校还在增加表示严重焦虑"。[84]

　　1944 年 5 月 8 日，为了报偿在第二次世界大战中参军服役人员所做出的突出贡献，同业也为了减少战后可能出现的高失业率等目的，美国国会通过了《军人权利法案》（G. I. Bill of Right）。该法案规定为战时所有在军队至少服役 90 天的军事人员提供一年、最多不超过四年的教育和训练，由政府支付其每学年不超过 500 美元的学杂费和每月 50 美元的生活津贴。[85]战争的结束带来了前所未有的变化，大批退役军人（discharged servicemen）获得联邦政府的资助涌入美国的高等院校。他们中许多人是为了获得学士学位，但通过在研究生院的坚持学习，在 1940 年至 1950 年间，他们中获得哲学博士学位的数量翻了两倍。因为联邦政府在战时研究的资金投入成为一种永恒的遗产，所以大学的研究甚至增加了更多，[86]这种观念状况客观上也要求研究生教育，尤其是博士生教育为其培养出大批高水平的师资队伍。退伍军人的表现几乎同他们进入学院的数量一样出乎人们的预料。据《命运》杂志的调查认为，70%的退伍军人是有史以来美国学院中"最优秀的……最成熟的……最有责任感的……和最能自律的。"哈佛校长康南特认为，"退伍军人是哈佛曾经有过的最为成熟和最有前途的学生"。[87]

　　第二次世界大战的关键技术在终止敌对活动中的作用是不可忽略的，尤其是雷达和原子能。后人曾评说：原子弹结束了战争，雷达赢得了战争。[88]由于联邦政府对大学研究的支持，所以战时大范围的研究仍在继续发展，其结果是产生了五个宽广的渠道[89]。首先，农业研究。这是战前的遗产，这一时期相对来讲并没有改变。其次，由兵役发起的研究，这也或多或少地满足了他们及时的和特殊的需求。第三个也是最重要的渠道，由原子能委员会（Atomic Energy Commission）发起的，包含所有放射性物质的研究。第四个渠道是由美国公共卫生署（Public Health Service）发起的战时持续的医学研

---

84 陈学飞：《美国高等教育发展史》，成都：四川大学出版社，1989 年，81 页。

85 陈学飞：《美国高等教育发展史》，成都：四川大学出版社，1989 年，148 页。

86 Nerad, M., Raymond, J. & Miller, D. S., *Graduate Education in the United States*, London, Garland Publishing, Inc., 1997, p.25.

87 陈学飞：《美国高等教育发展史》，成都：四川大学出版社，1989 年，149 页。

88 沈红：《美国研究型大学的形成与发展》，武汉：华中理工大学出版社，1999 年，49 页。

89 Nerad, M., Raymond, J. & Miller, D. S., *Graduate Education in the United States*, London, Garland Publishing, Inc., 1997, p.26.

究，这样一个渠道可以适时允许大学医学院作为大多数研究密集型的学术联合体加入物理系。所有这些支持，集中于特定的领域，而不是划定了调查研究的边界。不论该研究是基础性的还是应用性的，它主要反映了发起者和资助者的计划需求。第五个渠道，是对学术科学命脉的支持，研究的目的主要是基础知识的发展。

纵观这一时期，美国博士学位的数量在 20 世纪初增长得比较缓慢，在第一次世界大战期间急速下降。在 20 世纪 30 年代美国经济大萧条时期博士学位授予数量经历了一次缓慢的增长时期（但并没有下降），第二次世界大战期间的大幅度下降，紧接着是从 1946 年到 1950 年的迅速增长以及到 1955 年的持续发展。然而，到 20 世纪 50 年代中期，伴随着第二次世界大战，潜在的博士学位需求已经耗尽。[90]事实上，20 世纪 60 年代的发展经历了一段与 20 世纪 20 年代有趣的相似之处，主要表现在三个方面[91]：第一，两个年代都有大量新注入的资金，成为一种可用的外部资源来支持基础学术研究，其结果是增强了大学内部的研究价值。第二，两个年代也都经历了入学人数的增长，大学的扩招也有助于学院的改进。第三，尽管受到一系列事件的威胁，但是这两个年代也都获得了发展，并且被证明是持续性的。

总体而言，这一时期美国博士生教育真可谓是如火如荼的开展，整个美国的博士生教育都进入了大发展、大繁荣的"黄金时代"。由于受到苏联卫星发射的影响，美国联邦政府将研究生教育和科学的发展置于保护国家安全的战略地位，将研究生教育、尤其是博士生教育作为人才培养的重点，在扩大规模的同时，强调质量的保障和提高。可以说，《国防教育法》所形成的"国防教育法时代"在美国高等教育发展史中是一个重要的里程碑。正如前哈佛大学校长普西对这段时期美国研究生教育的发展所做出的评价，他认为"这段时期美国高等教育的盛名更多的是由于在研究生教育（包括博士后培养），科研和科研训练而非在本科生教育方面的进步所酿成的""美国研究生院的伟大时代终于到来了，美国在 60 年代培养出的受过高等训练的学者多于本世纪前 60 年培养的总和。研究生院终于超过了本科学院成为美国高等教育的主要机构。"[92]

90 Lori, T., Golladay, M. J. & Hill, S. T., *U. S. Doctorates in the 20th Century*, National Science Foundation, Division of Science Resources Statistics, 2006, pp.6-7.

91 Nerad, M., Raymond, J. & Miller, D. S., *Graduate Education in the United States*, London, Garland Publishing, Inc., 1997, p.27.

92 王英杰：《美国高等教育的发展与改革》，北京：人民教育出版社，2002 年，49 页。

因此，研究生院在很大程度上逐渐接替了多年来本科生院在高等教育中的支配地位，而本科生教育则沦为博士生教育的预备学校。随着美国博士生数量的激增以及博士生教育的多样化发展，人们越来越关注博士生培养目标和质量方面所暴露出来的问题。美国在这一时期逐渐发展成为"工业后"的国家，科学技术以及高质量科技人才的重要性日益突显。因此，作为培养高质量科技人才的博士生教育也被提上重要议程。

第五节　20世纪70年代至90年代以来：博士生教育的调整与改革阶段

在经历了美国博士生教育的"黄金时代"之后，美国的博士生教育在此阶段步入了调整与改革的阶段。博士生培养的理念逐渐转向国际化，注重培养能够参与国际合作与竞争的跨学科国际型人才。

一、经济危机对美国博士生教育发展的影响

在20世纪70年代早期，美国的经济危机对美国博士生教育的发展产生了重大的影响。联邦政府在这一时期对博士生教育的直接资助大幅削减，据统计，在1968年和1971年之间，基础科研预算实际下降10%以上。1974年，联邦政府每年提供的学术研究支出，从1968年的50亿美元下降到1974年的47亿美元。[93] 可以说，联邦政府对博士生教育资助的骤减，对于整个大学的科研训练均造成了影响，正如大本维所说，大量联邦资助的削减是"不可避免的，但是，……当削减资助时，大学全无准备。"[94] 在20世纪70年代，学术劳动力市场在许多领域已经饱和，于是便出现对于哲学博士学位过剩这一现状的担忧和顾虑。此外，迫于越南战争和经济危机等压力，因而在此期间，美国联邦政府实际上已经放弃了优先发展高等教育的方针，除了对一些社区学院和医学等专业教育的资助有所增加之外，联邦政府在其它方面的拨款额度都在持续地减少。这种情况在很大程度上造成了大量研究生的缓修，对研究生的入学产生了诸多不利影响。正是由于这些条件的影响，才导致在20世

---

93 [美]伯顿·克拉克：《研究生教育的科学研究基础》，王承绪译，杭州：浙江教育出版社，2001年，275页。

94 [美]伯顿·克拉克：《研究生教育的科学研究基础》，王承绪译，杭州：浙江教育出版社，2001年，292页。

纪 70 年代博士学位的授予数量大幅度减少。在 20 世纪 70 年代后期，博士学位授予数量每年会减少大约 31000 个，这一数量从 1978 年到 1985 年几乎仍然持续。[95]博士学位授予数的增长减缓，特别是在工科和自然科学领域博士授予数还出现了负增长。据美国国家研究中心（NRC）提供的资料表明：1962 年美国公民在工程学领域获得博士学位人数所占比例为 76.5%，而 1978 年和 1986 年，这个比例分别下降至 52% 和 40%。在化学、数学、计算机和地球科学等领域，美国公民 1986 年也只得到 63% 的博士学位，而与之相对应的则是 1962 年的 84.2% 和 1978 年的 76.2%。[96]

正如表 1-3 所示，1991 年，美国高等院校共授予博士学位的数量为 37451 名。其中，哲学博士学位数量在 20 世纪 70 年代中期有所下降，在整个 20 世纪 80 年代都保持一个平稳的状态（每年增长的幅度少于 2%），直到 20 世纪最后 10 年间，美国高等院校的博士学位授予数量才有所提升，1987 年授予的博士学位数量每年增长 2-5%。

表 1-3　美国高等院校博士学位授予趋势（1961-1991 年）

年　度	数　量	年　度	数　量	年　度	数　量	年　度	数　量
1961	10413	1969	25743	1977	31716	1985	31297
1962	11500	1970	29498	1978	30875	1986	31895
1963	12728	1971	31867	1979	31239	1987	32363
1964	14325	1972	33041	1980	31020	1988	33489
1965	16340	1973	33755	1981	31357	1989	34318
1966	17949	1974	33047	1982	31111	1990	36059
1967	20403	1975	32952	1983	31282	1991	37451
1968	22936	1976	32946	1984	31337		

资料来源：Ries, P. & Delores H, *Thurgood. Summary Report 1991: Doctorate Recipients from United States Universities*, Washington D.C., National Academy Press, 1993, p.2.

可以说，造成这一时期博士生教育的不景气和萧条原因是多样的：首先，美国在越南战争中失利的影响。其次，劳动力市场的不景气使得文凭普

---

95 Lori Thurgood, Mary J. Golladay & Susan T. Hill, *U. S. Doctorates in the 20th Century*, National Science Foundation, Division of Science Resources Statistics, 2006, p.7.

96 陈庆华、沈跃进：〈美国研究生教育的历史研究（下）〉，载《学位与研究生教育》，1993 年第 3 期。

遍贬值，接受高层次的学习不再是好的就业机会的保证。第三，经济危机的影响。整个美国面临严重的财政危机和通货膨胀，导致联邦政府对博士生教育的资助以及奖学金的额度均急剧减少。也正是由于资助额度的减少，导致博士生教育的科研环境不断恶化，仪器设备等也老化严重，客观上导致博士生培养质量的下降。第四，自 1973 年开始，美国义务兵役制终止的影响。第五，由于 60 年代人口出生率的下降，导致 70 年代适龄人口的减少，而这种趋势在未来很长时间内都很难逆转。

二、历经萧条后的调整与改革

正是由于这一时期美国整个博士生教育发展环境的萧条，使得联邦政府逐渐意识到问题的严重性，并从 20 世纪 80 年代开始逐渐采取相关措施加大对高等院校科研经费的资助，促进博士生教育的发展及其质量的提升。1986年，在全国 1300 亿美元研究和开发的经费中，联邦政府提供了大约一半（550 亿美元），工业提供了大约一半（660 亿美元）。[97]加之，这一时期美国高等教育质量委员会发表的告全美人民书《国家处于危险之中：教育改革势在必行》（A Nation At Risk: The Imperative For Educational Reform）和 1985 年发表的《国家为 21 世纪准备师资》等报告的冲击，美国开始正视研究生入学人数减少、培养质量下降和科技人才短缺的严重局势，开始重视调整研究生教育，提出研究生教育要为 21 世纪培养优秀人才的设想，并采取了相应的一系列改革措施。[98]可以说，到 20 世纪 80 年代中期，美国博士生教育逐渐度过了其萧条时期，步入到恢复和改革时期。随着美国的国防建设以及在 20 世纪 80 年代的研究与开发的投入，除了教育领域外，其他主要的领域都增加了博士学位的授予数量。尽管这时期博士学位授予的增长速率（大约 2%每年）远远低于 20 世纪的前 75 年，但博士学位的授予数量却从 1985 年的 31297 人增加到 1998 年 42683 人。[99]

20 世纪 90 年代以来，由于国际局势的变化，国际竞争已转为关于知识、

---

97 [美]伯顿·克拉克：《研究生教育的科学研究基础》，王承绪译，杭州：浙江教育出版社，2001 年，282 页。

98 陈庆华、沈跃进：〈美国研究生教育的历史研究（下）〉，载《学位与研究生教育》，1993 年第 3 期。

99 Lori, T., Golladay, M. J. & Hill, S. T., *U. S. Doctorates in the 20th Century*, National Science Foundation, Division of Science Resources Statistics, 2006, p.7.

技术和人才的竞争。在这一过程中，美国大学通过加强留学生教育和教师的国际交流，通过协作研究一些国际性的问题，并通过设立国际化课程（关于其他国家和国际问题的课程）等方式实现高等教育的国际化。可以看出，美国博士生教育在这一时期也受到高等教育国际化的影响，在整个博士生培养过程中也体现和践行着这一培养理念。

第六节　新世纪美国博士生教育的新发展

一、21世纪美国博士生教育发展面临的新时代使命

通过对上述美国博士生教育发展的简单回顾可以清楚的认识到，美国一直在变革中坚守博士生教育的目的和质量。当然，美国博士生教育在发展过程中关注的特点是有所变化的，其最终是为了在全球科学领域保持竞争力，解决社会和政治所面临的一些新问题。然而，步入21世纪以来，美国博士教育在发展中也面临新的时代使命。

（一）培养属于"世界公民"的博士生

博士生教育对于推动经济发展、促进国际理解以及解决重大现实问题具有重要作用。在人类进入新千年之际，美国博士生教育面临新的变革形势。2005年，来自六大洲、十四个国家的研究生教育专家学者齐聚西雅图华盛顿大学，共同商讨未来全球范围博士生教育的发展并勾勒出未来全球博士生教育的发展蓝图，最终形成了博士生教育的纲领性指导性文件，即《西雅图宣言》（Settle Declaration），该纲领制定了博士生教育未来的研究议程。《西雅图宣言》指出：[100]在全球高等教育内涵的日趋复杂化以及它对研究生教育重大影响的背景下，应当努力建立本国乃至全世界范围内更加公平的教育体系。具体而言，培养属于"世界公民"（world citizens）的博士生，这种世界公民应当是跨越国界接受差异性与多样性，而不是力图去吸收和同化。如果我们不关心和理解当今博士生教育的动力，并致力于形成未来全球性与多样性的博士生教育，那么我们可能就会失去利用的能力。当面临日益复杂的、全球的以及根本性的社会问题时，我们将会参与到革新性和创造性问题的解决。

---

100 Nerad, M. & Heggelund, M.. Toward a Global Ph. D.? *Forces and Forms in Doctoral Education Worldwide*, Washington, D. C., University of Washington Press, 2008, P.311.

我们不仅需要多元化的视角来理解全球的动态,而且需要它来形成跨文化交流的基础。如果博士生教育不能使人们接受更好的教育,那么将会造成脑力资源的浪费。总体来讲,该宣言的发布对于理解当前博士生教育的动力以及在全球多样性的大背景下开展未来的博士生培养具有重要的意义。

与此同时,《西雅图宣言》还提出了面向未来的博士生教育应当具备的十三个特点[101]:

> 第一,研究生需对未来可能从事的多种职业做好准备,譬如,学术、政府、企业或非营利性机构的职业。第二,理想的情况是,研究生将获得三年的经济资助(包括助研费和助教费),有明确的基准和绩效标准,以满足博士学位过程中不同阶段的需求。第三,鼓励博士生与多位导师进行合作。第四,研究生教育应当从研究生通识教育课程开始,这种课程是基于认识论以及不同的认识方式的。第五,研究生通识教育课程应当包括关于"环境认知"和伦理课程。第六,即使在单一的学科内,研究生教育也应当包括一些跨学科或多学科的部分。第七,面向未来的研究生项目将会设有一些与其它大学、研究中心或企业研究机构共同合作的项目。第八,理想的情况是,研究生可以在另外一个国家开展部分的培养和研究工作。第九,国际研究生应当与大学的研究生课程完全整合,使得学习成为一个双向的渠道,学生也可以向国际的同行学习。第十,研究生和博士后研究人员将接受职业发展的训练,譬如团队合作的经历、基金申请书的撰写、时间与项目管理等。此外,他们也将接受在报告、交流、领导力等方面的训练。第十一,伦理教育将成为所有学科领域的组成部分,不仅仅局限在科学工程研究生项目中。第十二,研究生将需要掌握至少一种以上的外语。第十三,世界公民教育将成为博士生培养的一个"靶子"。

(二)积蓄力量增强博士生教育的全球吸引力

在过去的 50 年中,美国的繁荣得益于国家对大学研究、对企业以及对国家实验室方面的支持与投入。随着国际化与全球化的冲击,这对第二次世界大战以来美国经济以及战略领导力产生了巨大的影响。因此,为了保证美

---

101 Nerad, M. & Heggelund, M.. Toward a Global Ph. D.? *Forces and Forms in Doctoral Education Worldwide*, Washington, D. C., University of Washington Press, 2008, P.310.

国在 21 世纪全球化社会中的竞争力、繁荣和国家安全，亟需加大投入着力发展博士生教育，加强科学技术事业的创新力。基于此，美国国家科学院专门委员会于 2007 年发布了题为《站在风暴之上：积蓄力量使美国走向更美好的经济未来》（Rising Above the Gathering Storm: Energizing and Employing America for a Brighter Economic Future）的报告，该报告的基本思想是要求联邦政府在加大投入的基础上，稳步增强美国的基础研究和人才培养，以应对未来的经济发展的挑战。该报告在开篇便引用了诺贝尔奖获得者朱利叶斯·埃克斯罗德（Julius Axelrod）的话："99%的发现是 1%的科学家所做出的。"（"Ninety-nine percent of the discoveries are made by one percent of the scientists."）。[102]美国国家科学院专门委员会在考虑诸多建议的基础上，最终在高等教育领域提出："使美国成为世界上求学和开展研究最有吸引力的地方，这样我们可以在美国，甚至是全世界范围内培养、招募和保持最好、最优秀的学生、科学家和工程师。"[103]对于培养拔尖科技创新人才的博士生教育而言，在新时期如何不断提升博士生教育的全球吸引力也是一项重要任务。

（三）肩负提升博士生教育创新力与竞争力的重任

美国的经济以及高等教育体系常常受到世界各国的敬仰。然而，随着各国的迅速发展，美国也面临一些新的竞争和挑战。美国不再认为他们会持续保持原有的创新力与竞争力，也会面临失去受过高级训练劳动力的冲击。在这一过程中，其他国家纷纷对博士生教育给予了较大投入，以此来吸引全世界优秀的学生。因此，研究生院委员会号召政策制定者、商业领导人、高等教育官员等进行商讨，试图通过加强对研究生教育的关注和支持来推动美国的革新。经过高级训练的劳动力是美国未来经济竞争力和国家安全的关键因素，而博士生教育作为美国高等教育系统的重要组成部分，必须将创新力与竞争力作为国家战略的一部分。有鉴于上述潜在的危机以及竞争力方面的考虑，美国研究生院委员会于 2007 年 4 月发布了题为《研究生教育：美国竞

---

102 National Academy of Science, *Rising Above the Gathering Storm: Energizing and Employing America for a Brighter Economic Future*, Washington, D. C., The National Academies Press, 2007, p.ix.

103 National Academy of Science, *Rising Above the Gathering Storm: Energizing and Employing America for a Brighter Economic Future*, Washington, D. C., The National Academies Press, 2007, p.162.

争力与创新力的支柱》（Graduate Education：The Backbone of American Competitiveness and Innovation）的报告，并指出：博士生教育是未来知识的创造者和革新者，它对经济的发展与繁荣以及国家的安全等具有直接的影响。数十年来，美国和国际学生都认为选择在美国攻读研究生学位以及在美国就业被认为是他们的首选，但是事实也表明这种观念正在发生改变。[104]在此背景下，如何不断提升美国博士生教育的创新力与竞争力就显得尤为重要，这也是其博士生教育改革与创新的一个重要契机。

由上所述，我们可以看出，步入 21 世纪以来，美国博士生教育的发展面临新的时代使命。因此，在未来美国研究型大学博士生教育发展以及博士生教育质量保障过程中，也应当及时调整博士生教育的战略目标以及采取有效的博士生教育质量保障策略，以期有效回应新时期所面临的时代使命。

二、美国博士生教育发展的新趋势

回顾美国博士生教育多年的发展历程，它经历了"在继承中不断发展，在发展中不断突破"的过程。目前，美国博士生教育在发展中已形成了自己的特色。面对 21 世纪美国博士生教育发展的新时代使命，其未来仍将在完善不足、改进质量以及与国际接轨方面继续作出新的抉择与探索。

（一）进一步加强财政支持，确保博士生教育的全球竞争力

博士生教育不仅可以培养学生具备高级知识和技能，同时还可以培养学生的批判性思维和创新能力。这些学生在确保美国在全球化经济中的持续竞争力、促进国际理解以及解决美国和全世界所面临的诸多重大挑战过程中扮演了非常重要的角色。[105]由前所述，第二次世界大战期间，科学和工程领域获得了大量的联邦资助，但自 20 世纪 80 年代开始，联邦的资助却逐渐减少，这也对博士生教育的有序发展产生了重大的影响。研究也显示，对于大多数学生来说，财政支持是影响他们能否获得博士学位最为关键的因素。[106]

---

104 *Graduate Education: The Backbone of American Competitiveness and Innovation*, Council of Graduate Schools, 2007, pp.1-23.

105 Council of Graduate Schools and Educational Testing Service, *The Path Forward: The Future of Graduate Education in the United States*, Princeton, NJ, Educational Testing Service, 2010, P.55.

106 Council of Graduate Schools and Educational Testing Service, *The Path Forward: The Future of Graduate Education in the United States*, Princeton, NJ, Educational Testing Service, 2010, P.16.

可以说，财政支持对博士生的影响一直被认为是研究生院长们最为关注的问题之一。2009 年，由美国研究生院委员会所开展的一项"紧迫问题调查"（Pressing Issues Survey）显示，几乎有一半的研究生院院长反映，研究生的资助问题是他们目前面临的最为紧迫的问题之一。来自博士生项目和公立高等院校的研究生院院长比那些来自硕士生项目或私立高等院校的院长更有可能将财政问题看作是紧迫性问题。但不管怎样，获得适当的财政支持已被认为是研究生是否有能力完成学位的主要因素之一。令人遗憾的是，目前已有超过 14%的博士生（约 81000 人）没有获得任何形式的财政资助。[107]

美国国家教育统计中心所开展的一项名为"美国中学后学生资助调查"（National Postsecondary Student Aid Study, NPSAS）的研究发现，在 2007 至 2008 年间，就读硕士学位项目的学生有近 71%获得某种类型的资助，而就读博士学位项目的学生有近 86%的获得资助。然而，硕士生项目和博士生项目获得财政资助的类型是不同的，硕士生中只有一小部分学生获得学校的资助或助理职位，他们更多的是依靠贷款或雇主的资助，但对于博士生来说，他们获得财政资助的来源基本上是通过学校的助教、助研以及培训等方式，或者学生的雇主提供的一些资助。鉴于目前的经济状况，尤其是在失业率较高的情况下，更多的学生期望继续他们的学业也是合乎常理的。然而，接受高等教育的成本在不断地增加，这就意味着如果没有足够的财政支持，那么一些学生群体将不可能考虑将研究生院作为他们的一个可行的选择。[108]

重要的是，不仅要不遗余力地提高博士生入学率，更要努力地提升博士生的毕业率，因为仍有诸多的博士生最终没能获得学位。譬如，博士学位代表了研究生教育系统最高水平的学术准备，但是博士生辍学率仍然是美国面临的一道难题。倘若能够确保大多数攻读博士学位的人完成学位，那么在美国获得博士学位的人数将大大增加。要解决这一问题，国家并非是要降低博士的学术标准，而是要认识到"传统"研究生性质的变化。许多博士生需同

---

107 Council of Graduate Schools and Educational Testing Service, *The Path Forward: The Future of Graduate Education in the United States*, Princeton, NJ, Educational Testing Service, 2010, P.37-38.

108 Council of Graduate Schools and Educational Testing Service, *The Path Forward: The Future of Graduate Education in the United States*, Princeton, NJ, Educational Testing Service, 2010, P.38.

时且有效平衡工作、家庭和教育责任之间的关系。目前已有许多典范型的一些研究生项目通过改变研究生和导师之间的关系、教授的指导方式以及其它社会和学术要求等接纳了这类新研究生。[109]

尽管学生在完成其学位之前辍学的原因是多样的，但是有一点非常清楚，那就是足够的财政支持是增加博士毕业数量的关键。在联邦政府层面，应当继续承诺并支持那些目前为研究生提供财政支持的项目。然而，虽然需要作出这样的承诺，但还需要革新一些项目，从而为研究生迈向成功提供必要的财政支持。[110]具体而言，美国联邦政府对未来博士生教育的资助应当重点加强以下几个方面[111]，即应当对高级学术研究提供资助，扩大联邦已有的资助项目；对少数天才般的学生，资助应当涵盖他们所有的费用；联邦政府需要保持资助的连贯性和稳定性；评估资助的绩效；改进博士项目，尤其关系未来发展的关键领域；在针对性资助（规定用途）和宽泛资助（未规定用途）间取得平衡；采取更多行动改善处境不利群体接受高级训练的情况。

在高等教育问责的整体大背景下，对博士学位完成情况的关注是非常重要的。许多高校以及积极参与到改进博士生毕业率的行动当中。那些高校的研究生院正在参与开发一种有效地模式来支持博士学位的完成。倘若研究生院和高校想在提高博士毕业率方面有所突破，那么在未来的发展中提供足够的财政支持来满足日益多元的学生群体是非常关键的。倘若想保持美国在21世纪全球经济的领导力，那么就需要对博士生教育进行大力投入。美国恢复其创新体系的关键在于通过加大高等教育的投入，尤其是博士生教育投入力度来构建美国国内的人才库。[112]

---

109 Council of Graduate Schools and Educational Testing Service, *The Path Forward: The Future of Graduate Education in the United States*, Princeton, NJ, Educational Testing Service, 2010, PP.55-56.

110 Council of Graduate Schools and Educational Testing Service, *The Path Forward: The Future of Graduate Education in the United States*, Princeton, NJ, Educational Testing Service, 2010, P.56.

111 黄海刚：《"丛林"中的秩序：美国博士教育的变革》，博士学位论文，北京师范大学，2010年。

112 Council of Graduate Schools and Educational Testing Service, *The Path Forward: The Future of Graduate Education in the United States*, Princeton, NJ, Educational Testing Service, 2010, P.48.

（二）进一步明晰多方问责职责，增强博士生教育发展的有效性

美国公立高等院校在保障其高等教育质量时，近年来尤为重视和加强对高等教育的问责（accountability），而且在具体的问责过程中还进一步明晰了不同层面问责的职责。为了增强高等教育问责的有效性，约瑟夫·博克（Joseph C. Burke）提出了高等院校有效问责体系的十大特征[113]：

第一，公共议事议程（Public Agenda）确定政府最需要从高等教育中获得什么，而该项议程也得到了来自工商界人士、市民、政府以及教育界领导所组成的代表团的支持。第二，实施计划要有效平衡公共优先政策（Public Priorities）、学术热点（Academic Concerns）以及市场需求，并且根据代表上述三方利益的州协调委员会设置优先政策目标、绩效指标、目标和时间表等。第三，不论是私立高等院校还是公立高等院校，都应参与到问责体系的过程与实施中。第四，关注外部结果，而非内部运行，高等院校要在确保外部问责的基础上，保护其内部自治。第五，当财政预算削减时，承诺能够通过公共和私人渠道获得充足和持久的经费，从而更好地解决高等院校的经费欠缺问题以及适应公共议程中高等院校的多样化发展。第六，公共部门需对高等院校的经费和学费采取一种平衡的方法，经济资助主要是用于鼓励公立和私立高等院校的招生以及提升学生的可负担能力。第七，各类高等院校的公共议事议程应当基于高等院校办学使命的绩效，而非办学水平。第八，实施一项整合计划，该计划将问责的程序与州层面、制度层面以及院校层面的具体实施情况整合在一起。第九，年度绩效报告是对相关的进展情况的一个报告，主要是对公共议事议程在州层面、制度层面以及院校层面以及五年一次的院校审查的进展情况予以报告，同时为了满足新问题或需要对议事议程的一个修订。第十，在高等院校自我评估报告中，应当将院系的成绩与高等院校的办学使命结合起来。

可以说，上述高等院校有效问责体系的十大特征，在很大程度上要求高等教育团体、联邦政府、州政府、工商业界人士、各州公民领袖以及高等院校各司其职。基于此，约瑟夫·博克提出了关于高等院校有效问责的职责框架，详见表1-4：

---

113 Joseph C. Burke, *Achieving Accountability in Higher Education: Balanced Public, Academic, and Market Demands*, San Francisco, Jossey-Bass, 2005, pp.320-321.

表 1-4　约瑟夫·博克高等院校有效问责的职责框架

国家层面： 高等教育团体 （National Level: Higher Education Community）	（1）启动一个由私人基金会或财团资助的综合性项目，以明确和宣传大学生应当获得的通识教育知识与技能。 （2）开发一个由私人基金会的财团资助的有效地、可靠地且可行地方法，以直接测量学生通识教育知识与技能的获得。 （3）通过合并其它问责项目的方法和结果，将地区性认证纳入到问责项目中。 （4）支持实质性的认证总结报告的出版，这些报告主要是关于公立和私立高等院校的绩效。 （5）开发、宣传和奖励一批卓越的高等院校模式，主要是基于高等院校的类型以及办学使命的绩效，而非声望。
联邦政府层面 （The Federal Government）	（1）资助美国国家教育统计中心，以在州层面和高等院校层面全面收集和发布关于高等院校的输出（output）和产出（outcomes）的数据，包括学习成绩。 （2）为州政府提供资金，以支持州协调委员会和高等院校收集这些数据。
州政府层面 （State Level）	（1）公共议事议程需清楚的说明州高等教育最需要的优先行动与目标，这些主要由工商界人士、市民、政府部门人员以及教育领导者组成的代表团制定。 （2）使不同类型的高等院校以及高等院校的不同部门都参与到完成公共议事议程的计划中。 （3）赢取州政府、工商界人士以及民间领袖对公立和私立高等教育的资助，以支持公共议事议程。 （4）当财政预算被削减时，需相应调整目标，而非对共议事议程目标进行调整。 （5）提升公立高等院校的绩效水平，以及他们办学使命的水平。 （6）基于学习能力倾向测验（Scholastic Aptitude Test, SAT）或美国大学入学考试（American College Test, ACT）成绩、大学平均成绩以及班级排名等，将实际完成率与预计完成率进行对比，将总体的 3%到 5%的资金用以支持公立高等院校从招生到学位和证书的获得。 （7）定期审查公共议事议程，并在必要时进行一些修订。
州高等教育协调委员会层面 （State Higher Education Coordinating Agencies）	（1）坚持高等院校既定的办学使命，避免使命的偏离。 （2）发布并评论高等院校在完成公共议事议程进展的绩效报告。 （3）为了完成州公共议事议程，根据政府的优先政策重新分配资金。
高等院校层面 （Individual	（1）根据高等院校的既定办学使命，报告其完成公共议事议程的进展情况。

Institutions)	（2）在大学的网站上发布院校的绩效，包括关键性投入、进程、输出和产出的指标。 （3）要求发布内部绩效报告，包括学术单位和院系的关键性指标。 （4）为了完成州公共议事议程，需根据政府的优先政策重新分配资金。

资料来源：Joseph C. Burke. Achieving Accountability in Higher Education: Balanced Public, Academic, and Market Demands [M]. San Francisco: Jossey-Bass, 2005, p.321-323.

纵观上述约瑟夫·博克所提出的关于高等院校问责的职责框架内容，可以看出，该问责职责框架试图从政府的宏观层面到高等院校的微观层面实施渐进式问责，并且在问责的过程中也明确提出了各个层面问责的具体职责，确实对具体实践中的高等教育问责具有一定的指导意义，并且对保障高等教育的质量发挥了很大的作用。基于此，我们进一步反观美国的博士生教育，在未来的发展过程中也需进一步明晰联邦政府、州政府、中介组织或机构以及高等院校等各方问责的具体职责，保证在实践中的可操作性。可以说，问责具体职责的进一步明晰对于增强美国博士生教育发展的有效性具有重要的作用。但需要指出的是，在美国，对于外部问责而言，可能会有统一的标准和指标体系，而对于内部问责而言，要想设立统一的问责标准和指标体系几乎是不大可能的。因为美国高等院校分权管理的传统，所以各高等院校在办学使命、办学条件以及办学水平等各个方面都存在较大的差异，即使是高等院校内部也会存在极大的差异性。因此，在未来美国高等院校博士生教育发展的过程中，尤其需要注意在制定内部问责具体职责、指标以及实施内部问责时，需根据各院系的具体目标以及相关方面特征制定，以期确保博士生教育发展的有效性。

（三）构建知识共同体，促进博士生教育质量的全面提升

乔治·沃克（George E. Walker）在探讨"迈向未来的博士生教育"（Moving Doctoral Education into the Future）时，曾引用学者威尔·罗杰斯（Will Rogers）的一句话："即使方向正确，但若原地不动的话终将被超越。"[114]（*Even if you are on the right track, you'll get run over if you just sit there.*），旨在推动未来博士生教育的改革与发展。沃克认为，要促进博士生教育质量的全面提升，

---

114 George E. Walker, Chris M. Golde, Laura Jones, Andrea Conklin Bueschel & Pat Hutchings. *The Formation of Scholars: Rethinking Doctoral Education for Twenty-First Century*, San Francisco, Jossey-Bass, 2008, p.1.

需通过构建"知识共同体"（intellectual community）来实现。可以说，这对学科以及未来博士生教育的启迪有一种新的方向。

知识共同体并非只是一种感觉良好的氛围，也不只是"一个春天和秋天的野餐"（"a spring and fall picnic"），其本身具有多重目的，即从改进知识生产到减少隔离和摩擦。正如美国历史协会（American Historical Association）一则报告所指出的："从根本上来讲，所有的院系都有相同的目的——保持知识共同体内所有成员学习的进步。"研究生项目不只是卷宗档案中的课程、考试和时间。他们需要在思想方面开放性接触；在研究、教育和专业问题方面公开交流；并将历史方面的问题放在一个更大的文化场域下进行探讨。"知识共同体是博士生教育核心任务（即构建知识）的一个前提和基础。知识共同体的影响是多方面的，具体来讲主要表现在以下几个方面：第一，人们如何应对相关的观点；第二，如何教学是有价值的；第三，学生学会如何与资深同事建立友好的关系；第四，如何对待失败；第五，如何与他人合作；第六，独立性和创造性是如何被鼓励的；第七，院系和他们的成员是如何在其领域中保持联系的。所有这些方面不仅影响了院系部门的知识生活，而且也影响了学者的塑造，以及他们在其工作与生活的多元环境中对于成为教师做准备中的贡献。可以说，知识共同体是一种无形的存在，其启发意义是非常重要的。哈佛大学的一项研究强调：新教师对同事关系的重视胜过了对薪水的重视，这是对先前观念的一个重大转变。如果院系想在吸引和留住杰出的教师和优秀的学生上有竞争力，那么他们就必须关注知识共同体方面的问题。如果要获得和利用共同体的相关知识和信息，那么个体便需参与到共同体的实践中，成为共同体中的一员，而不是保持着一个"局外人"的角色。巴顿·孔斯特勒（Barton Kunstler）曾指出："温室"的条件可以推动生产力和创造力的产生，突出强调集体智慧和实践的价值，他认为我们许多最伟大成就的发生，恰恰是因为个人在集中的共同行动提升了他们的道德、知识、创造以及每个集体中成员的社会特征。从某种程度上来说，知识共同体存在一种"鸡与蛋"的质量：这种观点不仅对于共同体有磁石般的吸引力，而且是共同体的产物。[115]

---

115 George E. Walker, Chris M. Golde, Laura Jones, Andrea Conklin Bueschel & Pat Hutchings. *The Formation of Scholars: Rethinking Doctoral Education for Twenty-First Century*, San Francisco, Jossey-Bass, 2008, p.121-124.

　　诚然，一个项目或院系可能会有多种共同体和亚共同体。但是，不管是哪个共同体，都应具备一定的质量，这将使共同体更加充满活力、更加丰富、更加刺激、更加受欢迎，并且更加适合学者的塑造，以及研究生教育的知识构建。具体而言，知识共同体的主要有四大特征，详见表1-5：

表1-5　知识共同体的主要特征

共享目的（Shared Purpose）	卡内基博士行动的合作伙伴强调，对于知识共同体而言，最重要的便是共享目的。在早期许多的研究中也都有类似的观点，其中哈特莱特（Hartnett）于1976年就曾指出：学术性部门可以被划归为一个共同体，而这在一定程度上使部门的目标和目的似乎更加清楚地理解，更为重要的是，这种目的可以相当广泛地共享。也就是说，目的不只是共享如何操作的日程，而是广泛致力于帮助学生发展成为最好的学者，所以他们反过来也可以致力于知识的增长与创造。
多样与多个年龄阶段（Diverse and Multigenerational）	知识共同体能够激励新的观点的产生与发展，可以促进成员以多重视角去审视问题，而不只是要求对任何事情达成一致意见，因为真正的知识转换必须包括多种可以挑战思考或帮助思考的观念。通常情况下，博士生项目中问题的解决会有多种不同的方式。但是同样重要的是，在多样性的刺激之下，可以用多种观点来丰富知识的转换。共同体中的每一个成员都将从这些新的、不同的观点中获益，并且个人及集体知识的构建也得益于这种更大的多样性。此外，一个充满活力的知识共同体是由多个年龄阶段的人员构成的，学生在其中被整合成资历较浅的同事。学生们在这么一个位置上致力于脑力劳动主要是因为他们可以带来一些全新的视角。
灵活与宽容（Flexible and Forgiving）	最有效力的知识共同体是可以为实验和冒险提供机会。毕竟，学习意味着试误以及对早前的一些想法的检验。错误可被看做是力量的源泉，而不是浪费时间或浪费资源。
尊重与慷慨（Respectful and Generous）	对于院系中的每个成员而言，他们没必要对任何一个成员都喜欢，而且每个人也不需要都成为最好的朋友。一般而言，知识共同体的氛围应当是文明的、尊重的、慷慨的。倘若缺乏一个尊重的环境，那么就不可能开展真正的知识互动。充满活力的知识共同体中的成员对于他们的时间、观点以及反馈应当是慷慨的。慷慨源于这样一种假设，即共同体中的所有成员应当获得帮助、得到成功，的确，其它共同体的成员肩负了帮助塑造那种成功的方法的责任。成功和成就并非是一个"零和游戏"（zero-sum game），一个人的成功不会来自以伤害他人为代价。

资料来源：George E. Walker, Chris M. Golde, Laura Jones, Andrea Conklin Bueschel & Pat Hutchings. *The Formation of Scholars: Rethinking Doctoral Education for Twenty-First Century*, San Francisco, Jossey-Bass, 2008, pp.125-127.

　　总之，上述知识共同体所具备的特征要素（即共享目的、多样性、灵活性以及慷慨），促进了知识、观点的发展以及学者的塑造。但需要指出的是，随着全球化以及国际化的日益推进，美国社会正在变得日益多元化。鉴于博士生教育是未来培养教师的主要基地，所以未来研究生项目不仅应当吸纳一定数量不同种族的学者，而且也应当为未来教师领袖在更为多样化高等教育的院系工作做准备。据美国国家社会科学基金会（National Science Foundation）于 2002 年开展的一项调查显示，美国公民和常住居民在博士生入学比例从 1990 年到 2000 年，基本上占据了整个博士生入学的约 75% 的比例。具体参见表 1-6：

表 1-6　1990-2000 年美国博士生入学比例

	1990（%）	2000（%）	%变化
外籍居民	102160（25.2）	121,392（27.8）	19,232
美国公民和常住居民	302,242（74.8）	314,220（72.2）	11,978
白人	249,077（61.5）	228,726（52.5）	-20,351
非裔美国人	12,352（3.1）	20,080（4.6）	7,728
拉丁美洲人	10,563（2.6）	17,826（4.0）	7,263
非裔美国人／太平洋岛民	16,484（4.0）	27,022（6.2）	10,538
美国印第安人／阿拉斯加土著	1,113（0.2）	1,695（0.3）	582
总计	404,402	435,612	31,210

资料来源：*The Road Ahead: Improving Diversity in Graduate Education*, Los Angeles, CA, Center for Higher Education Policy Analysis, 2004, p.4.

　　因此，为了促进共同体内所有成员的发展以及共同体内博士生教育整体质量的提升，在未来博士生教育的改革与发展中应当注重博士生教育的多样性。对此，美国高等教育政策分析中心（Center for Higher Education Policy Analysis）提出了如下九个策略：[116]：（1）为多样性建立检验机构与标准；（2）了解所有研究生的机构环境；（3）强调在学术领导和制度记录中的多样性；（4）协调搭配跨制度的多样性项目；（5）使明确的实践在博士生教育中成为普遍现象；（6）使博士课程专业化；（7）把研究生实习安排在教师岗位上；

---

116 *The Road Ahead: Improving Diversity in Graduate Education*, Los Angeles, CA, Center for Higher Education Policy Analysis, 2004, p.15.

（8）为顾问指导发展一套系统的规划；（9）通过不断的评估来强化多样性制度的性能。

通过上述诸多方面策略的实施，可以有效推动未来美国博士生教育的多样性以及共同体内所有成员的大力发展。的确，博士生教育中知识共同体的首要特征是以知识为中心，它不仅仅是氛围或环境的问题，其产生也绝非偶然或不可思议，但也需要一些要求。不管怎样，不仅需要持续对知识共同体质量的关注，而且需要采取具体的行动来推动这一群体的发展。具体如下[117]：第一，让学生全身心的参与到院系部门。就像学生需日益增加他们独立教学和开展研究的机会一样，也需日益增加他们参与其它院系部门活动的机会。一个健康的知识共同体的特点是为各阶段的学生提供参与院系部门的所有活动的机会，譬如，规划活动、指导学生、塑造政策等。第二，课程的协作。课程设计和课程发展可以把人们聚在目的性问题的周围。尤其是，从院系部门共同创造的核心课程中可以发现，他们很快从对课程具体问题的讨论转移到对该领域研究人员应当了解什么展开广泛讨论。第三，跨界共享研究。创建知识共同体是为了架起各个专业的桥梁，这种联系在一些边界模糊的领域尤为重要。与其它不同的亚领域或领域的联系，可以引起新的合作。第四，开放式的课堂。共享研究观点（正式的或非正式的）是非常重要的。对于研究生而言，知晓他人是如何教学以及教学内容是一个非常好的学习机会，不仅对于他们拓展教学法知识的储备具有重要作用，而且对于他们观察不同的解释模式、不同的隐喻以及该领域传授核心观点的其它模式不无裨益。第五，允许冒险和失败。可以说，允许冒险和失败是一个非常重要的突破点，因为这在很多院系项目中很少涉及。作为导师，他们应当知道什么时候介入对学生的指导，并且知道什么时候应当让学生自己去努力，因为在学习的整个过程中，犯错是不可避免的，且是常事。第六，留出反思的时间。许多卡内基博士项目的合作伙伴，尤其是神经科学项目，他们经常会留出几个小时或几天的时间远离日常的一些要求。这种做法主要是试图解决一个宽广领域内的一些具体问题，包括一些正规和非正规的机会去思考、讨论、争论、创造等。第七，为知识共同体创造物理空间。学习可以在一些非正式的场合

---

117 George E. Walker, Chris M. Golde, Laura Jones, Andrea Conklin Bueschel & Pat Hutchings. *The Formation of Scholars: Rethinking Doctoral Education for Twenty-First Century*, San Francisco, Jossey-Bass, 2008, pp.128-131.

进行，譬如，厨房、娱乐室、公告栏等，而这些都可以称作是"无意间的学习"（incidental learning）。第八，社会活动。尽管知识共同体不只是家常便饭与垒球比赛，但是加强共同体的社会活动，已经有很强的知识联系。这些社会活动中个人的以及非正规的联系，不仅可以创造信誉，而且对于更深层次的知识参与建立基础。

通过上述内容可以看出，在多年的发展过程中，美国博士生教育已然形成了自身的特点。不可否认，美国博士生教育在生产高质量的学术研究成果以及培养卓越的研究型学者方面取得了巨大的成功，而且绝大多数博士学位获得者在各自的领域都找到了良好的、待遇丰厚的工作。然而，步入 21 世纪以来，美国的博士生教育也面临了新的时代使命。在新的时代使命的推动下，美国博士生教育也需适时作出相应地战略调整，共同确保未来美国博士生教育质量的提升以及在全球范围内的吸引力和竞争力。纵观整个美国博士生教育的发展历程，我们可以看出，现代意义上的博士生教育可追溯至德国的柏林大学，并广泛影响了美洲、欧洲等诸多国家。而美国的博士生教育的产生与发展不仅打破了殖民主义的传统，而且打碎了长期以来高等教育与社会发展之间的藩篱。与此同时，选择性地借鉴和移植了德国的模式，使德国大学模式与美国具体国情有效结合，并对根深蒂固的英国传统的学院进行了相应的改造，从而逐渐发展起适合美国国情与经济发展的博士生教育。正是由于这种孜孜不倦、锐意改革创新的精神，美国日趋成为当今国际社会公认和频频效仿的范例。

第二章 美国研究型大学博士生教育的质量策划

> 质量策划明确了质量管理所要达到的目标以及实现这些目标的途径，是质量管理的前提和基础。

> ——约瑟夫·M·朱兰

美国的高等教育系统，无论是从在校学生人数、各级各类学校授予数、独立的高等教育机构数，还是从高等教育的经费投入等方面来看，都堪称是世界上最庞大的。[1]第二次世界大战后，美国博士生教育获得了前所未有的繁荣与发展，尤其是 20 世纪 50 年代中期后的 20 年，可谓是美国博士生教育发展的"黄金时代"。在美国，研究生教育曾被研究生院委员会喻为"美国教育体系皇冠上一颗璀璨的钻石"[2]，而博士生教育则常常被其他国家视为"学术金标准"。因此，作为美国博士生教育中的关键一环，质量保障也常常被世界各国的学术机构所效仿。如前所述，质量策划在博士生教育中扮演了一个非常重要的角色，也可以说它是质量保障这一环节的前提和基础。那么，美国研究型大学博士生教育在质量保障过程中，其质量策划究竟是如何进行的？这正是本章所要研究和解决的主要问题。

---

1 沈红：《美国研究型大学形成与发展》，武汉：华中理工大学出版社，1999 年，112 页。

2 [美]佩吉·梅基、内希·博科斯基：《博士生教育评估》，张金萍、娄枝译，上海：上海交通大学出版社，2011 年，17 页。

第一节　联邦政府与州政府：美国研究型大学博士生教育质量策划中的宏观管理

对于整个美国高等教育系统而言，高等教育分权管理的形式是其最为显著的特征。因为美国联邦政府层面并没有设立高等教育部，整个高等教育的事务基本上都是由州政府分权管理。然而，联邦政府与州政府对全美高等教育的发展究竟产生了何种作用？在美国研究型大学博士生教育质量策划中又扮演了一个什么样的角色？

一、联邦政府通过渐进式的资助方式加强宏观管理

在美国，联邦政府对于教育事务是无权干涉的，对此我们可以从《联邦宪法》的相关规定中窥探一二。《联邦宪法》的第十条修正案规定："举凡宪法未授予合众国政府行使，或未禁止各州行使的各种权利，均保留给各州政府或人民行使之。"[3] 从这一修正案中，我们可以看出，其并没有涉及相关的教育问题，所以这便从法律层面保证了州政府的教育权利，同时也有效防止了联邦政府企图用建立统一的教育标准来控制学校的改革与发展的动机。然而，由于教育对于整个国家和地区的发展具有重要的推动作用，所以联邦政府对教育的影响也从未间断过，他们也一直试图寻求能够促进教育发展的一些有效方式。美国早期的一些殖民者一开始便认为高等教育对于一个国家的重要性。在美国建国初期，虽然有关政府功能的新理念要求政府加强对高等学校控制的呼声非常高涨，但反对势力也非常强大，许多州开展了关于是否建立州立大学的政治斗争。[4] 虽然美国政府在这一过程中对教育的发展作出了非常大的努力，也产生了诸多的影响，但是其中不得不提的是1819年的《达特茅斯学院案》，它结束了州政府试图完全控制高等教育的努力和尝试，不仅从法律上肯定了私立大学的权利，而且进一步明确了私立大学存在的法律依据，最终导致了公私立高等学校的分野。自此之后，美国的高等教育便出现了公立大学和私立大学两大系统，私立大学不再受到联邦政府的控制、干涉以及其它方面侵权的措施，同时政府也不再有义务对私立大学进行资助。而这一潜在的影响，在后期的《莫雷尔法案》颁布实施之后得以充分体现。

3　赵一凡：《美国的历史文献》，蒲隆等译，北京：生活·读书·新知三联书店，1989年，51页。

4　杨晓波：《美国公立高等教育机制研究》，太原：山西教育出版社，2008年，62页。

纵观美国的高等教育发展史，我们可以发现，联邦政府对于科学研究的资助在很大程度上是渐进式发展的，直至第二次世界大战，联邦政府在整个美国的科学研究中的作用也是非常有限的。但在这个过程当中，有一个例外，虽然美国宪法将教育权赋予了各州，但是自美国建国后联邦政府对教育事业的关注热情并未锐减，并在宪法允许的范围内采取相应的措施促进和影响教育事业的发展，尤其在 19 世纪时，联邦政府在实用主义思想的激励下成功地资助了农业方面的研究[5]。美国联邦政府对高校科研的资助是对美国高等教育非常重要的扶持方式，在第二次世界大战期间，高等学校在雷达、火箭、原子弹、医学等方面所取得了卓越的研究成果，这对于高等教育的发展以及国家安全与人民健康等发挥了重要的作用。因此，在第二次世界大战结束之后，美国联邦政府决定将高等学校作为国家基础研究和训练的重要基地，以此帮助国家经济繁荣发展、国家安全以及人民健康等。

联邦政府卷入学术科学的最早迹象从为科学研究任命一些咨询委员会的努力开始。第一个全国性组织是国家科学院（National Academy of Sciences, NAS），这既表明政府重视近代科学的价值，又表明政府认识到监督国家科研意图的重要性。1863 年，国会颁发特许状，建立国家科学院，作为"一个由科学和工程研究方面杰出的学者组成的私营、非赢利和自治的法人团体"，其目的在于"就科学和技术事宜指导政府，以促进科学和技术及其在公共福利方面的利用"。[6]从 1920 年至 1940 年，授予博士学位的大学从 50 所增加到 100 所。在这 20 年内，每年授予博士学位从 620 人增加到 3300 人，共增长五倍。博士生的质量也显著提高。20 年代，大多数研究生"不突出"，反映"准备参差不齐"、"动机不可靠"和"能力未经检验"。在 30 年代，强硬的研究生入学要求开始严肃地不准不合格的学生入学，寻求和帮助杰出的学生。在 30 年代后期，美国东部著名的私立大学合作开发研究生入学水平考试（Graduate Record Examination, GRE），给各系另一个在全国范围内评估学生能力的工具，在随后半个世纪，这一持久可用的工具越来越被广泛使用。[7]

5　注：关于此方面的详细阐述，详见《莫雷尔法案》中的相关阐述。

6　[美]伯顿·克拉克：《研究生教育的科学研究基础》，王承绪译，杭州：浙江教育出版社，2001 年，268 页。

7　[美]伯顿·克拉克：《研究生教育的科学研究基础》，王承绪译，杭州：浙江教育出版社，2001 年，268 页。

美国联邦政府在 20 世纪 50、60 年代尤其加强了对研究生教育的不断重视和资助，联邦政府逐渐开始把研究型大学看作是科研和科研训练的可贵的公共资源。譬如，万尼瓦尔·布什（Vannevar Bush）所发布的一个研究报告，即《科学——永无止境的前沿》（Science: The Endless Frontier）中所表明的科学研究的理想，即大学乃是提供一个永无止境的边疆。这也着实反映出联邦政府对于大学科研的信心在逐渐增强。可以说，"二战"之前美国没有国家的科技政策。联邦政府对科学的态度，主要是利用科学服务于国家的福利生活。政府内部既没有一个机构来负责制定科技政策，国会也没有固定的专门委员会来致力于这项工作。但"二战"的经历告诉了美国有识之士，美国需要制定国家科技政策。因此，二战后，美国联邦政府推出了"科学至上"的政策，采取和颁布了一系列的方针政策以及立法措施，从而更好地推进美国的科学研究工作的繁荣发展。在这份报告中，布什提出五项原则：（1）科学应由两翼地位向中心地位转移，政府应对科学给予高度的重视；（2）基础研究是科学研究之根。大学和学院是进行基础研究的真正前沿阵地；（3）科学研究应倡导学术自由；（4）科研经费应该充裕，应设立国家科学基金会专司其事；（5）社会科学研究应和自然科学研究同步进行。他指出："自然科学和医学研究不应侵占社会科学、人文科学和其它对国家福利有关的研究项目的费用。"[8]可以说，该份报告中对于科学以及科学研究的强调和重视，使得美国研究生教育在发展中更加注重科学研究，为日后美国研究生教育的发展确定了主导的方向。同时，也奠定了未来美国联邦政府关于科学研究工作的基本战略地位。正是由于该报告在科学研究方面的重要作用，所以后来被誉为"具有划时代意义的报告"。

此外，在 1957 年，苏联卫星发射成功后对美国的刺激，联邦政府在这一阶段提供了大批的资金支持来发展基础研究，同时也反映了联邦政府改进科研训练承诺的另一个高潮。从 1958 年到 1968 年，联邦政府赞助科研的经费每年增加。单在那个十年内，联邦政府对大学科研的资助增长五倍，从 10 亿美元增加到 50 亿美元（按 1988 年不变的价值）。随着联邦政府的投入增加，大学基础研究的份额也就增加，在那个十年内，从 1 / 3 增加到 1 / 2。结果，大学基础研究的支出增长三倍，从 1960 年的 4.33 亿美元，增加到 1968 年的

8 徐晓云：〈试析影响美国博士研究生教育发展变化的社会因素〉，载《学位与研究生教育》，1994 年第 2 期。

10.64 亿美元。[9]随着美国联邦政府对基础研究的重视，继而也逐渐加强了对博士生教育的资助，绝大多数资助是为了训练自然科学和工程领域的人员。因而，第二次世界大战以后的时期明显地证实，科研主要是由联邦政府开支的一个单独的职能和工作，大学能够完成国家科研努力的一大部分。每年培养的自然科学和工程学的博士学位大量增加，从 1958 年的近 6000 人，十年后增加到 14000 人以上。[10]

就其实质而言，美国在很大程度上继承了欧洲高等教育的传统，其高等学校的设立需经由联邦政府的批准，同时还会颁发特许状。然而，由于美国高等教育的行政管理系统是以州政府掌权为基础的，所以不存在国家层面的高等学校设置标准。特别是南北战争以后，随着公众对高等教育机会民主化要求的增长，许多州的立法机关以鼓励这种要求为名，大量颁发特许状，直到本世纪（指二十世纪）三十年代，一些州对新建高等学校仍然采取放任政策，约有 1／4 的州对于本州高等学校的教育计划和授予学位的条件等没有任何规定或要求。[11]也正是由于美国绝大多数州对高等教育采取的这种放任政策，导致后期高等教育的发展面临诸多的问题。譬如，它不仅铸成了水平低下学院的建立和以出售文凭盈利为目的"学位工厂"的存在，而且随着交通条件的改善，越来越多的学生跨州攻读学位，从而造成了高等教育质量的混乱。[12]

由于美国联邦政府没有专门设立高等教育部来监管高等教育的事务，加之美国宪法也没有赋予联邦政府管理高等教育的职能，所以高等教育事务的相关责任职能由州一级的政府进行。据美国国会于 1994 年通过的《2000 年目标：美国教育法》（Goal 2000: Educate American Act）第 318 条的规定："本法案的任何部分不得理解为授权联邦政府的任何官员或雇员命令、指导或控制州立、地方教育机构，或学校的教学大纲、教学计划，或州与地方教育资源的分配，也不能命令任何州或其下属单位开支经费或支付不应由本法案支付的费用。"[13]虽然美国联邦政府无权直接插手管理高等教育事务，但是它通

9　注：对于这一时期的具体情况，将会在接下来《国防教育法》的讨论中阐述。

10　[美]伯顿·克拉克：《研究生教育的科学研究基础》，王承绪译，杭州：浙江教育出版社，2001 年，271-272 页。

11　陈学飞：《美国高等教育发展史》，成都：四川大学出版社，1989 年，121-122 页。

12　陈学飞：《美国高等教育发展史》，成都：四川大学出版社，1989 年，122 页。

13　国家教育发展研究中心：《发达国家教育改革的动向和趋势（第六集）》，北京：人民教育出版社，1999 年，90 页。

过相关的立法设置奖学金或助学金，譬如，1944 年通过的《军人权利法》，其中就为复员军人设置了大量的奖学金项目；1958 年颁布的《国防教育法》，其中专门设立了研究生奖学金等等。具体而言，美国联邦教育部对高等教育的作用主要体现在两个方面[14]：第一，管理联邦政府对全国大学生的各种资助资金，如各种奖学金、助学金和贷款，同时"游说"国会批准足够的款项，来保证对学生的资助。第二，国家教育统计中心负责收集各种高等教育统计数据，并公开出版，出版的资料很多。由于是官方的公开资料，其数据被多种国内、国外文献所引用。

美国联邦政府通过多种途径参与高等教育的发展，其中资助项目便是非常重要的一种途径，联邦具体的资助方式主要包括[15]：联邦机构采取直接向学生个人发放奖励资金或贷款；通过第三方对学生个人发放担保性贷款；直接向教师发放奖励资金；与州政府机构签订合同协议，通过州政府机构发放助学金、贷款，通过州政府来资助学生、教师或学校。需要指出的是，美国联邦政府并非是对任何高等学校都进行资助，其资助的前提是要通过相关认证机构的认证。尽管美国联邦政府通过财政支持积极地参与到高等教育的改革与发展中，但是其所发挥的作用也是非常有限的，它更多的是对高等教育某些方面提供一定的支持。与此同时，美国联邦政府也非常重视对科研的资助，但与学生资助不同的是，其资助的主要对象集中在几所著名的研究型大学。根据美国国家自然科学基金会（National Science Foundation）的统计，全美前 100 所博士学位授予大学从联邦政府获得的科研资助总金额占联邦政府高校科研开发资助的 80%，且这一比例长期保持不变。[16]当然，除了上述诸多的资助政策之外，美国联邦政府还通过税收政策、各种规章制度等参与并影响美国高等教育的发展，从而使高等教育为实现国家的相关目标服务。

二、州政府通过建立高等教育管理与协调机构加强宏观管理

美国高等教育与其它国家最大的不同是高等教育的责任主要由各州政府来承担，而联邦政府在这个过程中的作用很小。在这个过程中，美国 50 个州

---

14 沈红：《美国研究型大学形成与发展》，武汉：华中理工大学出版社，1999 年，156 页。

15 杨晓波：《美国公立高等教育机制研究》，太原：山西教育出版社，2008 年，97 页。

16 杨晓波：《美国公立高等教育机制研究》，太原：山西教育出版社，2008 年，111 页。

根据各自的历史条件、政治因素、经济状况以及人口构成等诸多方面形成本州的政策和特点，而这些政策和特点不仅影响了本州高等教育的发展，而且也对各州高等教育的发展方向具有一定的指向作用。州政府主要通过建立相关的高等教育协调与管理机构来加强对研究型大学高等教育以及博士生教育的宏观管理，这些机构主要包括州层面管理委员会（Statewide Governing Board）、管理性协调委员会（Regulatory Coordinating Board）以及咨询性协调委员会（Advisory Coordinating Board）。州政府通过相关协调和管理机构的建立，不仅可以对本州高等教育以及博士生教育的发展以及资金分配等问题进行合理的规划，而且这在很大程度上也加强了州政府对于高等教育以及博士生教育的宏观管理。

然而，纵观美国高等教育发展史，我们可以发现，美国高等教育机构从一开始就有非常高的自治权。因为在美国，私立高等院校比公立高等院校早出现近 200 年，也即是说，美国公立高等院校出现之前，已经有大量自治的、私立的高等院校存在，并且其高等教育的办学理念与办学模式已经较为成熟。正是这种传统，使得未来美国公立高等院校的发展不可避免地受到私立高等院校的影响，也为公立高等院校的发展奠定了一个格调，即州政府对于高等教育的管理和干预权限是非常有限的。正是由于美国联邦以及州一级的政府对于高等教育的管理没有过多干预和控制，所以这在很大程度上也促成了美国大学的自治传统。关于美国大学自治，有人曾提出了五个"没有"和五个"有权"[17]：五个"没有"——没有全国统一的招生和录取标准，没有全国统一的课程设置标准，没有全国统一的教师聘任标准，没有全国统一的大学管理规则，没有全国统一的考试标准。五个"有权"——有权不经过政府审查自行任命教授，有权自由挑选学生，有权自行决定开始课程，有权自由筹措经费，有权自行分配经费（私立）或有权分配从州政府拨来的款项（公立）。在自由与自治的背景下，州一级政府即使愿意干预高等教育事务，也会缺乏力度。

透过上述的分析，我们可以看出，美国高等教育不管是在招生环节，还是在课程设置、教师聘任、大学管理、考试等方面无不突显出明显的自治传统，加之长期以来高等教育的分权管理的特征，我们可以进一步反观美国研

---

17 沈红：《美国研究型大学形成与发展》，武汉：华中理工大学出版社，1999 年，158 页。

究型大学博士生教育的情况。就宏观层面而言，美国研究型大学博士生教育质量策划在全国层面也并没有统一的标准，譬如，博士生教育质量策划没有设立全国统一的招生和录取标准、没有设立全国统一的课程设置标准、没有设立全国统一的博士生管理标准、没有设立全国统一的考试标准等等。美国的这种管理特征，在很大程度上也进一步表明，美国联邦政府和州政府等在研究型大学博士生教育质量策划过程中的无力，即它们主要通过渐进式的资助、建立高等教育管理与协调机构等对美国的高等教育以及博士生教育进行宏观管控。

第二节　研究型大学：美国研究型大学博士生教育质量策划中的实施主体

由上所述，联邦政府和州政府在美国研究型大学博士生教育质量策划中主要扮演了宏观管理的角色。虽然联邦政府表面上并没有直接干预博士生教育的发展，但它却通过一些无形的手段对美国研究型大学的博士生教育进行了适当的调控，以确保整个博士生教育质量的全面提升。然而，对于美国研究型大学博士生教育质量策划而言，研究型大学这一实施主体也在此过程中发挥了重要的作用。

一、博士生项目的本质和目标

由于美国高等教育分权管理的传统，加之全国也缺乏博士生教育的统一标准，所以各研究型大学在博士生教育质量策划过程中也会存在较大的不同。然而，美国研究委员会在这一过程中发挥了重要作用，它们通过发布大量关于研究生教育和博士生教育的报告，譬如，《哲学博士学位》（The Doctor of Philosophy, 1977, 1990）、《哲学博士学位要求》（Requirements of the Ph. D., 1979）、《哲学博士学位：政策声明》（The Doctor of Philosophy Degree: A Policy Statement, 2005），为美国研究型大学博士生教育的质量策划以及质量标准的设定提供了有益参考。

哲学博士生学位是北美大学授予的最高的学术性学位，该学位属于研究型学位，不同于其它类型的博士学位，譬如，医学博士（M. D.）、法学博士（J. D.）、教育博士（Ed. D.）等，这些学位主要是为了进行专业训练或专注于专业实践的应用性研究，而不是为了拓展专业领域知识所进行的基础研究。哲学博士项目旨在为学生成为学者而做准备。也即是说，要去发现、综合和应用知识，并且去交流和传播知识。这些技能的获得可以为学生在诸多领域的职业做准备，譬如，社会、政府、教育、生物医学、商业和工业组织，以及高等院校教学、科研和管理等。哲学博士项目强调学生能力的发展，主要是为了让学生可以在自由探究和自由表达的场域下作出重大的知识原创性贡献。一个准备周全的博士生将对相关领域的文献具有一定的理解能力和批判性评估的能力，并且能够应用适当的原则和程序来有效识别、评估、解释和理解前沿性知识的议题和问题。与此同时，学生也有义务将将道德实践适当的应用于相关领域。所有这些都需要学生与富有教学研究经验的教师合作完成。[18]

博士学位的核心目标是拓展知识。在哲学博士学位项目中，学生通过选择一个专业领域和一名教授进行合作以成为学者。与此同时，可以开发一个个性化的研究项目，选择合作完成课程和研究。当学生完成了所有的课程学习、通过了所有的考试、完成了研究的任务、完成了学位论文的撰写与答辩，并且提交了论文或出版物等，学生应当获得了成为一名学者所应具备的知识和技能，可以为其专业领域作出原创性的贡献。[19]一般而言，美国大学所授予的哲学博士学位可以追溯至西欧大学创建时的传统（譬如，帕多瓦、博洛尼亚、巴黎、牛津和剑桥）以及这些大学哲学思想的繁荣。哲学博士学位随着新知识和新技术的兴起而得到完善，并且作为新的社会需求而得到认可。目前，美国哲学博士学位囊括了诸多的学科领域，譬如，人文学科、社会科学、物理、生物、环境科学、教育、工程、商业、法律、医学及其它健康科学、生物医学、社会工作以及神学等。[20]

二、研究型大学博士生教育的质量策划

由上所述，可以看出，美国研究委员会对哲学博士学位项目的本质和目标进行了清晰的厘定，而这也为美国研究型大学博士生教育的质量策划过程不无裨益。由于美国高等教育分权的传统，各研究型大学博士生教育的质量

---

18 Council of Graduate Schools, *The Doctor of Philosophy Degree: A Policy Statement*, Washington, D. C., Council of Graduate Schools, 2005, p.1.

19 Council of Graduate Schools, *The Doctor of Philosophy Degree: A Policy Statement*, Washington, D. C., Council of Graduate Schools, 2005, pp.1-2.

20 Council of Graduate Schools, *The Doctor of Philosophy Degree: A Policy Statement*, Washington, D. C., Council of Graduate Schools, 2005, p.2.

策划以及质量基准的设定具有较大的差异，即使是大学内部也会有所差异，它们通常会在具体的实践中会根据自身学校的使命、特点等对相关的标准和要求进行适当的调整。为了更好地说明研究型大学博士生教育的质量策划，在此主要以加州大学伯克利分校为例予以说明。

　　加州大学伯克利分校的哲学博士学位不仅要求学生掌握广博的专业知识，而且要对重大的知识和观念要做出原创性的贡献。不仅如此，要求学生在自己所学专业领域内，也应当取得卓越的成就。学生的研究应当突显出较强的批判能力、想象能力以及综合能力。相比硕士学位学习计划而言，哲学博士学位的学习计划更加独立且更具个人特色。它允许学生在一个领域内开展专业研究以及其它跨学科研究。哲学博士学位要求学生进行至少两年或四个学期的全日制在校学习。对于联合培养的哲学博士学位而言，学生必须在其所在学校与联合培养的学校中分别进行至少一年的全日制在校学习。同时，加州大学伯克利分校的哲学博士学位项目还对学生的外语提出了要求，不仅为了确保学生在所学专业领域内能够获得广博知识的能力，而且使学生能够了解自己所学专业领域的最新国际进展。只有达到相应的外语要求，学生才有资格申请参加资格考试。此外，加州大学伯克利分校还对哲学博士学位的资格考试、晋升博士学位候选人资格、博士学位论文以及其它相关方面的内容做了详细的规定和要求。[21]

第三节　法律法规：美国研究型大学博士生教育质量策划中的约束力量

　　纵观整个高等教育发展史，我们可以看出，美国联邦政府颁布了一系列促进高等教育发展的法律法规。其中，对于美国研究生教育，尤其是对博士生教育质量影响颇为深远的当属《莫雷尔法案》和《国防教育法》。可以说，这些法律法规的颁布以及其中关于研究生教育、博士生教育方面的讨论和规定，是美国研究型大学博士生教育质量策划中重要的约束力量，是博士生教育质量保障中的重要一环。

---

21 详细内容参见第四章的相关阐述。

一、《莫雷尔法案》²²——推动美国研究生教育产生的法规

1848 年，佛蒙特州国会议员莫雷尔（Justin Smith Morrill）建议取消美国学院中"几个世纪以前的以欧洲学术为特点的那部分学习，以较新的更有实用价值的学习来填补空白"，²³但是此次建议并没有引起广泛的注意。1857 年，莫雷尔又一次发布提案，明确说明其目的是"促进工业阶级的文理和实用教育"，²⁴然而此次提案最终因遭到当时总统的否决而没有实行。直至 1862 年，经国会通过和林肯总统的签署，《莫雷尔法案》（Morrill Act）才正式生效。虽然自美国独立以来，联邦政府陆续向一些州赠与公用土地以建立公立高等院校，但是真正的联邦赠地是从该法案的生效开始的。该法案规定了四项内容²⁵：第一，联邦政府在每州至少资助一所学院从事农业和技术教育；第二，按照 1860 年规定分配的名额，每州凡有国会议员一人可分得 3 万英亩的功用土地或相等的土地期票。（全国总计赠地为 1.743 万英亩）；第三，出售公地获得的资金，除 10%可用于购买校址用地外，其余将设立为捐赠基金（endowment），其利息不得低于 5%；第四，这笔捐赠资金如果 5 年内未能使用，将全部退还给联邦政府。可以说，在该法案的推动下，一些赠地学院均得到了很大程度的发展。

1862 年颁布的第一个《莫雷尔法案》为每个州提供一部分公共土地，其土地售卖的钱主要用于资助学院开展农业、机械以及古典学，因而这也在很大程度上也使得这一时期（1870 年代）公立大学的扩张。其中一些赠地学院成为早期博士学位授予单位。²⁶《莫雷尔法案》的颁布是与美国联邦政府的农业经济发展政策相呼应的，其核心内容是美国联邦政府通过向大学转让公共土地的使用权来促进高等教育的发展。然而，公共土地的使用权并非是无限制的，而是有一定的条件，即拥有公用土地使用权必须为国家的农业、医疗、教育等方面做出相应的贡献，从而推动美国整个美国经济社会以及公立大学的大力发展。譬如，美国教育史家卡布来在《美国公共教育》中说："联邦政

---

22 注：关于 *Morrill Act* 有多种译法，譬如，《莫雷尔法案》、《莫里尔法案》等等，本文采用《莫雷尔法案》这一译法。在参考借鉴其它作者的参考资料时，作者并非引用错误，只是为了统一而改为《莫雷尔法案》。

23 王英杰：《美国高等教育的发展与改革》，北京：人民教育出版社，2002 年，9 页。

24 王英杰：《美国高等教育的发展与改革》，北京：人民教育出版社，2002 年，9 页。

25 陈学飞：《美国高等教育发展史》，成都：四川大学出版社，1989 年，55-56 页。

26 Lori, T., Golladay, M. J. & Hill, S. T., *U. S. Doctorates in the 20th Century*, National Science Foundation, Division of Science Resources Statistics, 2006, p.4.

府给予教育的各种补助中，似乎没有别的补助像拨地兴建农工学院和以后拨款举办这类教育，曾获得更丰硕的成果。"[27]

联邦政府提供这样大笔的资金用于资助农工高等教育，的确大大地刺激了公立和实科高等教育的发展。国会于 1890 年通过了第二个《莫雷尔法案》（The Second Morrill Act）。由于农民意识到前期赠地学院通过培养高级专门人才，有力地解决了他们在农业生产中的实际问题，所以当第二个《莫雷尔法案》颁布的时候，广大农民都积极地支持赠地学院的发展，使得该法案的颁布得以顺利通过。更为重要的是，赠地学院在实践中所取得的科学研究成果，由州政府及时地向广大农民推广，在很大程度上也推动了农业生产的发展。具体而言，该法案规定联邦政府每年向赠地学院拨款：最初拨给赠地学院 1 万 5 千美元，以后每年增加到 2 万 5 千美元，并允许创办"隔离但平等"的黑人学院。[28]该法案的颁布，促使美国公立学院在南部和交界南部诸州（Border States）[29]的广泛建立。此外，在第二个《莫雷尔法案》的影响下，许多学院于 1866 和 1890 年间建立，其训练的黑人教师也被纳入到赠地系统当中。其中有五所学院最后授予博士学位，它们是阿拉巴马农工大学（Alabama A & M University）、佛罗里达农工大学（Florida A & M University）、北卡农工州立大学（North Carolina A & T State University）、南卡罗来纳州立大学（South Carolina State University）和田纳西州立大学（Tennessee State University）。

可以说，上述两个《莫雷尔法案》的颁布与实施，在美国高等教育发展史上具有划时代的意义，它不仅打破了美国联邦政府以往不干涉、不过问教育的传统，开创了联邦政府资助高等教育的先河，而且也使得联邦政府在不干预高等院校学术自由的前提下推动高等教育的发展。美国联邦政府通过向大学转让公用土地以及划拨联邦经费的方式，大力促进高等教育的发展，尤其是农业科学等专业领域的发展，打破了高等教育长期以来的封闭状况，为国家培养了大批高质量的实用型人才。《莫雷尔法案》的实施极大地刺激了美国高等教育的发展，尤其是对州立大学，其促进作用更为明显，前加州大学校长、卡内基高等教育委员会主席克拉克·科尔（Clark Keer）曾指出："1862

---

27 滕大春：《外国教育通史（第 4 卷）》，济南：山东教育出版社，2005 年，301 页。
28 王廷芳：《美国高等教育史》，福州：福建教育出版社，1995 年，135 页。
29 注：交界南部诸州主要是美国南北战争前的诸合法蓄奴州，包括特拉华、肯塔基、马里兰、密苏里和西弗吉尼亚诸州。

年莫雷尔法推动的'赠地运动'适应了美国工农业迅速发展和人口激增对高等教育的新需求，使得美国现代的公立大学体系开始形成。"[30]美国著名高等教育教授考利（W. H. Cowley）在评论莫雷尔法案的意义时指出，"莫雷尔法案的最有意义之处在于它在资助创建农业、机械或其它实用学科的高等院校时，并没有规定这些院校不教授其它自然学科或古典学科，从而导致美国高等院校中最有影响的学校——综合大学的产生。"[31]另一位美国高等教育专家梅茨格（Metzger）也指出："莫雷尔法案的最有意义之处不在于赠地学院与研究生院同时存在，而在于它们共存于同一学院，从而导致了德国式研究型大学的产生。"[32]譬如，加利福尼亚大学、密歇根大学、威斯康星大学等在很大程度上都是得益于《莫雷尔法案》的实施。

事实上，《莫雷尔法案》的颁布和实施较好地回应了社会发展对美国高等教育的要求，推动了美国高等教育职能向为社会经济发展提供直接的服务方向上延伸，推动了美国高等教育更广泛地在为资本主义经济、政治服务，促进了美国高等学校为经济和社会发展培养大批实用人才。然而，《莫雷尔法案》的影响远非于此，它还间接地推动了美国综合大学的产生以及研究生教育的发展。譬如，由于增地学院的学生来自农家，提出很多农业生产中的实际问题，要求学校解答，从而要求赠地学院在进行教学的同时，还要注重科学研究。[33]为了进一步加强农业科学研究的发展以及整个高等学校科学研究活动的全面开展，美国相继颁布了一系列法案，主要有1887年美国国会通过的《海奇法案》（Hatch Act）、1914年通过的《史密斯-利弗法案》（The Smith-Iever Act）、1935年通过的《班克黑德-琼斯法案》（Bankhead-Jones Act）等。

二、《国防教育法》——促进美国研究生教育大发展的法规

第二次世界大战后，美国的经济与科学技术均获得了前所未有的大发展，其整个经济水平和科学技术水平遥遥领先于其它国家。然而，这一领先位置却遭到了来自苏联人造地球卫星的挑战和动摇。当苏联1957年人造地球卫星发射成功之后，美国朝野和公众处于一片惶恐之中，他们对美国的科

---

30 陈学飞：《美国高等教育发展史》，成都：四川大学出版社，1989年，57-58页。

31 Smith, G. K., *Twenty Five Years: 1945-1970*, Jossey-Bass Inc. Publishers, 1970, p.148.

32 Baldridge, J. V., *Policy Making and Effective Leadership*, Jossey-Bass Inc. Publishers, 1978, p.251.

33 李素敏：《美国赠地学院发展研究》，保定：河北大学出版社，2004年，164页。

技、教育等提出了严重的质疑。最后美国朝野和公众把"美国落后了"的责任归咎于教育的落后，归咎于政府对教育的支持不够。在苏联发射人造地球卫星不到一年的时间里，美国国会的议员们就提交了上千余份关于教育问题的提案，国会也通过了近百条涉及教育的法案，其中最重要的便是 1958 年 9 月通过的《国防教育法》（National Defense Education Act）。可以说，此次美国联邦政府做出的这些反应是出乎寻常的，他们也决意要通过教育来挽救美国落后这一事实。总统艾森豪威尔（Eisenhower）在签署《国防教育法》时指出，这是一项"紧急措施"，我们"要通过这项法令大大加强美国的教育制度，使之能满足国家基本安全所提出的要求"。[34]

20 世纪 60 年代和 70 年代，也即是在苏联成功发射人造地球卫星之后，美国高等教育机构中博士生教育获得了极大地发展。1957 年苏联人造地球卫星的发射触发了美国的政策导向，新的政策主要关注的是增加研究型大学的数量。授予博士学位大学的数量在 20 世纪 60 年代增加了 73 所，在 20 世纪 70 年代又增加了 87 所。到 20 世纪 60 年代中期，授予博士学位的学校已经遍及整个美国的 50 个州、哥伦比亚特区（District of Columbia）以及波多黎各（Puerto Rico，位于西印度群岛东部的岛屿）。20 世纪 60 年代的一个重要特征是，美国每年博士学位授予数量一直处于一个较高的增长速率，可以说这种增长速率的动力源泉是公众和联邦政府对于苏联发射人造地球卫星所做出的及时反应。美国在博士生教育方面所取得的这些成就，促使其通过各种项目来推动美国研究生教育体系的建立，其中就包括《国防教育法》中的研究生奖学金资助以及美国国家科学基金会（National Science Foundation）、美国国立卫生院（National Institutes of Health）和美国公共卫生署（Public Health Service）等所提供的一些奖学金和实习机会。[35]

哈佛大学校长科南特（J. B. Connant）说："苏联在技术上的突破，正是因为苏联建立了能够培养苏联技术优势所需要的教育制度。并呼吁应彻底改造美国的教育制度，美国的许多政治家和其它有识之士也都主张，现在摆在美国人面前的紧迫任务就是要加强教育和科学研究。"[36]美国著名学者莫非（F. D. Murphy）说："这个小球带给美国人的信息……二十世纪后半叶，没

---

34 王英杰:《美国高等教育的发展与改革》，北京：人民教育出版社，2002 年，35 页。

35 Lori, T., Golladay, M. J. & Hill, S. T.. U.S. Doctorates in the 20th Century [R]. National Science Foundation, Division of Science Resources Statistics, 2006: 5-7.

36 陈学飞:《美国高等教育发展史》，成都：四川大学出版社，1989 年，155 页。

有任何事物比得上经过训练和教育的人才重要。二十世纪的未来掌握在那些把教育和科学研究置于优先位置的人们手中。"[37]美国当时的教育总署主任德西克（Laurence G. Derthick）在考察了苏联教育之后指出，"我们在某一方面所见，使我们非常惊讶……我们在各地所见的各种迹象都使我们得出结论，他们极为重视教育。"[38]由上所述，我们可以看出，在苏联人造地球卫星的刺激下，美国举国上下一致的反映是要对美国的教育制度进行根本性的变革，尤其是要重视教育和科学研究工作。

《国防教育法》为美国研究生教育的大发展提供了坚定的政策保障和强大的物质保证，具有重大的战略意义。该法规为促进研究生教育发展，加速高层次人才的培养作出了如下明确规定：（1）为研究生提供无息贷款。（2）1959 年向研究生颁发 1000 份"国防奖学金"，在以后连续三个财政年度的每一年中，颁发 1500 份奖学金；每位奖学金获得者在连续三年的学习中每学年将得到 2000 至 2400 美元的奖学金；一所学校每有一名奖学金获得者每年可得到 2500 美元的款额。（3）向修习国家急需的外语的研究生发放现代外语奖学金。此外，还为高等学校科研提供大量的补助。《国防教育法》一通过，国会立即拨款 10 亿美元专用于教育。[39]在此之后，国会分别于 1964 年和 1968 年两次修订《国防教育法》，延长了该法案的期限，其主要目的是确保美国政府在世界科技竞争中的霸主地位。可以说，《国防教育法》的颁布与实施，对美国研究生教育的发展产生了深远的影响。据统计，每年科学和工程领域的博士生培养数，从 1958 年的 5800 人增加到 1968 年的 14300 人；到 20 世纪 70 年代初，全国开设研究生课程的学校已达到 740 所，可授予博士学位的学校达 350 所。与 1960 年相比，1977 年全国研究生总数由 34.2 万人增加到 137 万人，增加了 3 倍；授予硕士学位由 11.7 万人增加到 33.8 万人，增加了近 2 倍；授予的博士学位由 9800 人增加到 3.7 万人，增加了近 3 倍。[40]

苏联发射人造地球卫星引发了大规模联邦承诺，要提升国家的科学能力。在 1958 年至 1968 年，也就是苏联发射卫星后的十年，联邦政府支持的

---

37 陈学飞：《美国高等教育发展史》，成都：四川大学出版社，1989 年，155 页。

38 王英杰：《美国高等教育的发展与改革》，北京：人民教育出版社，2002 年，33 页。

39 许迈进：《美国研究型大学研究——办学功能与要素分析》，杭州：浙江大学出版社，2005 年，51 页。

40 许迈进：《美国研究型大学研究——办学功能与要素分析》，杭州：浙江大学出版社，2005 年，51 页。

大学基础性研究增加了七倍，从 178 亿美元增长至 1251 亿美元。继《国防教育法》之后，美国国会在六十年代又通过了一系列教育法案，大力促进高等教育的优先发展。尤其是 1963 年颁布实施的《高等教育设施法》（Higher Education Facilities Act）对后期高等院校的建设产生了巨大的影响。并且在 20 世纪 60 年代，国家哲学博士学位的数量已经是 20 世纪 20 年代的 3 倍之多。[41]这是美国联邦政府更广泛地资助高等教育的"第一个步骤"。

尽管《国防教育法》在解决美国教育面临的种种问题方面仅仅是一个"小小的步骤"，尽管它是一个明显的"零碎"的法案，但它却是联邦政府在高等教育事业中发挥新作用的"分界点"、"里程碑"；是使高等教育与"国防"紧密联系起来，成为而后十余年国家优先发展的战略重点的起点和标志。[42]在一份倡导回复 1950 年《国防教育法》的报告上，美国研究生院委员会发表言论："《国防教育法》给我们最大的启示便是强有效地资助研究生教育的发展，并以此为起点，综合应对来自教育、企业和政府部门的挑战。"[43]该项立法是美国高等教育发展史上第一次以法律的形式将高等教育置于国家安全的战略高度，是美国教育立法的一个里程碑。与此同时，该项立法授权联邦政府以各种渠道来资助高等教育以及研究生教育的发展，将提高研究生教育的质量作为重要的落脚点，从而确保美国在科学技术领域的领先地位。可以说，自此之后美国各高等院校的研究生院改变了以往只注重应用性的教学与研究以及忽视系统理论知识学习的实用主义的倾向，开始加强博士生教育的基础理论与跨学科的教学与科研，把提高博士生教育的质量摆在了前所未有的位置，这也是美国高等教育发展的一个新的起点。

第四节　认证制度[44]：美国研究型大学博士生教育质量策划中的规范力量

纵观上述关于美国研究型大学博士教育质量策划的相关讨论，可以看

---

41 Nerad, M., Raymond, J. & Miller, D. S., *Graduate Education in the United States*, London, Garland Publishing, Inc., 1997, p.27.

42 陈学飞：《美国高等教育发展史》，成都：四川大学出版社，1989 年，156 页。

43 [美]佩吉·梅基、内希·博科斯基：《博士生教育评估》，张金萍、娄枝译，上海：上海交通大学出版社，2011 年，16-17 页。

44 注：由于此部分的相关内容在第三章中也有所涉及，因而为了保证内容的完整性与连贯性，此章在相关细节方面就不再赘述。具体内容详见第三章。

出，联邦政府、州政府、研究型大学、法律法规等在博士生教育质量策划的过程中不同程度地都扮演了非常重要的角色。由于美国高等教育分权的传统，联邦政府通过颁布相关的法律法规等手段对美国高等教育、博士生教育的发展实行统一的管理，这的确对美国研究型大学博士生教育质量保障中的质量策划具有一定的约束，但是在这些颁布的法律法规当中，并没有规定博士生教育中相关专业应当达成的具体标准与要求，这在很大程度上也为后期美国博士生教育的质量评估带来了一定的困扰。因此，基于美国高等教育形式的复杂多样化、各院校自治的传统以及各州分权管理的特点，美国高等教育、博士生教育的地区性认证以及专业认证制度便应运而生。

一、认证制度的目的与作用

与许多国家不同的是，美国没有教育部授权提供教育项目、设立教育标准以及建立规则来执行标准，其主要是由州政府和地方政府对教育（包括高等教育）进行负责。然而，对这种责任的阐释和践行在州际之间常常存在根本性的不同，并且教育标准和实践缺乏统一性，所以这也促成 19 世纪初认证体系的产生。这种认证主要是基于同行评议，基本上是以一种非政府、自愿以及自我监管的方式来进行质量评估和质量提升，这也明确反映出美国高等教育的多样性、半自治的特征。其他国家的学术机构基本上都是外部（通常是政府）实体进行评估。另外，美国的认证实际上是一种内部化的活动。质量并非是由外部的"他们"所决定的，而是由内部的"我们"所决定的。因此，美国的认证机构基本上都是自愿的、非政府协会等，这些机构主要有两个基本目的：一是质量评估——对相关院校或专业进行评估，以确定它们是否满足或达到了所规定的质量标准；二是质量改进——帮助院校或专业持续的改善它们的质量。[45]可以说，美国在高等教育领域所实施的认证制度，能够较好地维护本行业、本专业的利益和声誉，对于高等院校教育质量的提升以及他们预期任务的完成具有重要的作用，客观上推动了高等院校的相关专业教育不断朝着规范化和标准化方面努力。与此同时，这在很大程度上也对规范美国研究型大学博士生教育的发展与保障其博士生教育的质量不无裨益。

---

45 Alma, C., *Quality Assurance in Higher Education*, Washington, D. C., The Falmer Press, 1992, pp.161-162.

二、认证机构及认证标准的建立

美国第一个地区性认证机构成立于 1885 年的新英格兰地区学院协会，然而美国第一次真正意义上对高等教育进行认证开始于 20 世纪初，其认证的组织是一个非政府的组织，即"美国中北部学院与学校协会"（North Central Association of Colleges and Secondary Schools），该协会应用 1909 年制定的标准对高等教育的质量进行了相关的审核与认证，开辟了高等学校标准化的新路径。除了以前曾涉及到的标准之外，该协会要求它所属学院教师的学术水平至少相等于硕士一级，实验室和图书馆必须满足需要，其毕业生能够在声誉好的大学参加高级学位的学习。其它地区性协会也仿效采取了类似的做法。[46]1909 年，中北部学院与学校协会制定完成了高校认证标准并正式通过决议："1912 年 4 月 1 日以后，没有通过认证的高校不能获得会员资格。"[47]通过认证，该协会于 1913 年公布了第一批通过认证的学校，可以说此次该协会的认证也正式拉开了美国地区性认证的序幕。关于美国地区性认证机构的名称及所管辖的州，详见表 2-1：

表 2-1　美国地区性认证机构名称及所管辖的州

地　区	成立年份	认证组织名称	所管辖的州
新英格兰地区学院协会（New England Association of Schools and Colleges）	1885 年	高等教育委员会 初级学院委员会 技术和职业院校委员会 初级技术和职业学院委员会	康涅狄格，缅因，马萨诸塞，新汗布什尔，罗德岛，佛蒙特
中部地区学院协会（Middle States Association of Colleges and Schools）	1887 年	高等教育委员会 初级学院委员会	特拉华，哥伦比亚特区，马里兰，新泽西，纽约，宾夕法尼亚，波多黎各（美国托管地），维尔京群岛（美国托管地）
中北部地区学院协会（North Central Association of Schools and Colleges）	1895 年	高等院校委员会 初级学院委员会	亚利桑那，阿肯色，卡罗拉多，伊利诺伊斯，印第安纳，衣阿华，堪萨斯，密歇根，明尼苏达，密苏里，内布拉斯加，新墨西哥，南北达科他，俄亥俄，俄克拉荷马，西弗吉尼亚，威斯康星，怀俄明

---

46 陈学飞：《美国高等教育发展史》，成都：四川大学出版社，1989 年，124 页。

47 王建成：《美国高等教育认证制度研究》，北京：教育科学出版社，2007 年，48 页。

南部地区学院协会（Southern Association of Schools and Colleges）	1895 年	学院委员会 初级学院委员会	亚拉巴马，弗洛里达，佐治亚，肯塔基，路易斯安那，密西西比，南北卡罗来纳，田纳西，德克萨斯，弗吉尼亚
西北部地区学院协会（Northwest Association of Schools and Colleges）	1917 年	学院委员会 初级学院委员会	阿拉斯加，爱达荷，蒙大拿，内达华，俄勒冈，犹他，华盛顿
西部地区学院协会（Western Association of Schools and Colleges）	1924 年	高级学院和大学认证委员会 初级学院委员会 社区和初级学院认证委员会	加利福尼亚，夏威夷，萨姆斯岛（美国托管地），关岛（美国托管地），北马里亚纳群岛（美国托管地），太平洋岛屿的托管地

资料来源：沈红：《美国研究型大学形成与发展》，武汉：华中理工大学出版社，1999年，163 页。（笔者在原有内容的基础上做了部分调整与完善）；Cynthia A, Davenport. "Recognition Chronology", http://www.aspa-usa.org/content/about-accreditation, 2015-01-05.

　　总体来讲，地区性高等院校的认证标准一般包括：财政状况、学校计划与教授会力量的协调状况、董事会（对私立院校）或系统主要行政官员（对州立院校系统）的管理状况、学校任务的设计及表述、学校任务的执行、自我评价。[48]地区认证机构基于这些标准对高等学校进行相关的认证，通过认证之后便可以成为该地域认证协会的正式会员。地区性认证机构被认为是质量和卓越最好的"决定者"，这些认证机构使院校对其特定学科领域开展自我评估。在院校完成了自我评估之后，便会由相关的同行专家对院校自我评估报告的准确性进行审查，随后告知学院的相关改进意见以及哪些院校通过或未通过委员会的认证等。[49]可以说，许多大学争相成为地区性认证机构的会员，其主要原因在于，如果它们通过了地区性的相关认证，一方面说明他们的质量达到了较高的水平，其综合实力得到了社会的广泛认可，可以提升他们在公众及用人单位的信誉，学生所修的学分不仅可以进行转换，而且学生的毕业去向也与这种认证机构的认可有着密不可分的关系；另一方面如果通过了地区性的相关认证，也会影响到联邦政府、基金会以及其它方面资源

48　沈红：《美国研究型大学形成与发展》，武汉：华中理工大学出版社，1999 年，164 页。

49　Charles P. Hogarth, *Quality Control in Higher Education*, Lanham, University Press of America, 1987, p.1.

的流向，因为这些资源的分配一般情况下都会优先考虑那些经过地区认证的学校。

随着地区性协会在美国的不断发展与完善，全国性的高等教育认证制度以及相关的认证标准也都逐渐建立起来。可以说，此阶段标准化的认证机构在美国大范围的增加，但同时，认证机构认证的形式也丰富多样。譬如，各种宗教团体也开始加入到认证与教会有关的学院等级当中，其中成立于1936年的"美国和加拿大神学院协会认证委员会"（Commission on Accrediting of the Association of Theological Schools in the United States and Canada）便是较为典型的宗教性认证机构，其认证机构的数量达到260个。

然而，自20世纪30年代开始，人们逐渐开始对美国高等教育认证机构所开展的认证提出了质疑，认为这种对高等学校的认证，其标准过于僵硬，缺乏灵活性，因为在它们过于强调相关认证标准的数量，所以在这一过程中不可避免地容易忽视对高等学校教育质量的全面评估。因此，当时存在着这样一种倾向，即认为只要有了充足的建筑物、实验室、图书馆、高中毕业的学生和具有哲学博士学位的教师，就是一所好学校。事实上，这些因素只能说明学校的条件，而不能保证其质量。一些学校能够满足所有外部要求的条件，而质量很低；另一些学校在某些方面不够条件，但测量其学生的表现，质量却很高。[50]因此，在第二次世界大战期间，诸多同仁便强烈要求应当取消这些"表面化"、"形式化"的认证。自1914至1948年间，美国大学联合会一直开展相关的认证工作，对美国高校进行认证并公布认证的结果，自1928年以后便开始实行实地考察的评估方式，作为对高校认证的主要依据之一。到1948年，由于参与高等学校认证的院校数量激增，美国大学协会不堪重负不得不宣布退出认证的工作，这在很大程度上也激发了第二次世界大战之后，地方性协会和专业协会的逐步发展。专业认证机构的主要职能是认证专门的学科教育，以期确保所开展的专业教育的质量水平，为学生进入某一专业领域提供必备的职业技能与资格。譬如，医学专业毕业的学生，如果要获得行医资格证，就必须通过全国医学会举行的专门考试；法学专业毕业的学生，要获得法律资格证书，则必须通过全国律师协会举行的专门考试等。

---

50 陈学飞：《美国高等教育发展史》，成都：四川大学出版社，1989年，125页。

三、认证的基本模式

认证是一个由量化逐渐发展为质性方式的过程，从早期简单的认证列表到对教育经历结果评价的关注。不管是院校认证机构还是专业认证机构，其认证都会遵循一个通用的模式：第一，由院校和专业开展严格公正的自我评估，主要是考察和评估目标、活动和成就。第二，由同行小组开展的实地考察，这不仅提供专家评估，而且也提供相关的改进意见。第三，后续的审查以及管理委员会或董事会的决策。[51]具体来讲，认证过程始于院校机构或专业的自我评估，根据认证机构的认证标准进行综合性的自我评估。自我评估考虑的是学生、教师、管理者、校友、委托人以及社团的利益，最终形成自我评估报告。而自我评估报告则是认证机构开展实地考察评估的基础。实地考察小组通常包括根据院校或专业本质所选择的专业教育者、专家，以及代表特定公共利益的人员。考察小组根据院校或专业的目标进行评估，并且根据他们自己的专家以及满足外部标准的程度来提供相关的专业判断。接下来，考察小组会根据对相关院校或专业事实的审查，准备并完成评估报告。随后，将自我评估、考察小组的原始报告以及院校或专业的回应转至认证机构的管理董事会，作为对院校机构或专业认证地位决定的基础。[52]

可以说，上述院校和专业开展的自我评估、同行小组开展的实地考察以及委员会或董事会的决策等三个过程，是美国高等教育认证的三个实质性阶段。当然，在具体的认证过程中，还包括申请认证资格和周期性评估两个过程。具体而言，如果是首次认证，那么不管是院校机构认证还是专业认证，都必须提出正式的申请，这也是进阶到院校和专业自我评估阶段的前提。需要指出的是，申请的院校在选择什么样的认证机构时，主要考虑的是其申请认证的目的以及所在学校或专业的实际状况。在通过首次认证之后，一般而言，院校的审查将会在 5 至 10 年进行一次，但是认证机构保留对院校机构或专业随时审查的权利。与此同时，他们也保留了对院校或专业的任何实质性改变审查的权利。[53]倘若认证机构在审查过程中发现院校机构或专业没有达

---

51 Alma, C., *Quality Assurance in Higher Education*, Washington, D. C., The Falmer Press, 1992, p.163.

52 Alma, C., *Quality Assurance in Higher Education*, Washington, D. C., The Falmer Press, 1992, p.163.

53 Alma, C., *Quality Assurance in Higher Education*, Washington, D. C., The Falmer Press, 1992, pp.163-164.

到相关标准，那么审查委员会便会向该院校或专业发出警告，并限期让其进行相关的改进。倘若到期后这些院校机构或专业仍然没有达到标准，那么其认证的资格便会被取消。通常情况下，每年都会有一些院校或专业因达不到标准而被警告，有些院校或专业经过改进后达到了标准，而有些则无力于改进，主动退出了认证的申请。

总体而言，由于美国高等教育分权管理的特点，州际之间的差别也较大，所以各个研究型大学的高等教育管理，博士生教育质量策划也会有很大的不同。各研究型大学会在遵循联邦相关法律法规与相关政策的基础上，根据各州和各个学校的具体情况，提出其博士生教育质量策划的标准和要求。同时，为了规范博士生教育质量策划中各专业的具体标准，相关认证制度的完善也在这一过程中扮演了非常重要的角色，有效地保障了博士生教育的质量。从某种意义上来讲，联邦政府没有直接干预博士生教育的质量，而是将博士生教育质量保障这一重任让相关的认证机构来承担。联邦政府在这一过程中，主要通过相关的认证机构的认证结果来判定博士生教育的质量，所以说美国的认证机构在这一质量保障过程中扮演了"中介人"的角色，而这一角色又使得学校及相关专业免受政府或尽量少受美国联邦政府以及政治因素的干扰。然而，需要指出的是，作为美国博士生教育质量策划的实施主体，研究型大学在质量策划的过程中，会适时根据其所在院系的发展状况做出适当的调整，以期更好地适应时代、市场和专业发展的要求。

第三章　美国研究型大学博士生教育的外部质量控制

> 质量控制是实现质量目标、落实质量措施的过程。质量控制确保事物按照计划的方式进行，是实现质量目标的保障。

——约瑟夫·M·朱兰

美国的研究生院机制通常被认为是世界最好的，而博士生教育则被视为美国高等教育体系中最为精华的部分，所以常常被其它国家作为"学术金标准"所效仿。既然博士生教育如此重要，加之博士学位拥有者也常常被认为是非常重要的资源，因此他们的教育和训练不能仅仅由学术界来负责，在这一过程中也需要学术以外的第三方机构予以管理。如前所述，美国研究型大学博士生教育在质量策划过程中联邦政府、州政府、研究型大学、法律法规等均发挥了重要的作用，这不仅为博士生教育质量保障提供了一个重要前提，而且也为博士生教育质量保障奠定了一个坚实基础。根据质量三部曲的理论，本研究认为博士生教育的质量控制可以分为外部质量控制和内部质量控制，外部质量控制的刺激对于内部质量控制的完善具有较大的推动作用。而本章主要探讨美国研究型大学博士生教育质量保障中的外部保障机制，探索其博士生教育的质量是如何通过外部环境和机构予以保障的？

第一节　设立专业认证机构：美国研究型大学博士生教育外部质量控制的孵化器

众所周知，美国的高等教育体系与欧洲的教育体系有着较大的不同，其最根本的差异当属其教育体系受到政府控制程度的大小。欧洲国家以及许多其它国家都是通过教育部直接管理其高等教育的发展。然而，美国高等教育中联邦政府所扮演的角色历来都是疏远且有限的。当然，如前所述，美国在对高等教育管理这一有限的角色当中，也曾试图强化联邦政府的力量来加强高等教育、博士生教育的发展，尤其是在 1862 年所颁布的《莫雷尔法案》就是一个例外，该法案的颁布在很大程度上突显了联邦政府在发展博士生教育的努力。虽然这一努力在当时美国教育发展过程中的确起了非常重要的作用，但总体来讲，美国博士生教育的专业认证在一定程度上依然与联邦政府的管理相脱离，导致美国各个大学、学院在教学任务、课程规划、教学质量等诸多方面存在较大差异。因此，美国逐渐引入了专业认证这一第三方的认证机构，以期在认证过程中能够公正地、客观地、独立地对高等教育、博士生教育进行相关的认证，为整个高等教育、博士生教育质量的保障、引导与提升作出贡献。

美国高等教育认证委员会（Council for Higher Education Accreditation, CHEA）认为，认证是为保证和提高学院、大学和专业的质量而对它们实施的外部审查过程，是对高校的工作、诚信和质量进行鉴定的过程，是高校的自我管理和同行评估的方式。[1]美国联邦教育部（U. S. Department of Education）认为，认证的主要目的是确保大学所提供的高等教育可以满足可接受的质量水平。认证机构所制定的评估标准以及所开展的同行评估，以评估这些标准是否得到满足。美国教育部没有相关的认证教育的机构或项目，然而，联邦教育部部长要求通过法律来公布一系列的国家认可和认证机构，从而对高等教育或培养质量进行认证。一些认证标准与认证机构的质量无关，但是它们对于找出一些不合格认证机构的原因发挥了重要作用。[2]

一、美国专业认证机构的确立与发展

19 世纪初，医学在美国很大程度上还不能够算作一种职业。当时无论有没有从医的资质和执照，都可以称作是医生。同样，当时的医学教育也非常不正规，许多从医人员并没有经过专业的训练，即使接受过一些训练，也是

---

1 马健生：《高等教育质量保证体系的国际比较研究》，北京：北京师范大学出版社，2014 年，74 页。
2 U. S. Department of Education, "Overview of Accreditation", http://www2.ed.gov/admins/finaid/accred/accreditation.html#Overview, 2015-01-04.

非常浅显的。因此，面对医学领域这种混乱不堪的状况，许多医务人员呼吁成立一个全国性的组织机构，使医学教育能够变得正规化。于是在这一背景之下，1847 年美国成立了美国医学委员会（American Medical Association, AMA），而被誉为"美国医学委员会之父"的则是那桑·戴维斯（Nathan Davis）。然而，该委员会在此后的几十年中仅仅倡导提高医学教育的标准，而并没有采取相关的具体行动。直至 1902 年，美国医学委员会得以重组，最终于 1904 年成立了医学教育委员会（Council on Medical Education, CME）。1905 年，医学教育委员会首次公布了美国医学院校的教育标准——"现代推荐的标准"（Standard Now Recommended）和"理想的标准"（Ideal Standard），并公布了一份医学院分类排名表。[3]然而，美国第一个执行质量认证的却是美国骨疗协会（American Osteopathic Association，也称"美国整蛊协会"），该协会于 1901 年起开始审查认证学院。

1906 年美国医学协会联合美国卡内基教学促进会，逐渐开始对美国和加拿大高校的医学教育进行调查研究，并于 1907 年公布了第一批医学院排名名单。此次调查研究共考察评估了 160 所医学院校，其中排名等级为 A（即"合格"）的学校有 85 所，排名等级为 B（即"有问题"）的学校有 46 所，排名等级为 C（即"不合格"）的学校有 32 所。[4]这些通过专业认证的医学院，被认为是专门从事医学职业的预备性学院。同时也规定，倘若哪所学校的医学专业不能通过该协会的专业认证，那么该校的毕业生将不能参加美国执业医师资格的考试。这在很大程度上也激励了相关的学校加强自身专业质量的提升，保证学校未来的可持续发展。此外，美国医学研究会也继续与卡内基教学促进会合作，共同致力于医科教育的相关研究，并于 1910 年发表了其调查研究报告，即《美国和加拿大的医科教育》（Medical Education in the United States and Canada），这也就是后来著名的"弗莱克斯纳报告"（Flexner Report）。这份报告为将医科学院建成约翰·霍普金斯大学这样的典型铺平了道路，同时也为关闭很多"低档院校"奠定了基础。[5]据统计，截止到 1920

3　王建成:《美国高等教育认证制度研究》，北京：教育科学出版社，2007 年，45 页。

4　Young, K. E. & Chambers, C. M., *Accreditation-Contemporary Perspectives on Issues and Practices in Evaluating Educational Quality*, San Francisco, Jossey-Bass Publishers, 1983, p.3.

5　[美]E·格威狄·博格、金伯利·宾汉·霍尔:《高等教育中的质量与问责》，毛亚庆、刘冷馨译，北京：北京师范大学出版社，2008 年，34 页。

年，医学院校已经从 160 所减少至 85 所。[6]这些努力为未来医科教育的发展有着广泛而深远的影响。虽然费莱克斯纳在医科教育领域内做出了巨大的贡献，但是他本人并不是一名内科医师，他认为："对于一个领域而言，圈外人——有常识而不循规蹈矩——也许与业内人士一样能够以专业的眼光审视这一领域，他这样辩解道——当然，专家有其立场；但如果有人问我，什么样的人学习法制教育最有前途，我会选一个门外汉，而不是法律专业的教授；或者让我挑一个研究示范培训的人选，我绝不会选教育学专家。"[7]

随着医学专业认证的不断发展与完善，其它专业的认证组织也相继开始建立。据统计，自 1918 至 1937 年间，先后约有 13 个行业建立了行业性的专业认证机构，引入了医学领域的相关认证方式，如实地考察的评估方式等。实地考察，其目的是为了判断高校自评报告内容的准确性，这一行为有助于认证机构判断被评估学校是否执行认证机构的标准和政策，从而为认证机构决策提供客观依据。[8]早期专业认证机构的名称及建立年份，详见表 3-1：

表 3-1　1918 至 1937 年间美国专业认证的专业名称与建立年份

专业名称	年　份	专业名称	年　份	专业名称	年　份
足病学	1918 年	工商	1919 年	法律	1923 年
图书馆学	1924 年	音乐	1924 年	营养学	1927 年
麻醉护理	1931 年	药剂	1932 年	工程	1932 年
验光	1934 年	牙科	1937 年		

资料来源：Cynthia A, Davenport. "Recognition Chronology", http://www.aspa-usa.org/content/about-accreditation, 2015-01-05.

在接下来的十年内，相继又有十多个协会开始开展专业认证。在第二次世界大战期间，这些专业认证启动较慢，但是二战后许多新的组织便开始实施认证活动。截止目前，为了满足行业服务的需求，许多新的专业认证机构相继成立。[9]据统计，这些专业认证机构目前认证的专业已经超过两万个，其

6　王建成：《美国高等教育认证制度研究》，北京：教育科学出版社，2007 年，49 页。

7　[美]E·格威狄·博格、金伯利·宾汉·霍尔：《高等教育中的质量与问责》，毛亚庆、刘冷馨译，北京：北京师范大学出版社，2008 年，34-35 页。

8　马健生：《高等教育质量保证体系的国际比较研究》，北京：北京师范大学出版社，2014 年，71 页。

9　Cynthia A. Davenport, "Recognition Chronology", http://www.aspa-usa.org/content/about-accreditation, 2015-01-05.

最主要的目的是为该专业的学生建立起在学期间需达到的统一的且最低的专业标准。此外，通过专业认证的学科以及该专业的学生在未来就职时会有较强的竞争力。具体的专业认证机构、成立时间等可参见附录二。

二、美国专业认证机构的规范与协调

许多人也许认为只要学院和大学遵循联邦、州以及市政府的相关法律与条例，便可以自由做任何他们想做的事情，但事实并非如此。因为诸多的机构、组织、协会等有足够的权利来控制学院和大学的发展，这也被视为是对质量控制的问责。然而，许多学院和大学的管理人员认为这种方式是一种不当的干扰措施。事实上，所有的这些机构、组织和协会等外部机构都是试图帮助学院或大学在未来发展的更好，提升他们学校的整体质量。[10]由上所述，我们也可以看出，美国专业认证机构对于促进美国高等教育、博士生教育的有序发展以及质量的提升发挥了重要的作用，但是这些专业认证机构作用的进一步发挥以及评估的有效性、客观性、权威性的提升，还需借助相关的机构组织进行规范、协调和认可。认可是一种规范，相关的专业认证机构要获得认可，就必须遵循一定的认可标准，这对于高等院校在各个层次上的标准化发展以及保证所在领域质量的提升不无裨益。其中，美国高等教育认证委员会和美国联邦教育部在规范与协调专业认证机构的过程中扮演了非常重要的角色。[11]

（一）非官方组织：美国高等教育认证委员会的认可

中学后认证委员会（Council on Postsecondary Accreditation, COPA）于1975年1月1日成立并开始运行。中学后认证委员会合并了美国认证委员会（National Commission on Accrediting, NCA）和高等教育地区认证委员会联合会（The Federation of Regional Accrediting Commissions of Higher Education, FRACHE）。中学后认证委员会是第一个非政府机构来审查或认可的地区性认证机构。[12]与此同时，该委员会也被看作是美国历史上第一个真正意义上

---

10 Charles P. Hogarth, *Quality Control in Higher Education*, Lanham, University Press of America, 1987, p.1.

11 注：关于美国高等教育认证委员会和美国联邦教育部对专业认证机构的认可情况，详见附录二。

12 Cynthia A. Davenport, "Recognition Chronology", http://www.aspa-usa.org/content/about-accreditation, 2015-01-05.

的全国性认证机构委员会，它为美国认证制度的完善与发展起到了不可磨灭的作用，使得美国高等教育的认证自此形成了全国统一的局面。然而，经过多年的发展，许多教育界人士批评中学后认证委员会没有有效地向国会说明认证的实际情况，而许多大学和学院的校长为了避免认证问题的负面影响，不再愿意与那些非传统的高等教育机构为伍而要求退出中学后认证委员会。[13]面对内外部强大的压力，中学后认证委员会不堪重负于 1993 年 12 月 31 日终止了其近 20 年的认可活动。

在中学后认证委员会宣布解散后，有许多其它的认证机构相继建立。1993 年成立的中学后认证认可委员会（Commission on Recognition of Postsecondary Accreditation, CORPA），于 1994 年 1 月 1 日正式开展中学后认证委员会以前的认可职能，目的是为了维持中学后认证委员会解散后认证机构在认可过程中的非政府、非官方的性质。中学后认证委员会的运作方式旨在帮助培养和促进认证机构在推动和确保美国中学后教育的质量和多样性的职责。随着中学后认证委员会相关认证活动的终止，一些更为庞大的政策和职业发展服务被其它的机构所承担。与此同时，1993 年建立了专业认证协会（The Association of Specialized and Professional Accreditors, ASPA），当确认了中学后认证委员会的解散消息后，专业认证委员会除了提供一些更为庞大的政策和专业发展服务之外，还试图在专业认证机构中起到一定的震慑作用。然而，不久后专业认证委员会就被合并了，并且在 1993 年与地区性认证机构和诸多学院与大学的校长共同形成了一个组织，即高等教育机构认证的国家政策委员会（National Policy Board on Higher Education Institutional Accreditation, NPB）。该委员会后来又演变成大学校长认证工作组（Presidents Work Group on Accreditation, PWG）。在 1995 至 1996 年期间，该工作组又提交了一个成立新的组织的计划书，即高等教育认证委员会（Council for Higher Education Accreditation, CHEA）。在 1996 年秋季所举行的第一次官方会议中，对于成立高等教育认证委员会的计划得到了 54% 的大学校长的投票，其中超过 90% 的选票支持成立高等教育认证委员会。同样在 1996 年，中学后认证认可委员会决定在该年年底正式向高等教育认证委员会移交其认可工作。[14]

---

13 王建成：《美国高等教育认证制度研究》，北京：教育科学出版社，2007 年，54 页。

14 Cynthia A. Davenport, "Recognition Chronology", http://www.aspa-usa.org/content/about-accreditation, 2015-01-05.

1996 年 9 月，高等教育认证委员会召开了第一次董事会议。1997 年，高等教育认证委员会起草了相关的认可要求，并于 1998 年就这些认可要求开展了广泛的征求意见。1998 年 9 月高等教育认证委员会董事会通过了"认证机构的认可：政策和程序"（Accrediting Organizations: Policy and Procedures）。高等教育认证委员会的认可过程主要有两个步骤：一是资格审查（eligibility review）。第一轮的资格审查由认可委员会（Committee on Recognition, COR）于 1999 年 11 月开展，并且由高等教育委员会董事会于 2000 年 1 月付诸实施。二是认可审查（recognition review）。具有资格的认证候选机构，制定并提交他们的认可申请。第一次认可审查于 2000 年 11 月由认可委员会开展，并且由高等教育认证委员会董事会于 2001 年 1 月付诸实施。[15]自此之后，高等教育认证委员会便开始了对相关的认证机构进行认可的职能。

总之，高等教育认证委员会对相关认证机构的认可，不仅体现了对认证机构的基本要求，而且也体现了对认证标准以及过程等基本质量的要求，标志着美国高等教育的认证已经进入了规范化的发展阶段，这也为更好地保障美国研究型大学博士生教育的质量发挥了重要的作用。

（二）官方组织：美国联邦教育部的认可

美国的认证制度在高等教育质量保障和教育资源配置中发挥了重要的作用，但是认证制度在发展中也产生了一些负面的影响，所以联邦政府便开始在认证制度中扮演了重要的角色。1952 年，为了纠正和防止联邦政府资助学生款项的滥用及相关的学校欺诈现象，美国国会要求联邦政府教育专员公布"全国认可的认证机构名单"。[16]自此之后，美国联邦教育部会定期出版关于"全国认可的认证机构与协会"（Nationally Recognized Accrediting Agencies and Associations）的名单，一方面，要求这些所列入到名单中的机构和协会必须是合格的；另一方面，这些机构与协会确实在院校和专业的教育质量提升方面发挥了重要的作用。这些院校或专业要想获得联邦的相关资助，就必须接受并获得美国联邦教育部的认可。[17]

美国联邦教育部在所公布的"全国认可的认证机构与协会"的名单，主

---

15 Cynthia A. Davenport, "Recognition Chronology", http://www.aspa-usa.org/content/about-accreditation, 2015-01-05.

16 王建成：《美国高等教育认证制度研究》，北京：教育科学出版社，2007 年，53 页。

17 Cynthia A. Davenport, "Recognition Chronology", http://www.aspa-usa.org/content/about-accreditation, 2015-01-05.

要包括地区性认证、全国性认证以及许多专业性认证机构或协会，他们的职责主要是对高校和专业的教育进行认证。然而，需要指出的是，并非是所有的美国联邦教育部认可的机构在之前都是经过中学后认证委员会或者中学后认证认可委员会的认可，他们并将继续接受美国联邦教育部的认可。联邦教育部官员要求那些通过认可的机构或协会需在他们的评估项目中服从美国联邦教育部的相关标准、政策和程序。机构或协会的定期评审将决定他们在未来的认可过程中是否合格。[18]

对于认证机构在认可过程中的具体要求和标准于 1952 年开始实施，当时这些要求和标准的内容只有一页。到 1974 年，美国"认可的认证机构与协会"的认可标准和程序（the Criteria and Procedures for Recognition of Nationally Recognized Accrediting Agencies and Associations）得以重新出版，这次的内容扩展到三页。这些标准的再次修订是在 1988 年，紧接着对美国 1965 年所颁布的《高等教育法》（Higher Education Act, HEA）进行了修订。该部重要的立法会定期重新授权，通常每五年进行一次。伴随着每次重新授权，联邦教育部都会发布新的认证机构的认可程序和标准（Procedures and Criteria for Recognition of Accrediting Agencies）。[19]

大范围的修订开始于 1992 年《高等教育法案》的重新授权。在 1992 年的修订中，第一次授权使用谈判的决策制定过程来开发实施规则，并且这些修订也是第一次勾勒出了认可认证机构程序的轮廓。美国联邦教育部于 1992 年开展的高等教育法案修正案于 1994 年 7 月 1 日正式生效。伴随着 1992 年《高等教育法案》的重新授权，一些曾经通过了美国联邦教育部认可的机构将不再公布在相关的认可机构或协会的名单当中，因为不管是 Title IV 的基金，还是其它联邦项目的资金管理，他们并没有起到把控的作用。联邦教育部与这些认证机构共同确保某个机构从名单中被移除是由于合格要求的改变，而非反应出对机构的否定。《高等教育法案》最近一次的修订是在 1998 年 10 月，这次正式将《高等教育法案》签署成为《高等教育法》。对于大多数机构而言，1998 年的修订案扩大了他们认可活动的范围，这其中就包括远程教育。在 1992 年立法中的许多繁重资金方面的问题在 1998 年的立法中被移除

---

18 Cynthia A. Davenport, "Recognition Chronology", http://www.aspa-usa.org/content/about-accreditation, 2015-01-05.

19 Cynthia A. Davenport, "Recognition Chronology", http://www.aspa-usa.org/content/about-accreditation, 2015-01-05.

了。与此同时，谈判的决策制定过程在草案中依然被使用。最终的规则于 1999 年 10 月 10 日在《联邦公报》（Federal Register）中出版。新的"认证机构的认可程序和标准"于 2000 年 7 月 1 日正式生效。[20]

美国 1998 年《高等教育法》修正案的 Title IV（第四章）的 Part H（第七部分）中详细阐述了关于认证机构或协会的认可、认证机构或协会等相关的要求规定，其中在"资格和证书程序"中就包括了如下几个条文：一般要求、单一申请表、财务责任标准、管理能力标准、举办者的财务保证、申请与实地考察行动、资格期限、大学资格临时证书、举办者变更的处理、分支机构的处理等。[21]通过美国联邦教育部的一系列努力，对相关的认证机构或协会进行了重新认可，使得美国的专业教育在发展中更加有效，质量更加有保障。

由上所述，美国的专业认证机构需接受美国高等教育认证委员会和美国联邦政府的认可，二者各自独立开展相关的认可工作。通过 CHEA 和 USDE 的一系列努力，对相关的认证机构或协会进行了重新认可，使得美国高等教育和专业发展更加有效、质量更加有保障。新世纪后，许多专业认证机构相继获得了 CHEA 和 USDE 的认可资格，近五年来，同时获得二者认可资格的专业认证机构有：美国心理学会-认证委员会（APA-CoA）、美国教师教育认证委员会（NCATE）、教师教育认证委员会（TEAC）等。[22]一般而言，CHEA 和 USDE 在认可重点、认可周期等方面存在一些不同。如 CHEA 的认可周期为 10 年，而 USDE 则是 5 年。具体可参见表 3-2：

表 3-2　USDE 和 CHEA 认可的比较

	USDE	CHEA
认可重点	能否获得联邦政府提供的学生贷款权力	教育质量保证与院校持续改进发展
认可标准	10 项	5 项
认可周期	每五年一次	每十年一次（每五年交一次情况报告）

20 Cynthia A. Davenport, "Recognition Chronology", http://www.aspa-usa.org/content/about-accreditation, 2015-01-05.

21 具体内容参见：*Higher Education Amendments of 1998*, Washington, D. C., House Committee on Education and the Workforce, 1998, pp.387-395.

22 Councils for Higher Education Accreditation. "2014-2015 Directory of CHEA-Recognized Organizations". http://www.chea.org/Directories/index.asp, 2015-01-05.

认可方式	报告，检查	自评，检查
认可结果	认可或不认可	认可或不认可

资料来源：田恩舜：《高等教育质量保证模式研究》，青岛：中国海洋大学出版社，2007年，153页。

三、专业认证机构在美国研究型大学博士生教育质量保障中的作用

纵观上述内容，我们可以看出，专业认证机构对于保障美国高等教育的质量功不可没。而美国高等教育认证委员会的非官方机构和美国联邦教育部的官方机构，通过对这些专业认证机构进行的再次认可，更加保障了这些专业认证机构的有效性与权威性。可以说，这些被认可的专业认证机构在日后保障美国高等教育以及博士生教育质量的过程中扮演了非常重要的角色。

拉特克里利夫（Ratcliff），卢宾内斯克鲁（Lubinescu）和加夫尼（Gaffney）于2001年曾对教育质量认证的目的作出如下五个方面的概括[23]：第一，通过发展评定教学效果的方针标准培养具有高质量的学院。第二，通过自我规范与自我规划的制定推进学院的不断进步。第三，确保项目明确而合理地设定教学目标并有足够的研究人员及相关硬件支持完成既定目标，确保该学院有能力继续从事相关研究。第四，在审批过程中，对新申请的项目和已确定的项目提出意见和建议。第五，确保项目免受外界干扰，获得足够的资助从而高效而顺利地开展相关调查。

美国没有联邦教育部或其它集中权威对国家高等教育机构行使单一的国家控制。美国承担着对不同教育的控制，但总体而言，高等教育机构在具体操作过程中具有很强的独立性和自主性。因此，美国的教育机构在具体的项目特征和质量方面存在非常大的差异。为了保证一个基本的质量水平，美国掀起了相关的认证实践活动，譬如，开展教育机构和专业的非政府的、同行的评估。地区性的私人教育协会或国家范围内都采取了能够反映一个好的教育项目的质量标准，并且开发了对相关机构或专业评估的程序，从而确定他们是否具备基本的质量水平。具体而言，美国联邦教育部认为认证对于高等教育的有效发展具有如下九个方面的作用[24]：

---

23 [美]E·格威狄·博格、金伯利·宾汉·霍尔，《高等教育中的质量与问责》，毛亚庆、刘冷馨译，北京：北京师范大学出版社，2008年，22页。

24 U. S. Department of Education, "Accreditation in the U. S.", http://www2.ed.gov/admins/finaid/accred/accreditation_pg2.html#U.S, 2015-01-04.

第一，证明相关机构或专业满足了既定的目标；

第二，帮助那些未来入学的学生对相关的机构做出鉴定；

第三，协助机构确定可接受的学分转换；

第四，帮助确定相关机构和专业的政府和民间资金投入；

第五，保护学校免受内外部压力的侵害；

第六，对于实力较弱的专业创建自我改进的目标，并且刺激教育机构之间基本标准的提升；

第七，使教职员工全面参与学校的评估和规划；

第八，为相关的专业认证和许可建立标准，并且提升为此进行准备的课程质量；

第九，为确定获得联邦资助的资格奠定基础。

此外，格威狄·博格（E. Grady Bogue）和金伯利·宾汉·霍尔（Kimberely Bingham Hall）曾指出："教育质量认证的另一优点常常为人们所忽视，即它使组织专业化。这种专业化主要通过以下三种方式得以实现：（1）进入各专业领域需要具备一定的基本标准，教育质量认证为即将进入某一领域的学生提供了这些标准；（2）教育质量认证使得各领域的带头人物能够参与评价专业化预备项目（professional preparation programs）的质量、效率以及合理程度，并将理论与实践结合起来；（3）教育质量认证通过合作增加了从业者、项目准备的代表以及正要迈进职业领域的学生成为一个整体。"[25]由此可以看出，教育认证对于学校、学生乃至公众都具有非常重要的作用，一方面它可以为社会公众以及相关的组织提供信息咨询与参考，另一方面对增进学生、公众等对高校专业的了解，促使高等教育机构更加清晰明了地认识其专业优势与不足。通常情况下，高等学校在向学生和家长介绍该校的具体情况时，会以该校的专业化程度为主，而家长、学生以及公众也会根据该校的专业化程度作为他们对学校声望以及质量的评判依据。因此，在考虑上述观点基础之上，我们认为，通过这些专业认证机构的认证，对于美国研究型大学博士生教育质量保障所产生的积极作用是诸多方面的：

首先，对于博士生教育的资助者而言，通过专业认证机构认证的大学及博士生教育专业，使得他们获得的好处是博士生教育质量达到了相关的质量

---

25 [美]E·格威狄·博格、金伯利·宾汉·霍尔，《高等教育中的质量与问责》，毛亚庆、刘冷馨译，北京：北京师范大学出版社，2008 年，24 页。

标准与质量要求，促进了其资助学校在整个博士生培养过程方面的日臻完善，从而有效保障博士生教育的质量。与此同时，在考虑对哪些博士生教育进行资助时，资助者们通常也会考虑这些专业认证机构的认证结果，优先资助那些通过认证且表现优秀的高等教育机构。

其次，对于学校而言，通过专业认证机构认证的大学及博士生教育专业，确保了美国博士生教育专业发展的规范要求，从起点上保证了博士生的质量。凡是培养博士生的专业，绝对达到了博士培养的最低要求，否则会因不能通过专业认证而丧失继续培养博士的资格。[26]这在很大程度上可以激励大学在博士生教育的过程中，首先在学校范围内定期开展相关的自我评估，从而不断完善博士生教育体系以及提升博士生教育的质量。与此同时，学校的大力发展以及博士生教育质量的广泛提升，也可以在未来争取更多的资源，尤其在获得相关的高等教育资助中获得一定的竞争力。

再次，对于学生而言，通过专业认证机构认证的大学以及博士生教育专业，可以向学生确保该校所开展的博士生教育在培养的各个环节是有质量保障的，是合格的，能够很好地满足学生在博士生教育阶段的需求，因为他们的专业得到了同行的认可。这对促进他们在此阶段享有必要资源的同时，可以提升其自身的必备能力。同时，这种专业认证也可以帮助学生鉴别和选择适合自己的学校就读。需要指出的是，经过专业认证机构认证的学校在很大程度上也成为博士生进入职场的重要条件之一，也可以告知用人单位哪些高等教育机构与学科专业的毕业生是为职业做好准备的。譬如，美国北卡罗拉大学教育学院的副院长所指出的："我们的专业质量经过了认证组织五年一次的认证，因而我们的专业质量是合格的、优秀的。我们招聘教师的基本条件是：毕业于经过认证的博士专业。"[27]

最后，对于公众而言，通过专业认证机构认证的大学及博士生教育专业，确保了大学及博士生教育的质量在诸多方面通过了审核，并且达到了大学以及博士生教育的预期目标，这也是向社会公众提供专业质量合格信息的有效途径。在确保各大学和博士生教育能够完成其基本预期时，他们基本在日常

---

26 赵立莹：《美国博士生教育质量评估体系发展研究》，博士学位论文，华中科技大学，2009年。

27 赵立莹：《美国博士生教育质量评估体系发展研究》，博士学位论文，华中科技大学，2009年。

的培养过程中不断地完善自我、发展自我，从而更好地适应各学科领域的发展需求。在这一过程中所产生的相关理论以及所开展的具体实践，对于公众而言均有较大益处。

然而，对于认证机构的相关认证，目前也存有诸多的质疑，认为这些外部的认证机构对于博士生教育的内部改革作用并不大，因为外部机构并不完全了解各大学博士生教育具体的开展情况，通常他们是根据大学提交的关于该校博士生教育的自评报告进行评估和监督的。这样一来，各大学在向认证机构提交报告的时候，往往将重点放在其自身的优势方面，而对于劣势及不足方面则谈之较少，甚至避而不谈。这在很大程度上也说明外部认证机构的评估不可避免地使高校进一步掩盖自身在博士生教育中的问题，而不是为了更好地促进博士生教育的发展。因此，马丁·特罗就曾针对这一问题指出认证机构在实际的监督过程中存在三点不适之处[28]：首先，大学认证机构按一个标准对待不同的大学，因此很难发现不同研究型大学的办学特征和个性，同时对大学办学自主权是一种威胁。其次，认证机构对大学进行认证收费很高，大学为此不仅需要付出经济代价，而且需要大量的人员投入，对大学的各项工作和正常运行会造成一定的压力。第三，为了避免对大学内部事物有干涉和用统一的标准评估不同大学之嫌，认证机构往往强调目标评估。但是对大学的长久目标进行评估本身就是一个棘手的问题，因为大学向评估机构提交各种各样的报告，不可能涉及大学还没有实现的目标。

美国的研究生院机制通常被认为是世界最好的，而博士生教育则被视为美国高等教育体系中最为精华的部分，所以被其它国家的学术机构频频效仿。既然博士生教育如此重要，而且博士学位拥有者也常常被认为是非常重要的资源，所以他们的教育和训练不能仅仅由学术界来负责，在这一过程中也需要学术以外的第三方机构予以管理。由上可以看出，专业认证制度对于保障美国高等教育的质量功不可没，而 CHEA 的非官方机构和 USDE 的官方机构通过对这些专业认证机构的再次认可，更加保障了这些专业认证机构的有效性与权威性。可以说，这些被认可的专业认证机构在日后保障美国高等教育以及博士生教育质量的过程中扮演了重要的角色。总体而言，在博士生

---

28 马万华：《从伯克利到北大清华——中美公立研究型大学建设与运行》，北京：教育科学出版社，2004 年，117 页。

教育外部质量保障过程中，专业认证制度所产生的积极作用更是多方面的，不仅对于博士教育资助者，而且对于学校、学生以及公众均产生了重要作用。然而，近年来学术内外对美国专业认证制度也提出了一些质疑，但不管怎样，它对美国高等教育和博士生教育所产生的积极作用是毋庸置疑的，而且对我国博士生教育未来的改革与发展也具有一定的启迪意义。

第二节　变革质量评估模式：美国研究型大学博士生教育外部质量控制的保健医

"质量"是一个非常模糊且难以捉摸的概念，要对其进行评估并非易事，[29]对于博士生教育质量的评估更是如此。既没有单一的指标——像是学校获得捐款的数量、图书馆藏书的数量、教师发表论文的数量、教师的薪水情况、教师中诺贝尔奖获得者（Nobel laureates）、古根海姆基金（Guggenheim Fellows）成员、美国国家科学院（National Academy of Sciences）成员的数量等，而且也没有任何一种综合的评估方式足以评估教育机构的真正价值所在。[30]上述所涉及到的这些因素，通常指的都是"客观"的质量评估。然而，事实上这些所谓的"客观"在很大程度上却被证明是一种"主观"的评估。杰出学者、诺贝尔奖获得者、国家社科院成员等都是通过同行群体的主观评估选拔的，教师待遇是通过对某人的主观评价决定的，捐款是慈善组织主观评价的结果。尽管图书馆藏书的数量是易于量化的，但是对于评价学校的资源来讲，其价值是非常有限的，除非可以对学校所持有的资源作出质性评价。从操作意义上来讲，"质量"是一个人的主观评估，因为根本不存在其它客观性的衡量标准来确定它的本质。[31]

美国研究型大学博士生教育质量评估模式可追溯到 1924 年，其中时任迈阿密大学校长以及美国学院联合会（AAC）主席的休格斯（Raymond M. Hughes）对美国的博士点进行了评估。至此之后，也出现了一大批相关的调查研究工作，譬如，1934 年休格斯继续开展相关的研究项目，1957 年肯尼斯

29 Allan M. Cartter, *An Assessment of Quality in Graduate Education*, Washington, D. C., American Council on Education, 1966, p.4.

30 Allan M. Cartter, *An Assessment of Quality in Graduate Education*, Washington, D. C., American Council on Education, 1966, p.4.

31 Allan M. Cartter, *An Assessment of Quality in Graduate Education*, Washington, D. C., American Council on Education, 1966, p.4.

顿的研究、1964 年卡特的研究、1970 年鲁斯-安德森的研究、1982 年琼斯的研究、1995 年美国研究委员会的研究等等。

一、博士生教育外部质量评估的早期探索：三项主要研究

研究生层次的教育评估在早期采取了类似于本科学院质量评估的方式，尽管在很大程度上还不及本科学院质量评估那么成熟，但是在此方面的探索也取得了一定的进展。其中，在早期探索阶段，关于博士生质量评估的研究主要有三项，即 1924 年和 1934 年休格斯所开展的两项研究以及 1957 年肯尼斯顿所开展的研究。可以说，这些早期的探索，也为后期美国博士生教育质量的评估与质量保障奠定了基础。

（一）1924 年和 1934 年休格斯的两项研究

1924 年休格斯对美国博士点的评估，其评估的对象是可以授予博士学位的 38 所大学，涵盖了 20 个研究领域。该项研究被认为是美国最早开始的关于博士生教育声望评估的研究之一，[32]被称为大学排名的起源。休格斯研究的主要目的是为本校希望继续追求高深研究的本科生提供关于博士点的相关信息，以利于学生选择。[33]而休格斯对博士点进行评估和排名的根本原因正如他本人所指出的那样："这样的评估可以为大学校长或是院长寻找合适的教员有着很显著的作用，而通过排名的方式公布也很受欢迎，这样，任何对此感兴趣的人很快就能够对未来的工作领域有一个大致的评价设想。"[34]

博士生教育不同于本科教育的特殊性在于，博士生不仅仅是作为知识消费者的学生，更重要的是在后期培养阶段，他还是初级研究者，是导师和教师团队的科研同伴。导师的学术水平和学术声望所带来的学术资源和学术氛围是影响博士生教育质量的决定性因素。因此，休斯最初对博士点进行评估所使用的方法就是声望评估法，即对大学教师的声望进行排名。后来的大部分研究都将休格斯视为声望评估法的第一人。[35]正如劳伦斯（Lawrence）和格

---

32 David L. Tan, "The Assessment of Quality in Higher Education: A Critical Review of the Literature and Research", Research in Higher Education, 1986, 24 (3), pp.223-265.

33 黄海刚：〈从声望排名到质量改进——美国博士生教育评估模式的演进〉，载《比较教育研究》，2012 年第 1 期。

34 [美]E·格威狄·博格、金伯利·宾汉·霍尔：《高等教育中的质量与问责》，毛亚庆、刘冷馨译，北京：北京师范大学出版社，2008 年，50 页。

35 陈洪捷：《博士质量：概念、评价与趋势》，北京：北京大学出版社，2010 年，57 页。

林（Greed）所指出："休格斯是第一个倡导利用杰出学者作为评估者、第一个强调博士生教育重要性以及第一个将教师声望作为评估博士点质量标准的研究者。"[36]

1934 年，休格斯受美国研究生教育协会（Committee on Graduate Education）的委托，采用同样的方式对美国博士点进行了排名。相比 1924 年的研究而言，此次研究的领域扩大了两倍多，涵盖了 50 个研究领域。其结果刊登在 1934 年 4 月份的《教育记录》上，在他介绍成果的结尾时，休格斯做评论："在每个学院评估中都有着很明显的滞后，一个曾经很强大的学院也许现在已经没有很好的教师并且在走下坡路，但是在评估中却得到很高的分数，这种例子很多。另一方面，一些最近发展迅速的学院反而在评估中的分数很低，但假若这种研究的方式每隔几年就做一次，这样的错误也许会纠正的。"[37]

在上述休格斯的两项研究中，其所采用的评估方法均是声望评估法，通过 20-60 位专家学者的主观判断和感受来评估博士点的质量，但是在这一评估过程中，并没有向这些专家学者提供有关被评估博士点的相关信息。因此，上述两项研究所固有的一些不足，也遭到了后期研究者们的诸多非议。

（二）1957 年肯尼斯顿的研究

1957 年，作为宾夕法尼亚大学研究生院评估项目的一个重要组成部分，肯尼斯顿（Hayward Keniston）为了判断宾夕法尼亚大学在同类大学中的位置，[38]也采用了声望排名的方法对博士生教育质量进行了评估，从而重新评估"研究生教育的目的与我们当前的知识需求的相关性。"[39]

肯尼斯顿为排名前 25 名的各高校研究生负责人发了一封信，这份排名前 25 名的名单划分主要依据有三个方面：一是美国大学协会的成员；二是近年来所授予博士学位的数量；三是地域的分布。由于此次研究的目的是为了对比各个领域培养博士的学校情况，所以此份名单中并没有包括诸如麻省

36 黄海刚：〈从声望排名到质量改进——美国博士生教育评估模式的演进〉，载《比较教育研究》，2012 年第 1 期。

37 [美]E·格威狄·博格、金伯利·宾汉·霍尔：《高等教育中的质量与问责》，毛亚庆、刘冷馨译，北京：北京师范大学出版社，2008 年，51 页。

38 Allan M. Cartter, *An Assessment of Quality in Graduate Education*, Washington, D. C., American Council on Education, 1966, p.5.

39 Hayward Keniston, *Graduate Study and Research in the Arts and Sciences at the University of Pennsylvania*, Philadelphia, University of Pennsylvania Press, 1959, p.5.

理工学院和加州理工学院的技术院校，也不包括州立大学像爱荷华州立大学、密歇根州立大学或是宾夕法尼亚州立大学。[40]为了了解各校在他们领域中的院系的质量，肯尼斯顿分别对这 25 所高校的研究生负责人进行了问卷调查，让他们以博士生教育质量和教师质量为标准。当所有的问卷都回收之后，每所高校的分数都将编纂制成表格，然后依照每个系科的总分数排序。此次主要针对四大领域展开调查，即生命科学、人文学科、自然科学和社会科学。

最后将肯尼斯顿的调查结果与 1925 年休格斯的排名结果相比较，除了洛杉矶大学、纽约大学和华盛顿大学之外，其余大学均出现在 1925 年休格斯的排名当中。与此同时，较之 1925 年的排名，在 1957 年的排名中，哈佛大学、加利福尼亚大学、哥伦比亚大学、耶鲁大学等均保持领先位置，而芝加哥大学却从第 1 名下滑至第 6 名，约翰·霍普金斯大学则从第 7 名下滑至第 16 名。

然而，肯尼斯顿的研究也存在明显的不足，批评者们认为其排名并没有真正揭示各科系的优势。首先，研究生负责人通常在各科系中并不是最著名的学者；其次，研究生负责人的平均年龄远远大于教师的年龄，因此样本易于造成年龄偏大的现象；第三，研究生负责人在雇佣教师过程中可能会是一个传统主义者，更加倾向于将少数主要大学排在前列，因为这些学校在过去授予了最多的、最优秀的哲学博士学位；[41]第四，评估的范围较小，仅仅针对25 所顶尖大学的研究生负责人进行了相关调查，代表性不足；第五，在调查过程中主要依靠他们高度的主观印象，所以其调查结果不可避免具有一定的局限性；第六，由于挑选出来的院系主任（即研究生负责人）大部分都毕业于这些样本学校，因此可能存在着"校友偏见"。[42]对于个高校的研究生负责人来讲，他们有必要知晓其它机构的到底发生了些什么。他们呼吁并推荐其学校学生能够在自身领域中开展有益的研究，并且想要从其它学院的教师和研究生中寻求新的成员予以任命。

---

40 Hayward Keniston, *Graduate Study and Research in the Arts and Sciences at the University of Pennsylvania*, Philadelphia, University of Pennsylvania Press, 1959, pp.115.

41 Allan M. Cartter, *An Assessment of Quality in Graduate Education*, Washington, D. C., American Council on Education, 1966, p.6.

42 转引自：黄海刚：〈从声望排名到质量改进——美国博士生教育评估模式的演进〉，载《比较教育研究》，2012 年第 1 期。

二、博士生教育外部质量评估的稳步发展：ACE 的相关研究

（一）1964 年卡特的研究

1964 年春，由美国教育委员会（American Council on Education, ACE）和高等教育规划和目标委员会（Commission on Plans and Objectives for Higher Education）联合承担的一项研究任务，即试图对美国文理学院博士生项目的质量进行评估。1964 年卡特的研究任务主要由时任美国教育委员会副主席阿兰·卡特（Allan Catter）来实施，其主要任务有三个方面：一是更新早期博士生教育的定量研究数据；二是将评估的范围扩大到美国所有的主要大学；三是尽可能的从早期的主观性评估的误区中挣脱，以期改进未来博士生教育的评估方式。[43]为了尽可能地提供与休格斯和肯尼斯顿的相一致的调查研究，并且容纳大多数主要文理学科来扩大覆盖面，卡特最终选择了 30 个学术领域进行研究。[44]在研究设计当中，卡特为了使参与群体样本具有一定的异质性，确保所提供有价值观点均来即院系负责人（900 多个）；杰出学者（1700 余名）；知识渊博的年轻学者（1400 余名）。[45]在研究过程中，卡特尽量避免了早期研究的一些主观性的局限，同时在其研究中的被调查者和院校方面的覆盖面也更为广阔。关于此次研究的调查问卷设计参见 3-3：

表 3-3　1963 年卡特研究的调查问卷设计

问　　题	问题选项
问题一：在您所在的领域中，以下哪个术语最能表达您关于院系里研究生教师质量的判断？（仅仅考虑目前教师的学术能力和学术成就）	a. 卓越（Distinguished） b. 强（Strong） c. 好（Good） d. 良好（Adequate） e. 合格（Marginal） f. 不能提供足够合格的博士生教育（Not sufficient to provide acceptable doctoral training） g. 信息不足（Insufficient information）

---

43 Allan M. Cartter, *An Assessment of Quality in Graduate Education*, Washington, D. C., American Council on Education, 1966, p.3.

44 Allan M. Cartter, *An Assessment of Quality in Graduate Education*, Washington, D. C., American Council on Education, 1966, p.10.

45 Allan M. Cartter, *An Assessment of Quality in Graduate Education*, Washington, D. C., American Council on Education, 1966, p.12.

问题二：如果您选择一个研究生院来为您所在的领域培养博士生，您将如何评估以下机构？（考虑教师的可接近性和他们的学术能力、课程、教育和研究设备、研究生质量以及与博士项目有效性相关的其它因素）	a. 非常有吸引力（Extremely attractive） b. 有吸引力（Attractive） c. 可接受（Acceptable） d. 没有吸引力（Not Attractive） e. 信息不足（Insufficient information）
问题三：您期望在接下来的 5 至 10 年中，您自己的领域排名可能会有哪些方面的变化？（基于行政领导、年轻教师的质量以及每个机构整体氛围的判断。假设经济资助可以保持目前的水平）	a. 相对提升（Relative improvement） b. 处于同样的排名（Same relative position） c. 相对下降（Relative decline） d. 信息不足（Insufficient information）

资料来源：Allan M. Cartter, *An Assessment of Quality in Graduate Education*, Washington, D. C., American Council on Education, 1966, p.12.

此次调查研究共发放问卷 5367 份，回收 4256 份问卷，其回收率大约 80%，有效率大约为 75%。调查结果发现：第一，学科领域内出现的聚类优势；[46]第二，全国奖学金聚集于师资力量靠前的学校；第三，优秀院系的区域分布集中于某几个州；第四，研究生师资的质量与师资薪水密切相关。几乎没有人会否认一个好的教育是一种昂贵的教育。第五，质量与图书馆资源密切相关。图书馆是大学的心脏，它对于研究生教育质量的影响具有重要的作用，几乎没有其它单一的非人为因素与研究生教育质量有如此密切的关系。在构建图书馆资源评估指标时，通常会考虑三个因素，一是总的藏书数量；二是每年新增的图书数量；三是现刊数量。[47]第六，教师和学生的获奖情况。好的大学排名主要是基于师资力量和吸引力两个指标；[48]第七，质量声誉

---

46 学术分类的综合排名在某种程度上要比大学层面的评分更有意义，因为绝大多数学者认为维持某一研究领域的优势需要其它相关聚类学科（allied disciplines）较强的院系支持。譬如，如果没有一个较强的数学系，便很难有一个优秀的物理系；或者没有一个好的化学系和生物系，便很难有一个较强的生化系。而这一观点，在 1964 年的研究中得到了证实，其研究结果也表明好的院系基本上总是聚类出现的。譬如，一所大学没有一个"优秀的"经济学系，便没有一个"优秀的"或是至少没有一个"较强"的政治学系等等。同样的还有化学、数学和物理学系，他们也总是以类聚的形式出现的。（资料来源：Allan M. Cartter, *An Assessment of Quality in Graduate Education*, Washington, D. C., American Council on Education, 1966, p.106.）

47 Allan M. Cartter, *An Assessment of Quality in Graduate Education*, Washington, D. C., American Council on Education, 1966, p.114.

48 Allan M. Cartter, *An Assessment of Quality in Graduate Education*, Washington, D. C., American Council on Education, 1966, p.116.

提升的建议，如院系的评估结果在很大程度上与评估者对该院系的熟悉程度存在密切的相关关系、本地区的评审专家对院系的评估要比外地评估专家的评估高很多、基于目前的质量声誉，机构的工资水平要比未来提升他们的排名预期高很多、大学拥有的图书馆资源对于改进所在学校的质量声誉以及未来排名具有重要的作用。[49]

(二) 1970 年鲁斯-安德森的研究

1970 年，为了改进以往的研究，所以肯尼斯·鲁斯（Kenneth Roose）和查尔斯·安德森（Charles Andersen）在模仿卡特研究的基础上，也开展了相关的研究工作，他们对 130 所大学的博士点质量进行了评估，并出版了题为"研究生教育学科点排名"的研究报告。[50]在成果大纲中，他们写道："研究生教育教师评估的质量有显著的增长，从 1964 年的 69.8%以上优良上升到 1969 年的 80%；而且从区域上也证明了这种改善。以南方为例，从 1964 年的 59%以上优良上升到 1969 年的 73%。"[51]

当然，这份报告也招致了很多质疑与批评。其中由 W·帕特里克·多兰（W. Patrick Dolan）于 1976 年所出版的《排名优秀：学术精英的权力》就是一部强有力攻击的专著，他在开篇就声称这份报告是"定量的废话"和"对大胆的、多元化和开放化可畏的专业抨击"。他认为："卡特和鲁斯与安德森的报告是畸形的，不单单是因为它们是扭曲的、毁坏声誉、局部最优化的专利产品，更是因为它们削弱了标准化的指导作用，没有文化或是人性化的目的，简直完全是为政府、所在行业、管理者或是官僚做说客的。它们根本就没有跟我们文化的需要或人们心灵生活一致的教育目的。"[52]

纵观上述卡特和鲁斯-安德森的研究，其对博士生教育的质量评估几乎无不例外的采用声望评估的方式，不可否认这些研究已经被广泛的应用，但同时由于其研究本身的一些弊端而常常遭到批评。对卡特和鲁斯-安德斯批评最

49 Allan M. Cartter, *An Assessment of Quality in Graduate Education*, Washington, D. C., American Council on Education, 1966, p.117.

50 Roose, K. D., & Andersen, C. J., *A Rating of Graduate Programs*, Washington, D. C., American Council on Education, 1970.

51 [美]E·格威狄·博格、金伯利·宾汉·霍尔，《高等教育中的质量与问责》，毛亚庆、刘冷馨译，北京：北京师范大学出版社，2008 年，52 页。

52 [美]E·格威狄·博格、金伯利·宾汉·霍尔，《高等教育中的质量与问责》，毛亚庆、刘冷馨译，北京：北京师范大学出版社，2008 年，53 页。

多的就是他们过于依赖声望排名。[53]ACE 的排名只是评估过程中的一小部分，很显然他们是基于狭隘假设和精英结构，从而主导了目前美国高等教育的方向。只要我们关于高等教育最有声望的信息来源是一个声望的大赛，那么这种结果将会继续提供一个声望评估的重复模仿的模型，所有变革高等教育的一些尝试将最终扼杀"合法"的评估过程。具体而言，关于卡特和鲁斯-安德森研究的批评主要有以下四个方面：第一，这种研究内在反映了其是基于多年前已过时观念之上，并没有过多考虑近年来专业的一些变化。第二，对个别专业的排名可能会影响到大学的整体声誉，譬如，大学的"光圈效应"（"halo effect"）。第三，大部分评估专家本身就是毕业于声誉较好的专业或是这些声誉较好专业的教师，所以这样的评估结果便会有失公允。第四，基于这样的研究，对于许多声望排名较弱的专业或是教师而言，很难在全国范围内树立起其声誉。[54]

　　尽管这些研究存在很多的局限性，但是自此之后，许多研究者基于卡特和鲁斯-安德森的研究进行了后续的一些探索，他们试图在一个更加广阔的学科视域下来审视和评估研究生专业。自从卡特和鲁斯-安德森发布研究报告以后，许多学者也撰写了一些关于研究生专业评估方面的文章。随着对这些评估热情的提升，许多学术团体开始意识到在同行评估之外，还需要使用其它的评估方式来评估专业的质量。在卡特和鲁斯-安德森的研究之后，有几项研究试图超越其声望评估的方式。克拉克（Clark）、哈内特（Harnett）、巴尔德（Baird）等在对化学、历史和心理学等专业的研究生专业评估中，提出了多大 30 种测量研究生教育质量的指标。格拉威尔（Glower）根据相关的研究费用总量和研究生数量等情况对工程学院进行了排名。哈斯（House）和耶格尔（Yeager）根据全职教授们在本学科领域顶尖的 45 个学术期刊上发表的学术论文总量对经济学院进行了排名。总体来讲，这些研究也进一步表明，除了声誉排名以外全国研究生专业排名的可行性。[55]在 1976 年，克拉克、哈内特和巴尔德对项目评估的贡献提出了想法并对多元研究生教育质量研究给出了

53　David, S., "Methods of Assessing Quality", Change, 1981 (10), pp.20-24.

54　Jones, L. V., Lindzey, G. & Porter, E., *An Assessment of Research-Doctorate Programs in the United States: Humanities*, Washington, D. C., National Academy Press, 1982, p.5.

55　Jones, L. V., Lindzey, G. & Porter, E, *An Assessment of Research-Doctorate Programs in the United States: Humanities*, Washington, D. C.: National Academy Press, 1982, pp.5-6.

界定："评估统一领域教师研究项目的声誉在每个评估中都有自己的位置，可是这对那些想因此来改进自己项目的人来说未必是很有帮助的，因为这同项目的规模、可见性都有很大的关系，更何况这个评估只是反映一段时间内的变化（好或者坏）。"他们的研究涉及可以保证项目质量的多种依据：员工、学生、资源和课程特点。[56]

三、博士生教育外部质量评估的渐趋成熟：NRC 1982 与 1993 年的研究

纵观美国博士生教育质量评估的发展历史，我们可以看出，在 20 世纪 80 年代以前，其评估主要是以声望评估、主观感受为主来对大学或是博士专业进行排名。如前所述，80 年代以前的相关研究也遭到了各方的质疑，所以为了改变以往博士生教育质量评估的一些不足，在 20 世纪 80 年代后美国博士生教育质量评估逐渐地以关注"博士生教育质量"为重要转向。因此，在这一阶段美国博士生教育质量评估出现了两次大型的全国性博士生教育质量评估，即由美国研究委员会（National Research Council, NRC）针对博士专业教育中师资质量开展的评估排名，该项评估排名更为全面和综合，其按学科进行的院系排名结果在全国范围内深受广大教师和高校行政人员的欢迎。在两次评估中，该委员会通过对教师的科研成果、科研经费以及大规模的教师调查，对各院系声誉和学术质量进行了定量排名。[57]

（一）NRC 关于博士生项目质量的第一次评估：1982 年琼斯及其同事的研究

1982 年，琼斯（Lyle V.Jones）及其同事林德塞（Gardner Lindzey）和拉尔夫（Porter E.Coggeshall）在美国经济咨询局附属的相关研究委员会（The Conference Board of Associated Research Councils）的资助下，组成了"美国研究型博士生项目质量相关特征评估委员会"（Committee on an Assessment of Quality-Related Characteristics of Research-Doctorate Programs in the United States），这些委员会主要有美国学术团体委员会（American Council of Learned Societies）、美国教育委员会（American Council on Education）、美国研究委员

---

56 [美]E·格威狄·博格、金伯利·宾汉·霍尔，《高等教育中的质量与问责》，毛亚庆、刘冷馨译，北京：北京师范大学出版社，2008 年，53 页。

57 [美]佩吉·梅基、内希·博科斯基，《博士生教育评估》，张金萍、娄枝译，上海：上海交通大学出版社，2011 年，40 页。

会（National Research Council）以及社会科学研究委员会（Social Science Research Council）等。美国经济咨询局认为，此项研究是建立在对早期研究的批评之上，并且采用了一种多维度的方式来评估美国研究型博士生教育，是对过去的研究和报告进行了大量的改善，[58]试图解决前人研究中方法论的不足的缺陷。[59]可以说，这是当时美国在博士生质量评估方面的一个突破，其规模是当时历次评估中最大的一次，所以也开创了美国博士生质量评估的先河。此外，该评估报告被认为是范围最广、最全面的博士生教育质量评估报告，当时大卫·韦伯斯特（David S. Webster）曾在《变革》（Change）杂志上撰文，形容该项研究是："曾经做过的最大、最好、最昂贵、最有想法、令人信服的、开展最为细致的学术质量评估报告。"[60]

1982 年总的研究报告涵盖了 200 多所大学、32 个学科领域、2699 个博士生项目。在人文学科领域，共有 9 个学科领域的 522 个博士生项目参与了此次评估，这些学科领域包括艺术史、古典学、英语语言文学、法语语言文学、德语语言文学、语言学、音乐、哲学以及西班牙语言文学。该评估报告指出："每年美国约有 250 所大学，有超过 22000 余名博士候选人被授予工程学、人文学科以及理学博士学位。一般来说，他们通常会花费五年半的时间接受密集型的教育和研究训练，以便为其未来大学或大学学术以外的领域中的职业做准备，并且许多博士生将为研究作出突出的贡献。然而，我们却很少了解关于培养这些博士生的教育质量情况。所以，此项研究也就试图对这一复杂且有争议的话题提供相关信息。"[61]这种大规模的评估主要有三个目的[62]：第一，协助学生和导师尽可能地找到符合自己职业目标以及符合自己兴趣的高级学位课程。第二，为从事高等教育的学者以及国家的研究企业部

58　Jones, L. V., Lindzey, G. & Porter, E, *An Assessment of Research-Doctorate Programs in the United States: Humanities*, Washington, D. C.: National Academy Press, 1982, p.vi.

59　David L. Tan, "The Assessment of Quality in Higher Education: A Critical Review of the Literature and Research", Research in Higher Education, 1986, 24 (3), pp.223-265.

60　Webster, D. S., "America's Highest Ranked Graduate Schools, 1925-1982", Change, 1983, 15 (4), pp.14-24.

61　Jones, L. V., Lindzey, G. & Porter, E, *An Assessment of Research-Doctorate Programs in the United States: Humanities*, Washington, D. C.: National Academy Press, 1982, p.1.

62　Jones, L. V., Lindzey, G. & Porter, E, *An Assessment of Research-Doctorate Programs in the United States: Humanities*, Washington, D. C.: National Academy Press, 1982, p.vi.

门服务。第三，为那些有义务保护美国高校质量的管理者、资助者、政策制定者等提供相关的依据和标准。

美国经济咨询局指出，开展此项研究主要依据四个原则[63]：一是研究结果的重要性指向国家机构和州机构；二是期望激发对博士生教育质量的持续关注；三是在当前的评估中，需要对鲁斯-安德森研究以后的诸多变化因素予以考虑；四是在博士生项目的评估研究中体现出扩展评估范围的价值。与此同时，美国经济咨询局也指出，任何评估的有效性将主要依赖于所使用变量的有效性和可靠性。咨询局认为变量必须包含三个标准：第一个标准是，变量必须与研究型博士生项目的质量相关；第二个标准是，要考虑收集数据的可行性以及对这些可靠的数据变量进行编码，以便在特殊的学科领域中进行国家层面的项目比较；第三个标准是，咨询局只考虑适用于大多数被调查学科的变量即可。基于此，最终的评估报告《美国研究型博士生项目的评估》（An Assessment of Research-Doctorate Programs in the United States）按照学科进行分类，共对 5 个学科领域进行了相关的评估，即人文学科（Humanities）、生物科学（Biological Sciences）、数学与物理学（Mathematical and Physical）、工程学（Engineering）以及社会学与行为科学（Social and Behavioral Sciences）。

总体来讲，在 1982 年琼斯的研究中，研究委员们提出了每个研究型博士生项目评估的指标，其中一级指标有六项，二级指标有 16 项，这种评估指标的确立，也标志着美国研究型博士生项目评估迈入了一个新的时代，即"指标融入时代"，这也是对以往那种凭借主观印象的声望评估方式的有效改进（具体参见表 3-4）。在此以人文学科中所涉及的评估指标为例予以说明。在人文学科中，共会涉及 12 个评估指标、四大类（除了科研资助和出版记录中的三个指标外[64]）：第一类为博士生项目的规模（program size）；第二类为毕业生的特征（characteristics of graduates）；第三类为声望调查结果（reputational survey results）；第四类为大学图书馆规模（university library size）。[65]

---

63 David L. Tan, "The Assessment of Quality in Higher Education: A Critical Review of the Literature and Research", Research in Higher Education, 1986, 24 (3), pp.223-265.

64 David L. Tan, "The Assessment of Quality in Higher Education: A Critical Review of the Literature and Research", Research in Higher Education, 1986, 24 (3), pp.223-265.

65 David L. Tan, "The Assessment of Quality in Higher Education: A Critical Review of the Literature and Research,", Research in Higher Education, 1986, 24 (3), pp.223-265.

表 3-4　美国研究型博士生项目评估的指标

一级指标	二级指标
博士生项目规模[66]（Program Size）	1. 截止至 1980 年 12 月，博士生项目的教师数量。
	2. 在过去的五年间（1975 年 7 月至 1980 年 6 月）毕业学生的数量。
	3. 截止至 1980 年 12 月，博士生项目中全日制和非全日制博士生想要获得博士学位的在校学生数量。
毕业生特征[67]（Characteristics of Graduates）	4. 1975 年至 1979 年间，博士生项目中获得国家奖学金或者培养基金资助的博士生教育的学生比例
	5. 1975 年至 1979 年间，博士生项目中博士生从第一次入学到获得博士学位年限的中位数。[68]
	6. 1975 年至 1979 年间，博士生项目中在完成博士生毕业要求的同时，有明确就业意向的学生比例。
	7. 1975 年至 1979 年间，博士生项目中在完成博士生毕业要求的同时，有明确意向到授予哲学博士学位大学就业的学生比例。
声望调查结果[69]（Reputational Survey Results）	8. 博士生项目中师资的学术水平质量的平均得分。
	9. 博士生项目中培养研究型学者或者科学家的有效性的平均得分。
	10. 在过去的五年中，博士生项目质量改建状况的平均得分。
	11. 评估者对博士生项目教师工作的熟悉程度的平均得分。
大学图书馆规模[70]（University Library Size）	12. 在 1979 年至 1980 年间，博士生项目所在大学的图书馆规模的综合指数。
科研资助[71]（Research Support）	13. 在 1978 至 1980 年间，博士生项目中教师获得来自国家科学基金（National Science Foundation）、国家卫生研究院（National Institutes of Health）或者酒精、药物滥用与精神健康管理局（the Alcohol, Drug Abuse, and Mental Health Administration）的研究资助的比例。

---

66 基于所参与大学向委员会会所提供的信息。

67 基于 NRC 对获得博士学位人员的调查得到的数据。

68 在报道这个标准化得分时，预设获得博士学位用时较短的变量，其赋值的分数就越高。

69 基于委员会于 1981 年所开展的调查结果。

70 基于图书馆研究协会的数据。

71 不包括人文学科。

	14. 在 1979 年，教师在大学某一特殊领域的研发活动的总体开支情况。
出版记录[72]（Publication Records）	15. 在 1978 年至 1979 年间，博士生项目人员所发表的文章数量。
	16. 在 1978 年至 1979 年间，估计博士生项目人员所发表文章的"总体影响"（"overall influence"）。

资料来源：Jones, L. V., Lindzey, G. & Porter, E., *An Assessment of Research-Doctorate Programs in the United States: Mathematical and Physical Sciences*, Washington, D.C., National Academy Press, 1982, p.15.

（二）NRC 关于博士生项目质量的第二次评估：1993 年博士生项目质量评估

纵观上述琼斯及其同事们所开展的 1982 年的研究，其规模之广、影响之大的确是前所未有的，这也是美国研究委员会公布的第一个关于研究型博士生项目质量的评估报告，为后续的相关研究和评估奠定了坚实的基础。

自 1980 年至 1992 年间，美国授予哲学博士学位的机构由 325 个增长至 364 个，其增长率高达 10%。1993 年，美国各个领域的博士学位候选人达到 39754 人。基于此，面对早期研究型博士项目评估十余年的变化以及学术共同体的利益，美国经济咨询局的附属研究委员会于 1990 年要求更新 1982 年的研究数据等。经过 1991 年计划阶段之后，美国研究委员会授权研究型博士项目研究委员会开展一项为期四年的研究计划，以 1982 年的评估作为他们的研究的起点。[73]

1991 年，美国研究委员会在美国建立了研究型博士生项目研究委员会，其研究的总体目标有五个方面[74]：第一，更新 1982 年《美国研究型博士生项目的评估》（An Assessment of Research-Doctorate Programs in the United States），包括在全国范围内更新调查博士生项目的同行评议。第二，探究模仿和／或改进包括 1982 年评估在内的博士生项目质量"客观"评估的可行性。第三，比较 1982 年的数据和当前案例研究中可能计算出"变化"的方法。第四，创建一个数据库，允许感兴趣的分析家们来探索委员会所提供的分析之

---

72 不包括人文学科。

73 Marvin L. Goldberger, Brendan A. Maher & Pamela Ebert Flattau. *Research-Doctorate Programs in the United States*, Washington, D. C., National Academy Press, 1995, p.1.

74 Marvin L. Goldberger, Brendan A. Maher & Pamela Ebert Flattau. *Research-Doctorate Programs in the United States*, Washington, D. C., National Academy Press, 1995, p.14.

外的数据。第五，结果的呈现方式要易于教育者、管理者、学生和政策制定者获得。[75]1993 年，委员会在选择学科领域时主要综合考虑以下三个方面的因素：第一，在全国范围内培养哲学博士的数量；第二，在特定的领域培养哲学博士的博士生项目数量；[76]第三，平均每个博士生项目所培养的博士生数量。为了产生可比性，并且洞察去过十年的变化趋势，委员会尽可能将 1982 年的学科领域纳入到 1993 年的研究中。与此同时，委员会也想尽可能的使研究范围扩充到全国范围，从而捕捉更大范围内的信息。基于学位授予类型的分析以及"机构负责人"所收集和提交的关于该项目的信息报告，委员会最终确立了 3634 个研究型博士生项目、274 所美国大学（其中 105 所私立大学、169 所公立大学）、41 个学科领域纳入到该项评估计划中。这种样本的选取比 1982 年研究的样本数量多了 35%左右。这些项目共涉及约 78000 名教师，而且在 1986 年至 1992 年间，这些领域所授予的博士学位总数占到 90%左右。[77]在此次调查过程中，共涉及五个方面的内容，即"对博士生项目中教师工作的熟悉程度"、"博士生项目中教师学术质量"、"对博士生项目中毕业生的熟悉程度"、"博士生项目中培养研究型学者或科学家的有效性"以及"在过去五年中博士生项目质量的变化"。

　　该项目评估的目标是通过确立和收集相关数据，以期描述 3634 个参与博士生项目评估的关键特征。同时，该项评估主要是更新了 1982 年的"客观评价"的相关指标，具体参见表 3-5：

---

75 1982 年和 1993 年的两项研究具有一些相同的目的，即为了使指导教师能够满足学生的职业需求，并且在相关的研究型博士生项目中提供相应地机会；为了给大学的管理者、国家和州层面的政策制定者、公立和私立基金会的管理人员等提供相关的实践判断；为了给学者们提供一个可使用的大型的、最新的数据库，该数据库主要集中了学者们的工作特点。（资料来源：Marvin L. Goldberger, Brendan A. Maher & Pamela Ebert Flattau. *Research-Doctorate Programs in the United States*, Washington, D. C., National Academy Press, 1995, p.vii.）

76 Marvin L. Goldberger, Brendan A. Maher & Pamela Ebert Flattau. *Research-Doctorate Programs in the United States*, Washington, D. C., National Academy Press, 1995, p.2.

77 Marvin L. Goldberger, Brendan A. Maher & Pamela Ebert Flattau. *Research-Doctorate Programs in the United States*, Washington, D. C., National Academy Press, 1995, p.2.

表 3-5　1993 年研究中研究型博士生项目的特征

机构特征		1993 年美国研究委员会研究的参与大学，其排名是基于博士生项目教师的学术评价进行降序排列。
教师特征	艺术与人文学科教师	1. 教师总数：参与博士生项目教师的总数
		2. 全职比例：参与博士生项目全职教授的比例
		3. 资助比例：博士生项目中教师（教师总数）获得研究资助（1986-1922 年）的比例
		4. 获奖数量：在 1986 至 1992 年间，博士生项目中教师获得奖励和荣誉的总数
		5. 获奖教师比例：在 1986 至 1992 年间，博士生项目中至少获得一项荣誉或者奖励的教师的比例
	工程与自然科学教师	1. 教师总数：参与博士生项目教师的总数
		2. 全职比例：参与博士生项目全职教授的比例
		3. 资助比例：博士生项目中教师（教师总数）获得研究资助（1986-1922 年）的比例
		4. 发表论文比例：在 1988 至 1992 年间，博士生项目中发表论文的教师比例
		5. 发表论文数与教师数的比例：在 1988 至 1992 年间，博士生项目中发表论文教师的总数与教师总数的比例
		6. 发表论文的基尼系数：在 1988 至 1992 年间，博士生项目中发表论文的基尼系数
		7. 被引数与教师数比例：在 1988 至 1992 年间，博士生项目中论文被引用的总数与教师总数的比例
		8. 被引次数的基尼系数：在 1988 年至 1992 年间，博士生项目中论文被引用的基尼系数
博士生特征		1. 博士生总数：1992 年秋季入学的全日制和非全日制博士生总数
		2. 女博士生比例：1992 年秋季入学的全日制和非全日制女博士生的比例
		3. 自 1987-1988 学年至 1991-1992 学年期间，博士生项目中授予博士学位的数量
博士学位获得者特征		1. 女博士生比例：1986 年 7 月至 1992 年 6 月期间，博士学位获得者中女博士的比例
		2. 少数族裔比例：1986 年 7 月至 1992 年 6 月期间，博士学位获得者中少数族裔（仅限美国公民或常住居民）的比例
		3. 美国公民比例：1986 年 7 月至 1992 年 6 月期间，美国公民和常住居民获得博士学位的比例

4. 助研比例：以助研形式作为博士生主要经济来源的博士生比例	
5. 助教比例：以助教形式作为博士生主要经济来源的博士生比例	
6. 获得博士学位的年限中位数：从入学到获得博士学位的年限中位数	

资料来源：Marvin L. Goldberger, Brendan A. Maher & Pamela Ebert Flattau, *Research-Doctorate Programs in the United States*, Washington, D.C., National Academy Press, 1995, pp.25-26.

此项研究数据的获得，允许分析者扩展他们关于"声望评估"的本质，或者让同行教师发表关于博士生项目的一些观点。多样化的分析可以进一步探索博士生项目中"声望"评估的起源。博士生声望评估的方式自20世纪20年代休格斯的探索开始，一方面对于改善和提升博士生教育质量发挥了一定的作用；另一方面由于自身的一些弱点，不可避免地陷入到诸多质疑中。具体而言，对博士生声望评估可以作出如下评价：首先，声望评估法与博士生项目规模呈正相关；其次，博士生项目中的声望排名与教师在研究和学术活动中的参与水平相关；第三，声望排名没有告诉我们博士生项目的结构是否良好，该项目是否为学生提供了一个良好的培养环境，或者毕业生的就业情况是否令人满意；第四，声望排名受大量其它因素的影响，从而限制了其判断质量的有效性；第五，声望等级没有考虑"教师绩效的质量"。[78]

总之，声望评估的方式不仅提供了一种有价值的工具，而且也回顾了博士生项目中相关学科领域所处的位置。虽然上述排名指标很好地反映了师资质量的重要特征，对于衡量博士生教育质量也有着举足轻重的意义，但是声望排名并不能全面地衡量博士培养的综合专业质量。与此同时，声望评估的方式也存在许多的局限性，博士生项目中的许多特征都没有包括在排名体系当中。正如美国研究委员会就其声誉排名自身存在的不足所言："声誉排名确实反映出了教师的科研与学术表现，但是这并不意味着我们能够完全了解博士专业项目中的结构、育人氛围、学生对自己担任助教或助研经历的满意度……另外，声誉排名还不能反映初师资绩效的其他方面，例如对研究生或本科生的教学能力，对院系、学校乃至学术界的贡献等。"[79]在声誉研究（即

---

78 Marvin L. Goldberger, Brendan A. Maher & Pamela Ebert Flattau. *Research-Doctorate Programs in the United States*, Washington, D. C., National Academy Press, 1995, pp.22-23.

79 [美]佩吉·梅基、内希·博科斯基：《博士生教育评估》，张金萍、娄枝译，上海：上海交通大学出版社，2011年，40页。

声望研究）中还没有出现的一大批学院可能是因为他们年轻、规模小，不具有选择性，在校园气候和课程中循规蹈矩，但是并不意味着他们的质量就低，那些在声誉研究中排名靠前的学院和项目并不应该对没有出现在排名里的学校产生歧视或者无视它们的存在。历史的殿堂总是回荡着这样的声音：一是光着小脚丫在历史的阶梯艰难前行，二是穿着金色的拖鞋走着下坡路。[80]此外，除了对声望评估法的一些评价之外，在 1993 年的博士生项目评估中仍然缺乏对研究型博士生项目中博士生就业状况的评估与分析。当然这一情况在 1982 年的研究中也存在。而这种对博士生就业状况的评估与分析有助于确定这些博士生项目在未来研究型学者或科学家培养方面的有效性。

四、博士生教育外部质量评估的日臻完善：NRC 2006 年的研究

博士生教育是美国高等教育的重要组成部分。博士阶段的教育是为未来培养教授、研究者、革新者和企业家的关键。它从全世界范围内吸引了一大批学生和学者，并且在全球范围内被模仿。然而，美国博士生教育取得诸多成功的同时，也存在很多不足。为了引起相关部门对于博士生教育的质量和有效性的关注，美国研究委员会于 2006 年开展了第三次大规模的博士生教育质量的评估研究。此项研究也是基于美国研究委员会 1982 年和 1993 年两次评估研究的基础之上，并对前两次的质量评估展开了进步的探索与完善。

由美国研究委员会开展的研究型博士生项目评估，为美国博士生教育的诸多方面提供了基本的信息和数据。数据采用同样的准则收集，并且所收集的数据大都是来自大学自身。评估所得的数据将可以比较相同的博士生项目，其目标是告知未来博士生教育中改进的方向，同时帮助那些准备攻读相关学位的博士生选择适合自己、能够满足自己需求的博士生项目。此项评估涵盖了 221 所大学博士生项目中的 62 个领域，为政策制定者、研究者、大学管理者、教师和学生在相关的博士生学习和研究中提供了大量有效的数据。[81]

美国研究委员会有开展博士生教育评估的传统。第一次美国研究委员会的评估报告于 1982 年出版，为教育规划和政策制定者提供了丰富的数据资

---

80 [美]E·格威狄·博格、金伯利·宾汉·霍尔：《高等教育中的质量与问责》，毛亚庆、刘冷馨译，北京：北京师范大学出版社，2008 年，67 页。

81 Jeremiah P. Ostriker, Charlotte V. Kuh & James A. Voytuk, *A Data-Based Assessment of Research-Doctorate Programs in the United States*, Washington, D. C., The National Academies Press, 2000, p.9.

源，并且声望排名的资源对于理解和熟知博士生项目中的相关学科领域具有重要的租用。第二次美国研究委员会的评估于 1995 年出版，此项评估扩大了学科领域的覆盖面以及数据的类型。此次第三次美国研究委员会的评估继承了前两次评估的传统，但是在方法论的使用上从声望评估逐渐向量化指标过渡。[82]关于美国研究委员会三次大规模评估研究所涵盖的领域数详见表 3-6：

表 3-6　1982 年至 2006 年美国研究委员会研究涵盖领域数与评价指标数

研究年份	涵盖领域数量	评价指标数量
1982 年	32 个	16 个（除了人文学科在发表论文评价方面没有设置相关指标外）
1993 年	41 个	14 个
2006 年	62 个	20 个（为了排名包括声望评价），扩展了以下指标：完成率、学生在教学和研究中的服务、提供的支持服务、学生的话费和经济资助、跨学科以及博士后研究

资料来源：Jeremiah P. Ostriker, Charlotte V. Kuh & James A. Voytuk, *A Data-Based Assessment of Research-Doctorate Programs in the United States*, Washington, D. C., The National Academies Press, 2000, p.10.

与美国研究委员会所开展的前两次研究不同的是，2006 年开展的研究主要有三项目的：第一，通过向大学、博士点、教师和已承认的博士候选人（在选择的领域）发放问卷来收集相关的定量数据。第二，收集博士生项目中关于论文发表、论文引用以及毕业论文等关键性数据。第三，对博士生项目的质量采用定量数据收集的方式，设计和构建博士生项目的排名。[83]相比 1993 年美国研究委员会的研究而言，此次研究在方法论方面做出了重大的变革。此项研究设计有两个主要目标：其一是通过博士生项目收集具有可比性的数据；其二是用这些相关的数据来评估博士生项目的总体质量以及评估博士生项目中特殊领域的质量。简单地讲，为了描述博士生项目的特征，数据收集主要来源于大学、博士点与教师的 62 个领域，以及五个领域的博士生（这五

82　Jeremiah P. Ostriker, Charlotte V. Kuh & James A. Voytuk, *A Data-Based Assessment of Research-Doctorate Programs in the United States*, Washington, D. C., The National Academies Press, 2000, pp.9-10.

83　Jeremiah P. Ostriker, Charlotte V. Kuh & James A. Voytuk, *A Data-Based Assessment of Research-Doctorate Programs in the United States*, Washington, D. C., The National Academies Press, 2000, p.10.

个领域分别是化学工程、物理学、神经系统科学、经济学和英语）。这些博士生项目中的数据反映了美国博士点的规模、范围与实践以及影响博士生的经济资助和培养实践。此外，数据的收集也有关于完成博士学位的时间、博士完成率以及博士毕业后的追踪研究等。[84]具体的问卷设计详见表3-7：

表3-7 2006年美国研究委员会研究型博士生项目评估的问卷设计

问卷类型	问卷设计
大学问卷	健康福利和服务、集体协商、新增博士点、研究场所、学年、五个被选领域的博士生表现
博士点问卷	博士点学科领域和研究专长、博士点教师（核心教师、新教师等）、博士点的入学和学位完成情况、博士点特征、博士点对于全日制博士生的经济资助情况、博士后情况
教师问卷	博士点认同、工作经历、教育背景、学术活动、研究活动、博士研究生、博士点质量、个人基本信息
学生问卷	教育（完成博士学位时间、后学士学位文凭、研究机会、经济资助）、毕业后的计划（职业目标、教师支持的职业目标）、博士点特征（职业技能、学术进展、指导和职业咨询、博士点质量）、资源（教育和研究资源、社会融合、生活质量）、背景信息

资料来源：Jeremiah P. Ostriker, Charlotte V. Kuh & James A. Voytuk, *A Data-Based Assessment of Research-Doctorate Programs in the United States*, Washington, D. C., The National Academies Press, 2000, pp.131-239.

美国研究委员会共有20种评估方式，主要包括三类：第一类为教师的特征——论文发表、论文引用、研究资助、多样性等。第二类为学生的特征——GRE成绩、经济资助、论文发表、多样性等。第三类为博士生项目特征——在过去五年中博士生获得资助的人数、获得学位的实践、学生毕业率、学生毕业后的就业率等。[85]而关于此次博士生教育的评估指标体系，主要有三个维度，即研究活动；学生资助和学生成果；学术环境的多样性。具体评估领域以及指标详见表3-8：

---

84 Jeremiah P. Ostriker, Charlotte V. Kuh & James A. Voytuk, *A Data-Based Assessment of Research-Doctorate Programs in the United States*, Washington, D. C., The National Academies Press, 2000, p.11.

85 Jeremiah P. Ostriker, Charlotte V. Kuh & James A. Voytuk, *A Data-Based Assessment of Research-Doctorate Programs in the United States*, Washington, D. C., The National Academies Press, 2000, p.1.

表 3-8　2006 年美国研究委员会研究型博士生项目的评估领域与指标

评估的六大领域	评估三维指标	评估的二级指标
1. 农业科学 2. 生物与健康科学 3. 物理学与数学 4. 工程学 5. 社会与行为科学 6. 人文学科	（教师）研究活动 （Research Activity）	1. 教师人均发表论文 2. 论文的引用率（人文学科除外） 3. 教师获得资助的比例 4. 获得奖励教师的比例
	学生资助和毕业出路 （student support and outcomes）	1. 第一年获得全额资助学生的比例 2. 在六年或八年内完成博士学位的比例 3. 全日制和非全日制博士生获得学位的时间 4. 博士毕业生在学术机构就职的比例
	学术环境的多样性 （diversity of the academic environment）	1. 非亚裔少数族裔教师的比例 2. 女性教师的比例 3. 非亚裔少数族裔学生的比例 4. 女性学生的比例 5. 国际学生的比例

资料来源：Jeremiah P. Ostriker, Charlotte V. Kuh & James A. Voytuk, *A Data-Based Assessment of Research-Doctorate Programs in the United States*, Washington, D. C., The National Academies Press, 2000, pp.68-71.

委员会通过研究发现，研究活动的指标是教师在确定博士生项目质量中最为重要的。在多数情况下，当博士生质量是基于回归分析测量的，那么博士生规模就显得非常重要。对于学生的资助和毕业出路的特征，在学术机构就职以及在第一年获得资助的比例较高，而博士学位完成率以及博士学位完成时间的比例则较低。当考虑其它多样性评估方式时，教师们认为学生的多样性非常重要，但是学生的多样性不是博士生项目总体质量直接预测的一个指标。[86]此外，根据博士生培养数量，可以看出，美国博士生教育在公立大学中处于主导地位。有 72%的博士生项目是在公立大学开展的。2002 年至 2006 年，37 所公立大学培养了美国最多的博士生，占到美国总体博士生授予量的 50%，而私立大学仅仅 12 所。[87]在一定程度上，评价结果成为许多高等

[86] Jeremiah P. Ostriker, Charlotte V. Kuh & James A. Voytuk, *A Data-Based Assessment of Research-Doctorate Programs in the United States*, Washington, D. C., The National Academies Press, 2000, p.71.

[87] Jeremiah P. Ostriker, Charlotte V. Kuh & James A. Voytuk, *A Data-Based Assessment of Research-Doctorate Programs in the United States*, Washington, D. C., The National Academies Press, 2000, p.6.

院校于所在层次内相互竞争的无形的"指挥棒"……评价推动者竞争，并促使竞争向着一定的标准化方向发展。所以说，评价是高等教育发展趋向统一的一种尺度，它同时也是一种约束，一种刺激力量。[88]总之，美国博士生教育是一个包含了诸多领域和诸多博士生项目的一个庞大教育体系，其拥有非常高的标准和声誉。这些博士生项目将培养未来各个领域的智库和研究者。

　　不管是对本科层次还是博士层次的教育而言，其教育质量评估的重要性是不言而喻的，它不仅在确定一流大学方面具有决定性作用，而且在辨识较低水平的学院也有一定的作用。许多有潜力的学生不一定适合诸如哈佛大学、洛克菲勒大学或者加州理工学院的教育。其它的一些大学和机构，考虑到他们所提供的教育、工作水平、学生素质等，可能会提供一个更加愉悦和更加富有成效的体验。大学通过他们的选拔程序，学生通过他们的自然禀赋，倾向于挑选出适合他们理想中的环境。可以说，质量的评估可能既简单又复杂。说其简单，是因为我们可以比较容易地评估学术共同体中那些最知名学者的学术贡献。说其艰难复杂，是因为越处于正规学习的更高层次，教育越成为一种自我教育，除了教师质量被认为是重要的之外，还有其它很多因素。[89]纵观美国研究型大学博士生教育外部质量评估模式的变革，我们可以发现，其博士生质量评估经历了早期探索阶段、发展阶段、成熟阶段以及完善阶段等渐进变革与完善的过程。可以说，自 20 世纪 80、90 年代以前，美国研究型大学博士生教育的外部质量评估基本上属于"声望评估"。在 20 世纪 80 年代初 NRC 的相关研究中，基于声望评估的基础上，他们也试图融入客观的评价指标，譬如，毕业生特征、图书馆藏书以及博士生项目规模等。在 20 世纪 90 年代初 NRC 的研究中，也进一步推进了博士生教育外部质量评估中客观评价指标的融入力度。而新世纪以来的相关研究，则在以往注重排名、注重声望评估的方式方法上进行了重大突破，其主要目的是融入可以量化的指标体系，从而更为客观的评价博士生项目在全美的位置，以期为教师、学生以及社会公众提供有益的参考。然而，需要指出的是，虽然各种排名所使用的方式远非完美，但是仍有许多国家对于自身的排名和表现而感到沮丧，很多政府也出于内外部压力的考虑试图努力提升本国院校的排名。

---

88 沈红：《美国研究型大学形成与发展》，武汉：华中理工大学出版社，1999 年，174 页。

89 Allan M. Cartter, *An Assessment of Quality in Graduate Education*, Washington, D. C., American Council on Education, 1966, p.3.

第四章　美国研究型大学博士生教育的内部质量控制

> 质量控制是实现质量目标、落实质量措施的过程。质量控制确保事物按照计划的方式进行，是实现质量目标的保障。
>
> ——约瑟夫·M·朱兰

美国研究型大学博士生教育质量保障可以分为外部质量保障和内部质量保障，相应地，博士生教育质量评估也可分为外部评估和内部评估。在前面的章节中，我们详细分析了美国研究型大学博士生教育质量外部保障、外部评估的一些方式、方法和途径等。而就内部评估而言，它在美国研究型大学博士生教育内部质量保障过程中也扮演了非常重要的角色。美国研究型大学在博士生教育内部质量保障过程中注重从课程设置、资格考试、论文选题、导师选择、研究计划书、学位论文、论文答辩等诸多环节来强化其博士生教育质量的提升。基于此，本章我们将在探寻美国研究型大学博士生教育内部质量保障的状况的基础上，结合加州大学伯克利分校的具体实例，以期从宏观和微观层面全面审视美国研究型大学的博士生教育内部质量保障。

第一节　标准化的内部评估

内部评估是指美国公立高等院校为了提升办学水平和教育质量，依据学校的办学宗旨和发展目标，利用一定的手段与技术，通过系统地收集学校内部的各种数据，对教育成果进行价值判断的过程。[1]一般而言，美国高等院校内部都会定期举行内部自评，并且提供自评报告，这也是美国博士生教育质量评估的一支重要力量。自我评估不仅是博士生教育外部组织对高等学校的要求，也是高等学校自身向外界证明自己的质量、促进自我质量提升与改进的重要手段。同时，这对于改善博士生质量以及完善博士生培养计划也具有重要的价值。

一、内部评估的标准

为了更好地理解美国研究型大学博士生教育内部质量保障中的内部评估，我们可以从美国公立高等院校内部评估中窥探一二，因为博士生教育的内部评估在很大程度上源于高等教育中的内部评估。美国西北部学院与大学委员会（Northwest Commission on Colleges and Universities）提出了美国公立高等院校"自我评估的标准和指南"（Standards and Guide for Self-Evaluation），这为院校实现他们的既定发展目标奠定了坚实的基础。具体而言，美国西北部学院与大学委员主要提出了高等院校内部评估的五个标准[2]：第一，高等院校的使命和核心主题。第二，将使命的核心主题转化为可评估的目标。第三，评估高等院校履行使命的潜力。第四，规划和实施设计项目以及服务结果满意度的成就和评估。第五，评估高等院校在履行使命过程中所做出努力的结果，评估他们在管理、适应能力以及维持高等院校持续发展的能力。可以说，上述关于公立高等院校的"自我评估的标准和指南"不仅为美国研究型大学博士生教育质量保障中的内部评估指明了方向，而且也使高等院校积极地参与到博士生教育内部自评过程中。

二、内部评估的要素

由上所述，我们可以看出，美国对于公立高等院校内部评估的评估方式、评估标准等都有明确的规定，那么其内部评估究竟包含哪些要素？对于该问题的回应，也是美国研究型大学博士生教育质量保障中所不可回避和不可或缺的。

---

1 袁潇:《美国公立高等院校内部问责制研究》，博士学位论文，西南大学，2013 年。

2 Northwest Commission on Colleges and Universities, "Introduction to the Standards", http://www.nwccu.org/Standards%20and%20Policies/Guide%20for%20Self-Study/Standards%20and%20Guide.htm, 2015-01-27.

关于内部评估所包含的要素，其中最具代表性的当属马丁·特罗（Martin Trow）所提出的内部评估七要素[3]：第一，内部评估的关键性因素是学术质量的控制、监控以及改进，而这些均要求高等院校努力创建一个"自我批评的制度文化市场"（Institutional Culture Market by Self-Criticism），对他者的批评保持开放的态度并在实践中致力于改善，这也是高等院校领导的主要职责。第二，高等院校需定期对每一个教学和科研单位进行审查，通常每五年或七年进行一次。这种常规化的内部审查可以协助高等学校有效消解来自外部的一些质疑。第三，高等院校委员会开展的此项内部审查应当由学术管理者或校内评议会任命，并且由高等院校中具有教学和研究审查能力的人员组成。有时也会根据需要邀请一些外部人员参与高等院校的内部审查，以提供一些跨学科的知识或专业技能。第四，高等院校的内部审查应当从被审查院系部门的自我研究开始。内部审查委员会应当坚持让各被审查院系进行自我研究，主要是以探索其教学和研究单元的缺点及其未来改进计划为中心，而非对存在的问题、实践以及财务预算提供一个有说服力的理由。这些被审查的教学和科研单位需从一开始就树立起自身的使命感与卓越标准，同时也提供一些其他的相关信息，譬如，外部机构的排名或毕业生就业记录等。第五，高等院校的内部审查应当致力于帮助和支持被审查单位，他们的主要目的是诊断（diagnostic）而非审判（judgmental）。内部审查委员会的报告不应当直接与预算挂钩，这些信息应当为高等院校管理人员在做财务预算决定的时候提供参考。第六，高等院校内部审查委员会将与教育和研究单位的成员进行讨论，但是也应当分别与他们的主席或主任、教职员工、学生以及校友进行约谈。被审核单位的成员应当有机会与内部审查委员会探讨他们的工作以及有关未来发展的详细情况。他们也应当有机会对委员会的报告草案做出反映，并且他们的反映也应当被附在报告当中。第七，高等院校内部审查报告的重要价值在于，这种审查在很大程度上依赖于被审查单位的坦率和真诚态度，他们愿意创造一种坦率和自我批评的氛围并告知所在单位的真实情况。内部审查委员会的报告可以为被审查单位和管理人员提供相关信息，让他们对其工作情况能够有一个全面细致的了解，同时对于他们单位未来的走向、决策的制定与成功以及质量的保障等方面都将产生重大的影响。

---

3 William G. Bowen & Harold T. Shapiro, *Universities and Their Leadership*, Princeton, Princeton University Press, 1998, pp.44-46.

三、内部评估的指标体系

关于内部评估所涉及的指标体系，在美国，由于不同的高等院校在办学目标、办学条件和办学水平等诸多方面存在较大的差异，所以其内部评估指标也有所不同。即使是在同一所高等院校，不同院系的发展目标、发展使命、发展特点等也存在较大的不同，所以美国高等院校的内部评估指标和内容基本上都是根据各院系机构的实际情况确定的。通常情况下，高等院校的内部评估指标主要涉及以下几个方面，即"大学教师的质量"、"学生的质量"、"学术研究的质量"、"课程与教学的质量"以及"协调与监控质量控制机制"等。[4]当然，在上述每个指标下面也会具体划分若干个二级指标，便于各院系在开展内部评估时的操作。但需要指出的是，院系的使命通常被列在所有指标体系中的首位，足以见其在高等院校自我评估过程中的作用。对此，约瑟夫·博克（Joseph C. Burke）也曾指出："在高等院校自我评估报告中，应当将院系的成绩与高等院校的办学使命结合起来。"[5]接下来，各高等院校就可根据相应的指标体系开展内部的自我评估，这一任务主要由教师、学生和校友共同完成。最后便是撰写自评报告，这也为未来高等院校进行相关反思和质量改进提供了很好的契机。具体来说，自评报告包括两个部分：第一部分是引言，主要说明被评单位的基本信息，如专业的招生数、专业的使命、师资构成、被认证的历史等；第二部分是关于被评单位的详细信息，主要是补充说明被评单位的使命和工作范围，并说明其各方面工作与认证标准的符合程度。[6]总之，这种标准化的高等院校内部评估的方式，不仅为博士生教育质量的外部评估提供了基石，而且也为博士生教育的内部质量改进提供了契机。

第二节　灵活多样的招生与入学政策

随着新时代的发展需求以及国际化等多方面的推动，美国研究型大学开始在博士生的招生与入学政策方面也进行了相应的变革。

4　William G. Bowen & Harold T. Shapiro, *Universities and Their Leadership*, Princeton, Princeton University Press, 1998, pp.36-40.

5　Joseph C. Burke, *Achieving Accountability in Higher Education: Balanced Public, Academic, and Market Demands*, San Francisco, Jossey-Bass, 2005, p.321.

6　马健生：《高等教育质量保证体系的国际比较研究》，北京：北京师范大学出版社，2014 年，433 页。

一、美国博士学位入学的基本标准和要求

在美国，哲学博士学位入学的竞争是相当激烈的。据估计，在 500 名博士项目的申请者中，平均每年仅有 25 至 30 名申请者能够获得邀请函。总体而言，美国博士生入学需要至少达成以下几个方面的标准和要求[7]：

（1）本科阶段的平均成绩（Grade Point Average, GPA）需高于 B+，而这个成绩要在所就读的本科生或研究生机构有正式文档记载。尽管政治科学专业并没有此方面的要求，但是如下因素将会在入学过程中重点考虑：学生的质量，尤其是学生在本科阶段的准备情况、本科生机构的声誉、社会科学领域的充足准备情况等等。本科阶段的成绩是绝大多数研究生招生机构考查研究生申请人认知因素最重要的方式之一。大量已有研究几乎一致表明，本科成绩对于多种研究生绩效标准具有良好的预测效度。[8]

（2）美国研究生入学考试的官方成绩。由于美国每个学院和大学间的教育标准不同，所以对于研究生入学考试成绩的要求也存在很大的差异性。研究生入学考试是一种标准化的考试，考试成绩的取得主要是在语言、数理和写作等部分对学生进行考核，以期测试学生的能力。

（3）三封推荐信（Letters of Recommendation）。推荐信要由学生所在学院对该生的工作比较熟悉的人写，评价学生的学术潜力。具体而言，推荐人要对申请者知识能力、研究能力或专业技能、性格、以前学习情况以及未来潜力等方面进行说明。[9]推荐信在研究生选拔过程中之所以重要，主要有三方面的原因。首先，最主要的原因是推荐信提供了申请人过去的绩效和表现，而研究发现过去的绩效和表现是未来成功良好的预测和变量。其次，推荐信可以提供录取过程中通过其他评估方法无法获得的信息，从而具有相对于其他方法的增益效度。最后，作为推荐人的导师或其授课教师往往有机会观察申请人的典型表现而不仅仅是其最优表现；研究表明，测量最优表现的方法可能并不能准确预测申请人在未来情境中的典型表现。[10]对于加州大学伯克

7　Vernardakis, G., "*Graduate Education Government: In England, France, and the United States*", New York: University Press of America, Inc, 1998, pp.19-20.

8　孙晓敏：《如何有效选拔研究生——人力资源选拔的视角》，北京：北京师范大学出版社，2014 年，147-148 页。

9　"Admissions Requirements", http://grad.berkeley.edu/admissions/requirements/, 2015-01-18.

10　孙晓敏：《如何有效选拔研究生——人力资源选拔的视角》，北京：北京师范大学出版社，2014 年，155-159 页。

利分校而言，申请人需通过在线申请系统，提交在线推荐信。而推荐信的纸质版需直接寄送到所要申请项目的地方，而不是研究生院。然而，由于宽容偏差、推荐者一致性信度过低以及评分主观等问题的存在，传统推荐信的预测效度并不理想。所以为了弥补传统推荐信的不足，研究和时间领域逐渐探索和推出了标准化推荐信，即采取所有推荐人都必须遵循的结构化的形式收集有关申请人的信息，从而较好地解决了传统推荐信信度过低和评分主观的问题。[11]

（4）除了陈述申请的目的之外，申请者还需提供自己最具代表性的学术成果样刊，或者至少提供大约两页的摘要。

（5）如果申请者的母语不是英语，那么就必须提供相应的英语考试成绩，如以英语作为外语考试（Test of English as a Foreign language），也即人们熟知的托福考试（TOEFL）。然而，在某些情况下也可提供英语口语考试成绩（Test of Spoken English, TSE）。

二、加州大学伯克利分校博士学位入学的基本标准和要求

由于美国高等教育分权的传统，各研究型大学在具体的实践中会根据自身学校的使命、特点等对相关的标准和要求进行适当的调整。对于加州大学伯克利分校而言，申请者申请所有的项目必须遵循一些最低的要求，而这些可以通过研究生院得到确认和证实。具体而言，加州大学伯克利分校申请博士最低标准和要求如下[12]：

第一，申请者需从相关的认证机构获得学士学位或认可；

第二，申请者的平均成绩最低需达到 B 级或 B 级以上（3.0）；

第三，如果申请者来自于官方语言非英语的国家或政治实体（譬如，魁北克等），那么他们则需要提供相应的英语语言证明，证明其有足够的能力来从事相关的研究工作。这个要求主要针对以下国家和地区，即孟加拉国、缅甸、尼泊尔、印度、巴基斯坦、拉丁美洲、中东、中华人民共和国、台湾、日本、韩国、东南亚以及大多数欧洲国家。但与此同时，申请者在申请的同时，已经在美国大学完成了至少一年的全日制学术课程学习，并且成绩达到 B 级

---

11 "Admission Policy", http://grad.berkeley.edu/policy/admissions-policy/#b12-admission-cycle-and-requirements, 2014-12-10.

12 "Admission Policy", http://grad.berkeley.edu/policy/admissions-policy/#b12-admission-cycle-and-requirements, 2014-12-10.

及以上，由所在的美国大学提供相关的官方成绩单来达成这一要求。然而，下面的一些课程将不能达成这一要求：一是英语课程作为第二语言；二是除了英语外，学习的是语言类课程；三是课程的完成是在提交申请之后；四是课程属于非学术性类。如果根据申请者的英语语言能力水平达不到进入伯克利的标准，那么他们必须提交新的测试成绩，以满足当前最低的标准。而这些英语语言水平的测试可以是标准化测试中的任何一种。

第四，通过了本科阶段严格的训练，可以在既定的领域内开展研究工作。

对于加州大学伯克利分校具体的院系而言，其博士学位要求在不同院系中会有较大的不同，而且会适时根据院系发展相应地调整博士学位要求。以下就以生物化学、电气工程学和计算机科学、英语、历史和社会学系等院系的基本要求予以阐述，详见表4-1：

表4-1　加州大学伯克利分校各院系博士学位的基本要求

院　系	博士学位基本要求
生物化学系（Biochemistry）	博士学位的要求主要有以下几个方面：无硕士学位要求；与导师合作开展研究项目（5 次研讨会）；1 门外语水平测试；需进行两个学期的教学；在第二学年末通过资格考试；完成论文。而这一要求在 1979 年至 1988 年的时候做了适当的调整，主要有四个方面，即 4 次研讨会；每年进行进展审查；许多新的研究方法；不要求外语等。
电气工程学和计算机科学系（Electrical Engineering & Computer Science）	博士学位的要求主要有以下几个方面：有明确的硕士学位要求；主要有 6 门学位课程；2 门选修课程；1 门电气工学和计算机科学专业以外的选修课程；在第二年参加四门课程的预考；无语言要求；第三年进行资格考试，包括论文；完成论文。而这一要求在 1979 年至 1988 年的时候做了适当的调整，主要有四个方面，即采用 R.A.研究来完成一些要求；三个领域的预考可以分批进行，不必一次性考完；附加要求是，学生必须进行 1 个学期的教学。
英语系（English）	博士学位的要求主要有以下几个方面：无硕士学位要求；12 门课程，5 个综合性领域；Field 考试；精通 3 门外语或是 1 门外语达到高级知识水平，精通其它语言；无教学要求，但它是获得资助的最普通的形式；在完成课程学习之后参加资格考试（包括论文选题）；25-40 页的研究计划书，一个"初步的、论证确凿的计划书"；完成论文。而这一要求在 1979 年至 1988 年的时候做了适当的调整，主要有三个方面，即 11 门课程，5 个领域；剔除了 Field 考试，增加了乔叟（Chaucer）和莎士比亚（Shakespear）的修习；20-25 页的研究计划书，一个"初步的研究工作报告"。

历史系 （History）	博士学位的要求主要有以下几个方面：要求硕士学位；8 门课程，3 个领域；依据领域，掌握四门语言；无教学要求，但它是获得资助的最普通的形式；资格考试；资格考试后提交研究计划书；完成论文。而这一要求在 1979 年至 1988 年的时候做了适当的调整，主要有两个方面，即对于完成学位的时间有更为严格的要求；在资格考试结束后，必须在至少六个月内提交研究计划书。
社会学系 （Sociology）	博士学位的要求主要有以下几个方面：要求硕士学位；11 门课程；5 篇论文；无正式语言要求，但是委员会可能有要求；无教学要求，但它是获得资助的最普通的形式；资格考试有两种形式，一是 3 个领域的专题报告，二是 4 个领域的口语考试；在资格考试技术后，提交研究计划书；完成论文。而这一要求在 1979 年至 1988 年的时候做了适当的调整，主要有两个方面，即只有研究生水平的课程算作学位；理论和方法课程是 4 个单元。

资料来源：*Doctoral Education at the University of California and Factors Affecting Time-to-Degree*,. California, University of California, 1991, p.105.

有些研究生院还会允许学生攻读第二博士学位，但是申请者必须满足以下两个要求才可以，即拥有博士学位的申请者可以获批攻读第二个博士学位，只要这个博士学位项目是普通的知识领域，与他们之前所获得的学位在领域上是截然不同的。譬如，物理学博士学位可以申请音乐或历史方面的博士学位项目；但是数学博士学位却不能申请统计学方面的哲学博士学位；如果没有重复性训练的话，持有哲学博士学位的申请者可以获准申请专业博士或专业硕士学位项目。

三、加州大学伯克利分校博士生招生与入学政策的新发展

在近年来的博士生教育发展过程中，加州大学伯克利分校致力于博士生招生与入学政策的多样化，而为了鼓励这种多样化，该校的研究生院委员会发表声明宣称，要努力增强博士生招生与选拔的多样化。[13]声明指出，大学已经进入了后肯定性（post-affirmative）行动时代，毫无疑问，博士生的招生、选拔和资助已经或者并将继续受新时代的影响。然而，研究生院委员会有关学生招生与选拔的政策并没有改变。譬如，1985 年制定的以及 1996 年 1 月最新重申的政策。教育经历增强了研究生群体关于经济环境、性别和种族的异质性和多样性。多样化的学生群体在未来也服务于加州对多样化的学者

---

13 "Graduate Council Statement", http://grad.berkeley.edu/policy/diversity-policy/#c1-graduate-council-statement-diversity-in-graduate-student-recruitment-and-selection-reissued-february-1998, 2014-12-14.

群体和实践者群体的需求。为此，加州大学伯克利分校重申了如下政策，以期更好的管理研究生学习：第一，研究生院委员会鼓励加州大学伯克利分校的研究生项目，要增强和确保项目计划的积极推广，从而广纳贤才，招收素质过硬的、具备不同背景的多样化的申请者。第二，研究生院委员会对学生的支持途径主要是奖学金，譬如 GSIships 和 GSRships，从而确保和增强学生群体的多样性。第三，研究生院委员会敦促研究生项目评选委员会在选择研究生时仔细权衡各种定性和定量的标准。第四，那些在招生方面经验不足或是缺乏对多样化学生吸引力的项目，应当从该领域已有的其它项目中汲取成功经验。

近年来，美国研究型大学在博士生招生入学时大力倡导"平等性"与"包容性"的理念，以此来鼓励对博士生申请者进行综合性的评估。加州大学伯克利分校博士生入学程序方面的政策就体现了多样化的特征[14]：根据相关研究现实的指标推断，综合性的评估方式对于预测申请者成功的潜力是可靠的。譬如，综合考量普通的学术记录和特殊成就记录、推荐信、目的陈述、写作样例、研究经验和成功驱动力以及学生的个人情况和目标等。这种方式避免了一直以来以 GRE 考试成绩作为确定候选人入学的关键的做法。研究生院委员会认为，应当终止对研究生入学申请者的评估中要求 GRE 考试成绩的做法，允许在不同的项目之中 GRE 考试成绩有不同的权重。研究生院鼓励 GRE 考试成绩在不同的项目中仍然被作为研究生入学的一个重要指标，尤其是在初选申请者的时的一个重要指标，从而进一步推动综合性的评估方式。这种综合评估方式鼓励不同的项目考虑弱化 GRE 考试成绩，支持相对综合的审查。考虑申请者的背景和生活经历在很大程度上有助于招收各类学生，从而增强教育的多样性。这种情况可能包括那些获得有限教育资源、有身体缺陷、来自单亲家庭、生长在严重贫困的地区、在经济条件差的情况下坚持受教育、在工作中坚韧不拔地支持自己受教育的申请者。在加州相关法律的约束下，种族、宗教、性别、肤色、种族或国籍不得作为学生入学标准的分类。

与此同时，加州大学伯克利分校还积极倡导提供相关资源增加博士生的

---

14 "Admissions Procedures to Enhance Diversity", http://grad.berkeley.edu/policy/diversity-policy/#c1-graduate-council-statement-diversity-in-graduate-student-recruitment-and-selection-reissued-february-1998, 2014-12-15.

多样化[15]，每个部门都有一个指定的教师权益顾问（Faculty Equity Adviser）。研究生院认为教师权益顾问应当处理有关研究生的招生、选拔等相关的事宜，目的是促进研究生项目的多样性。为了加强他们的努力，研究生院和副校长办公室为了权益和包容的目的，鼓励部门多样化协调员（Divisional Diversity Coordinators）与研究生多样化项目合作。所有院系的研究生顾问和研究生事务办公室应当意识到多样化的重要性，这种方式可以协助相关部门实现大学的目标：增加那些历来被忽视或是被否认了平等教育机会的各领域研究生的入学；确保所有学生的平等教育机会，因为那些经历过经济、社会或教育等不利条件的学生可能会妨碍他们学术潜力的彰显；促进学生群体的多样性。

第三节　多样化的博士生资助政策

资助政策在博士生教育中是一个非常重要的问题，为了更为深入的探讨相关问题，在此主要以加州大学伯克利分校相关的博士生资助政策为例予以说明。

一、有关"多样化"的声明

事实上，加州大学伯克利分校在增强博士生教育政策的多样化方面有着深刻的历史渊源。譬如，加州大学曾经发表了一个有关"多样化"的声明[16]，声明指出：加州人的多样性来源于整个加州从历史到现在的那种革新理念和创造性成就。多样性——加州的过去、现在和未来的一个最典型特征——指的是产生于不同文化和环境的各种个人经历、价值观和世界观。这些差异主要包括种族、民族、性别、年龄、宗教、语言、能力、残疾、性取向、社会经济地位、地理区域等等。由于加州大学的核心使命是服务于加州的利益，所以它必须寻求在学生群体和教师群体之间的多样性。加州的一个引人注目的兴趣点在于确保具有不同背景的人认为进入大学能够帮助他们在所属群体出类拔萃。加州大学的知识对所有合格的学生群体开放，从而公平地服务于共

---

15 "Resources for Increasing Graduate Diversity", http://grad.berkeley.edu/policy/diversity-policy/#c1-graduate-council-statement-diversity-in-graduate-student-recruitment-and-selection-reissued-february-1998, 2014-12-15.

16 "University of California Statement on Diversity", http://grad.berkeley.edu/policy/diversity-policy/#c1-graduate-council-statement-diversity-in-graduate-student-recruitment-and-selection-reissued-february-1998, 2014-12-14.

同体中的各个成员，这也有助于维持加州的社会结构。多样性也应当是大学成就卓越的一个有机组成部分，它可以增强大学完成学术使命的能力。多样性的目标是拓展和深化教育经历和学术环境，促进学生和教职员工之间更有效的沟通，使他们更好地参与且融入到日益复杂和多元的社会当中。卓越的教育真正地融合了多样性，从而能够实现相互尊重，有效利用所有人的天赋和能力培养具有创造性以及培养未来的领导人。因此，加利福尼亚大学重申了它的承诺来实现所有的历史承诺，从而识别和培养学生的优点和才能，并且在教育、服务和管理领域以及在研究和创造性活动当中通过支持多样性和平等机会的方式来实现这一目标。大学尤其承认扫除招生障碍以及促进有才能的学生、教师以及行政人员的发展（包括历史上被排除在外的弱势群体）是一项迫切的需要。

二、博士生资助的类型

基于上述的声明，为了能够增强研究生的多样性，加州大学伯克利分校还在博士生资助方面体作出了相应地努力。加州大学伯克利分校的博士生资助类型主要分为两类，即助学金和奖学金。

（一）博士生助学金

博士生的助学金主要通过助教、助研和助管等三种方式获得。助教是加州大学伯克利分校博士生教育资助的标准形式，而助研则主要和美国联邦政府所赞助的科研项目密切相连，与自然科学领域联系更为紧密，因为自然科学领域的科研主要在实验室中进行，通常研究生要与导师共同开展研究，或者是在导师的密切指导下完成相关的科研任务，这种情况与通常在图书馆进行科研、与导师接触不那么频繁的人文学科有很大的区别。据统计，加州大学伯克利分校平均每年大约有 2100 名研究生获得助研岗位和 1800 名研究生获得助教岗位，每学期大约有 300 名研究生任命为助管。[17]虽然在同一时间内，博士生可以担任一个以上的工作，但是为了不妨碍学位的进展，通常情况下建议学生只担任其中一项工作。

（二）博士生奖学金

较之博士生助学金而言，加州大学伯克利分校设立的奖学金种类也是多

---

17 熊华军、丁艳：〈加州大学伯克利分校的研究生培养模式及其启示〉，载《研究生教育研究》，2011 年第 2 期。

种多样。譬如，博士生-导师合作研究奖（Mentored Research Award）主要资助博士生和导师的合作研究项目；加州大学学位论文年度奖学金（University of California Dissertation-Year Fellowship）重点资助在教学与研究方面具有较大潜力的博士生，其资助对象主要是毕业年级的学生；[18] "博士完成奖学金"（Doctoral Completion Fellowship, DCF）[19]取代了以往（2010 年前）的 "院长规定时间奖学金"（Dean's Normative Time Fellowship, DNTF），旨在为学生提供一定的激励，以便他们在一个合理的期限内完成博士学位。具体而言，"博士完成奖学金"的申领标准主要有以下几点：在规定时间内[20]进阶到博士候选人；具有出色的学术水平且平均分最低达到 3.0；其进步在研究生院的年度进展报告中有所备案；在截止日期内提交从博士候选人到完成研究生学位的申请。此外，加州大学伯克利分校研究生院还为那些有不同背景和生活经历的研究生提供奖学金支持。

第四节　宽领域的课程设置

在博士项目的第一个阶段，学生需熟悉他们所从事的领域，以期达到一个更高的水准。在此阶段，学生在他们所从事的领域内需实现专业化，并且要与其专业以外的领域建立密切的联系。在多数情况下，学生们的学习主要通过研讨会或阅读课程的方式、独立学习研究的方式或是在导师的指导下开展相关实验研究项目的方式。研究生很少参加大量的讲座式课程，除非他们需要掌握一个全新领域的概览或是回顾一个辅修科目领域的情况。[21]

---

18 "Graduate Fellowships and Grants", http://grad.berkeley.edu/financial/fellowships/#entering, 2015-01-31.

19 "Graduate School of Education 2013-2014: Handbook for Advanced Degree Students", http://gse.berkeley.edu/handbook-advanced-degree-students, 2015-01-23.

20 注：标准时间：教育研究生院完成学位的标准时间为 12 个学期（从入学到完成学位论文）。在这个时期，标准时间主要有两个部分：一是时间从入学作为伯克利的研究生到进阶至博士候选人；二是从候选人的时间到学位论文的完成。完成博士学位总的标准时间是进阶至候选人的标准时间（7 个学期）与候选人标准时间（5 个学期）的总和。（资料来源："Graduate School of Education 2013-2014: Handbook for Advanced Degree Students", http://gse.berkeley.edu/handbook-advanced-degree-students, 2015-01-23.）

21 *Doctoral Education at the University of California and Factors Affecting Time-to-Degree*, California, University of California, 1991, p.5.

一、课程要求依不同的博士项目而不同

每个博士项目会有它们自己内部的一套要求，包括课程的数量和内容，以及相应的形式、程序和考试的数量等。譬如，许多工程和物理科学项目要求一系列的笔试或口语测试，通常被认为是"预考"（"prelims"），这种考试一般安排在第一学年末。而社会科学、人文学科和一些专业性的学院很少要求在第一学年末进行这种考试。项目间的另一个显著区别是，即使是加利福尼亚大学中同一个学科的课程要求也是非常灵活的。譬如，在加州大学戴维斯分校，其电气工程专业要求有一套固定的课程体系。与此相反，在加州大学伯克利分校，电器工程和计算机科学专业则根本没有相关的课程要求，而由电气工程专业的教师们决定哪些课程将对学生有用。相较而言，许多社会科学项目不仅要求学生开展专业领域内的课程学习，包括方法论课程，而且还要求其参加其它领域的课程学习。[22]需要注意的是，如果学生没有硕士学位而攻读博士学位，他们则需要在学习阶段的前 1-2 年选修和硕士生一样的课程。各个专业领域的外语要求则有很人的不同。人义学科领域通常要求 2 至 3 门外语的学习，通常很多有关英语、亚洲史、艺术史和音乐的项目中会有明确的要求。社会科学领域一般只要求一门外语即可。许多生命科学、工程和物理科学项目等也都不要求外语学习。然而，数学学科则是个例外，它要求至少一门外语学习。[23]由上可知，美国不同专业博士生课程的安排和要求是不同的，但实际上，这只是寻求知识的过程不同而已，目的都是一个，即掌握专门知识。要达到这一目的，有些是通过大量的课程学习，有些则是通过大量的研究工作。[24]

二、具体的课程要求

关于博士生课程的具体要求，在此以加州大学伯克利分校教育研究生院的具体情况予以说明。[25]哲学博士学位旨在使学生对相关的教育问题开展原创性和理论性的研究，并且他们打算未来从事研究工作和大学教学的职业。

---

22 *Doctoral Education at the University of California and Factors Affecting Time-to-Degree*, California, University of California, 1991, p.5.

23 *Doctoral Education at the University of California and Factors Affecting Time-to-Degree*, California, University of California, 1991, pp.5-6.

24 清华大学研究生院：《美国研究生教育》，北京：清华大学出版社，1985 年，107 页。

25 "Graduate School of Education 2013-2014: Handbook for Advanced Degree Students", http://gse.berkeley.edu/handbook-advanced-degree-students, 2015-01-23.

就学术准备（Academic Preparation）方面而言，教育研究生院的所有博士生除了要参加学院的课程学习之外，还需参加至少两门教育研究生院以外的课程学习。这些课程必须具有联合价值，它们应当与学生的专业领域密切相关。由于这些课程是必修的，所以其课程必须采用字母分级的方式。关于学术准备的一些附加要求可能会依据每个领域或专业的具体情况来设定。如果学生获得的学术型硕士学位与他们攻读博士学位阶段的学习密切相关，那么他们便可免除一些附加的学术准备要求，但是他们仍将参加除教育研究生院以外的至少两门课程的学习。就专业领域（Areas of Specialization）而言，博士学位项目要求学生能够展现其在所从事领域方法层面的能力，并且获得关于教育问题的多种分析视角。其目标是促进学生对于教育过程本质的理解，同时增加学生对于影响教育发展的社会、政治与经济力量的认识和了解。博士候选人要求至少选择三个不同的研究领域，被称为"专业领域"，这要求博士生获得充足的学术和方法论的储备，以期对既定的问题能展现、分析和发展一种学理性的认识。

总体而言，在加州大学伯克利分校教育研究生院参加两年的全日制课程学习被认为是参加资格考试的最低要求。如果学生没有硕士学位，那么就需要三年的课程学习。通常情况下，学校要求博士生在参加资格考试前完成核心课程、定量和定性方法课程、领域核心课程以及专业领域课程等四个方面的课程，具体的课程要求见表4-2：

表4-2 加州大学伯克利分校教育研究生院博士生课程具体要求

课程类型	课程具体要求
核心课程	博士候选人需完成两门核心课程的学习，其中一门核心课程需是其研究领域之外的（譬如，CD、LLC、CSC或POME）。也就是说，主要有两类课程，一是学生研究领域"内部"的课程，二是学生研究领域"外部"的课程。不管是对"内部"课程，还是"外部"课程的选择，博士候选人均需和他们的导师共同商定。对于"内部"课程而言，其每个领域已经有一套基础性课程。博士候选人和他们的导师在商讨的时候，应当在这些基础性课程中进行选择，以满足"内部"课程的要求。对于"外部"课程而言，导师应当基于学生的研究领域，帮助学生选择适合他们研究兴趣的课程。任课教师可以帮助学生做出恰当的选择，以满足"外部"课程学习的标准。一旦"内部"课程和"外部"课程均已选定，那么这些将被纳入学生的"项目计划"（Outline of Program）中，并且由博士候选人导师以及学院的研究生导师领导签字批准。

定量和定性方法课程	对于定量和定性的方法课程，博士生需至少完成其中一门课程的学习。而对于那些有适当背景的博士生而言，他们需要在请愿书上说明用其它课程来满足定性方法的要求。免除定量方法课程的学习，需要通过相应的考试。需要指出的是，代替定性和定量课程学习的其他课程必须是字母序列中的课程。具体而言，替代方法课程：方法课程要求的满足必须得到教育研究生院的认可。经由研究生导师的组长批准，可以从其它学校中选择一些相当于研究生水平的课程，从而满足核心课程或是方法课程的要求。
领域核心课程	每个领域都有一套核心课程，而这些课程都是博士生所必需的。这些核心课程旨在给博士生们提供与那些重大问题以及与研究领域相关的问题接触的机会。
专业领域课程	所有的博士生在与他们的教师顾问咨询后，形成他们个人项目中的三个专业领域。确切的说，学生个人项目中包含了数目众多且类型多样的课程。与此同时，在这个过程中也要求博士生拥有诸多的研究经验，这些研究经验将主要基于博士生个人的学术背景、专业或研究经验以及研究领域的本质和所选三个专业领域的要求。

资料来源："Graduate School of Education 2013-2014: Handbook for Advanced Degree Students", http://gsc.berkeley.edu/handbook-advanced-degree-students, 2015-01-23.

第五节 要求严格的资格考试

资格考试（Qualifying Examination）是美国博士生培养过程中的重要一环，也是美国研究型大学博士生教育的一个传统。博士生资格考试的题目主要强调研究和理论，博士生在完成了博士专业核心课程和研究方法课程之后，也就是说在开始博士学位论文之前，需要参加博士资格考试。一般而言，博士生通过资格考试后，他们就获得了开展学位论文研究的资格，自此之后课程学习便退居次要的位置。然而，在美国，各校以及各学院之间博士生资格考试的方式和具体内容均存在较大的差异，但总体上包括口试和笔试两部分，考试则由研究生院代表研究生院委员会管理。准备和参加资格考试是所有的博士项目都要求的一个环节，这也是一个共同要素。然而，这一系列的考试在形式、长度和时间方面存在着较大的差异。[26]在人文学科、社会科学和专业学院，这种资格考试主要包括两个部分：一是笔试或三篇主要的论文；二是一个半小时至三个小时的口语测试，其主题范围从所在

---

26 *Doctoral Education at the University of California and Factors Affecting Time-to-Degree*, California, University of California, 1991, pp.5-6.

专业领域的任何一个可能的领域，到学生论文的具体问题，学生已经在这些领域开展了相关的研究。科学和工程专业的学生常常要求设计一两个研究计划，而非人文学科考试中所要求的论文。口语部分通常是论文工作的一个展示。[27]

一、资格考试的相关规定和要求

通常情况下，在美国研究型大学博士生教育中，博士生申请参加资格考试之前，除了要完成相应的课程要求之外，还需通过博士生资格预审（Prequalifying Review）[28]这一重要环节。资格预审过程要求博士生将其研究生教育（课程、指导和研究）整合为一个连贯的整体。博士生的资格预审包括对两篇论文以及学位论文提纲的审批。就预审论文的程序而言，每一篇预审论文都是完整的，包括从项目助理处获得预审论文审批表格。其中有两名预审专家需要在预审论文审批表中签字。每篇预审论文的两位专家中至少有一位需是教育研究生院的教师，并且是加州大学伯克利分校学术委员会的成员之一。如果第二位预审专家不是教育研究生院的教师，那么研究生导师的组长必须首先提出审批。预审论文审批表签字后，应当在项目助理处备案，同时抄送一份至研究生学术服务办公室。就学位的论文提纲而言，它是学位论文计划书（即开题报告）的初始版本，通常有 5 至 10 页的长度。学位论文提纲主要是一些预备性工作（预研究、已有研究发现、研究目标、研究结果和研究方法）以及学位论文所使用的理论、策略和分析等。当博士生所有的资格论文都已完成，那么将会从学生学术服务办公室或者学院网站获得一份资格审查表报告。当博士生完成了资格预审以及所要求的课程要求之后，他们将有资格申请参加资格考试。关于加州大学伯克利分校博士生资格考试的相关规定和要求详见表 4-3：

---

27 *Doctoral Education at the University of California and Factors Affecting Time-to-Degree*, California, University of California, 1991, p.6.

28 "Graduate School of Education 2013-2014: Handbook for Advanced Degree Students", http://gse.berkeley.edu/handbook-advanced-degree-students, 2015-01-23.

表4-3　加州大学伯克利分校博士生资格考试的相关规定和要求

资格考试的目的	资格考试的目的是探知和确定学生对于其专业研究领域中课程学习的掌握情况，确定学生是否具备敏锐的思考能力以及对于这些领域中相关理论与实践的批判能力。一些项目希望博士生呈现博士生论文的题目，且将其作为资格考试的预备性环节，但是博士资格考试并非仅仅限定于博士论文的题目。因为在这些项目中，呈现博士论文题目并非其主要意图，这一过程还有考察学生对博士论文中相关问题的思考情况，要求学生能够就其学位论文的潜在意义以及可能涉及的情况予以回答。尽管每所学校，甚至是每个院系的博士生资格考试在内容和形式上都会有所不同，但目的却大致相同。具体而言，博士生资格考试中笔试的主要目的是为了达成如下四个方面的判断：第一，学生的理解能力。学生是不是有足够的实力理解专业论文和理论在实践上的深层含义。第二，学生的运用能力。学生能不能运用理论去解决一些实际的问题。第三，学生的分析和综合运用能力。学生能不能用一种清晰而有条理的方法来拟订出切实可行的计划去分析解决一个具体的问题。第四，学生的评估能力。学生能不能判断不同理论和方法论的价值。[29]基于此，我们可以看出，博士生资格考试考察了博士生的多方面的能力，不仅考察博士生在相关课程学习等知识方面的能力，而且也考察博士生运用知识的能力等。
资格考试委员会	资格考试委员会（Qualifying Examination Committee）是学术评议会（Academic Senate）的重要组成部分。项目可以要求四五个资格考试委员会的成员，但是做出的选择必须适用于学位项目中的所有学生。大多数资格考试委员会需是学生所在的专业领域，在委员会四人的情况下，至少有两名学术评议会的成员来自学生所在的专业。资格考试委员会主席需来自学生的专业，并且是伯克利学术评议会的成员。需要指出的是，资格考试委员会的主席不能作为学生学位论文委员会（Dissertation Committee）的主席。至少有一个资格考试委员会的成员需来自学生专业以外，而这种"专业以外的成员"必须也是伯克利学术评议会的成员。院系部门的职责主要是确保外部成员在院系中不承担任何职务。
获得参加资格考试资格的要求	如果学生要获得参加资格考试的资格，需满足如下六个方面的要求：第一，学生在参加考试的学期已经注册且入学。如果学生在冬季或夏季学期间的短假期参加考试，那么其注册要么在参加考试之前，要么在下学期（考试需在下学期开学前的最后一天进行）；第二，学生已经完成至少一学期的学术活动；第三，学生在研究生院所参与的所有工作至少达到 B 级；第四，学生未完成的课程不超过两门；第五，学生已经圆满地满足了专业的预备性考试要求；第六，学生已经满足了外语的要求。

29 杨庚、杨健：〈对美国博士生资格考试制度的分析与借鉴〉，载《南京邮电学院学报》（社会科学版），2004 年第 6 期。

获得参加资格考试资格的期限	一旦学生参加资格考试的申请获得研究生院的批准，那么该项申请的有效期会持续18个月。如果学生在参加第一次资格考试没有通过，那么这种资格考试的资格还将持续，只不过需要学生再次参加资格考试。如果学生在18个月这个周期内没有通过资格考试，那么他或她必须重新申请获得资格考试的资格。
资格考试的程序安排	应当鼓励学生参加资格考试，他们通过准备能够较快获得博士生候选人的资格。如果学生确定了参加资格考试的时间，那么他们应当和资格考试委员会的主席进行商讨并交换意见，以确保考试委员会提前安排时间，并且其申请的时间也要通过研究生院的审核。如果在既定的时间内学生由于身体或个人因素不能前来参加资格考试，那么学生需告知资格考试委员会主席，以便委员会主席重新安排并推迟资格考试的时间。
资格考试的实施	资格考试委员会的主席有责任确保委员会管理人员在执行资格考试过程中的公平性，并且在下一个环节中遵循所规定的程序和步骤。资格考试委员会外部成员的主要作用是代表校长来观察主席完成资格考试这项任务的情况，并且对任何违规操作的情况向研究生院予以报告。如果资格考试实施没有遵循研究生院的指南，那么该项考试则是无效的。
资格考试的投票程序	资格考试委员会的所有成员必须对博士生的资格考试情况进行投票，每个委员会成员在这个资格考试期间对学生的表现进行投票，主要有三种类型，即"通过"（pass）、"未通过"（fail）、"部分通过"（partial fail）。委员会的每一项努力都应当达成一致意见。同时，委员会的最终决定应当有效反映学生在资格考试中的表现。投票通过资格考试的学生仅仅确保和说明他或她在学术表现方面是符合要求的，而非其它方面的原因。不能够对资格考试的裁决附加一些其它条件是，尤其是有关学位论文题目、研究应当如何实施、谁是学位论文答辩主席或学生在研究阶段将如何获得资助等。
资格考试的相关程序	就资格考试的相关程序而言，主要为如下几个方面：第一，获得参加资格考试许可的程序：学生必须申请参加资格考试，一般需在考试前的三周内（不迟于三周）提出申请，这样研究生院就有足够的时间审查和批准学生的申请。学生必须在申请时列出他们资格考试时候所需的至少三门学科领域。第二，推迟资格考试的程序：如果委员会决定资格考试不能继续，那么委员会主席将推迟考试，并且及时报告研究生学位办公室（Graduate Degrees Office）推迟考试。委员会主席必须解释为什么推迟资格考试，并且为委员会的下一步行动提出相关建议。委员会可以建议考试继续进行，但是需在推迟考试后的 21 天内进行（不超过 21 天）。委员会主席可以告知学生相关的建议行动，但是建议也必须得到研究生理事会-管理委员会（Administrative Committee of the Graduate Council）的批准和审查。第三，没有参加资格考试学生的程序：如果学生没有在既定的时间内参加资格考试，那么委员会主席和学生必须经由研究生院学位办公室向负责学位的助理院长（Associate

	Dean for Degrees）提交一份纸质报告解释相关的情况，该解释报告需在六个工作日内提交。研究生理事会-管理委员会将对此事进行审查，并且就学生没有参加考试的相关事宜进行裁决，即学生没有参加考试是否构成资格考试的失败（未通过），或是否重新安排学生参加资格考试。第四，紧急事件终止实施资格考试应遵循的程序：如果在既定的资格考试时间内，学生由于疾病、意外或其它紧急事情的发生不能参加资格考试，委员会主席应当告诉研究生学位办公室，解释具体的情况，并经由学位办公室的助理院长审理，请求在特殊的条件下实施考试的许可。
资格考试结果	就资格考试结果而言，理想的情况是，资格考试委员会将就学生考试是否获得通过、未通过、部分通过等情况达成一致的意见。如果就此没有达成一致意见，那么该结果便是一个"分裂投票"（"split vote"）。第一，资格考试委员会一致同意学生通过资格考试并获得奖学金。第二，如果资格考试委员会一致同意学生未通过整个考试，那么学生就彻底在资格考试中失败了。因此，委员会一方面建议学生参加第二次和期末考试，或另一方面不建议重新考试，该情况最终导致的结果是学生将从项目中被除名。如果推荐参加第二次和期末考试的话，那么委员会成员对于学生重考将会像他们第一次参加考试一样对待。学生不可以在第一次考试结束后的三个月内重新参加考试，除非得到学位办副院长的批准。在这个过程中，第三次考试是不允许的。如果委员会希望附加课程或特殊指导来准备第二次考试的话，那么委员会必须以书面的形式与研究生院学位办公室（Graduate Division Degrees Office）进行沟通。如果委员会不建议学生重新参加考试，那么委员会主席在完成"研究生院资格考试的报告"（Report to the Graduate Division on the Qualifying Examination）的同时，需对此情况进行书面的解释和说明。如果研究生院同意主席的解释和说明，那么学生需向研究生院院长发送一份退学信件，同时向其所在院系提交一个副本。

资料来源："Berkeley Graduate Division. Guide to Graduate Policy (Full Version)"，http://grad.berkeley.edu/policy/fullguide/, 2014-12-06.

　　资格考试是大学对博士生所做的充足和适当准备的一种评估和鉴定手段。资格考试委员会主要对学生知识的深度和广度进行评估。对于知识深度的评估主要集中于理论和知识层面；对于知识广度的评估则主要是检查学生在广泛领域内对教育调查的相关理论与研究的掌握情况。[30]对于美国博士生培养中知识的深度和广度问题，前美国研究生院协会理事会主席高登（R. E. Gordon）曾这样解释道："博士培养有两条途径，一是广泛化，二是专业

---

30 "Graduate School of Education 2013-2014: Handbook for Advanced Degree Students"，http://gse.berkeley.edu/handbook-advanced-degree-students, 2015-01-23.

化。广泛化的途径是在前两年的选课中应包括该学科的所有领域。比如，生物学的学生要了解生物学的发展、结构及其作用。而在最后一年写博士论文时，则要求比较专业化一些，因为研究只是对某一具体问题的，其他各方面的知识都是辅助的。专业化的途径是学生在一开始就学习很专业化的东西。大多数美国研究生院的学习安排都是在这两个极端之间。当然，这还要取决于社会上到底是需要广泛化的人才还是专业化的人才。"[31]此外，前华盛顿州立大学研究生院副院长程惠贤（H. H. Cheng）也曾指出："博士论文前的预备考试，决定了学生是专还是泛。专和泛的程度决定了学生花在研究上的时间的多少。预备考试对于学生的学习课程是有决定作用的。另外，广泛化还是专业化还取决于所研究的学科领域，不同的学科领域要求也不相同。"[32]

二、资格考试的具体实施

加州大学伯克利分校教育研究生院所有博士学位项目的学生均需参加资格考试，一般口试会持续 2 至 3 个小时。资格考试委员会由四位教师构成，他们主要由学生及其导师商讨后选定。资格考试的目的是测试博士生是否具备教育博士学位或教育哲学博士学位候选人的资格，同时对他们是否能够完成一篇令人满意的博士学位论文的能力进行评估。[33]关于博士生资格考试的具体实施情况，在此以加州大学伯克利分校教育研究生院为例予以阐明，详见表 4-4。

表 4-4　加州大学伯克利分校教育研究生院博士生资格考试的具体实施情况

参加资格考试的前提条件	参加资格考试之前，学生必须顺利完成文学硕士学位、资格预审（主要是资格论文与一份学位论文提纲）以及所要求的所有课程学习。
资格考试的题目	资格考试的题目应当对学生已经准备的专业领域的相关内容进行明确界定，这些题目应当与项目大纲中所规定内容相似或明确相关。由于每次考试内容的覆盖面有限，所以主题不应当太宽泛（譬如，通识课程、管理等）。诚然，主题也不能太过狭窄，否则资格考试委员会将没有机会评估学生完成博士学位论文的能力。

31 清华大学研究生院：《美国研究生教育》，北京：清华大学出版社，1985 年，108-109 页。

32 清华大学研究生院：《美国研究生教育》，北京：清华大学出版社，1985 年，109 页。

33 "Graduate School of Education 2013-2014: Handbook for Advanced Degree Students", http://gse.berkeley.edu/handbook-advanced-degree-students, 2015-01-23.

资格考试委员会成员的任命	资格考试委员会通常由四名成员构成，包括一个主席，一名"外部"成员以及两名附加成员。开展资格考试的教师成员的选拔的程序如下： 首先，学生应当就资格考试委员会中适合的教师成员与他们的导师进行商讨。委员会成员应当是被任命的，因为考试的主题与他们所擅长的领域密切相关。为了平衡委员会的成员，在人员的选择上既要有来自教育学科的，也要有教育学"外部"学科的。作为学位论文委员会主席的教授，他可以是资格考试委员会的成员，但是他不能成为资格考试委员会的主席。委员会成员中的一位应当来自加州大学伯克利分校除教育学之外的学科的学术评议会成员。其次，教育研究生院的研究生导师组长在将资格考试委员会成员推荐给研究生院院长之前，要对委员会成员进行审查。第三，研究生院通知学生、委员会成员以及官方委员会的教育学导师实施资格考试。
研究生院对资格考试委员会成员的要求	主席：资格考试委员会的主席应当为来自伯克利学术评议会中教育研究生院的成员。 内部成员：资格考试委员会共包括两名教育研究生院的"内部"成员。由于教师成员作为学位论文委员会的主席不能成为资格考试的主席，所以他们通常是两个内部成员之一。 外部成员：所有的资格考试委员会成员，其中必须有一名来自教育研究生院之外的院系。外部成员必须是伯克利学术评议会的成员。外部成员可以进行必要的平衡，从而确保学生对相关学科知识掌握的广度和综合性。外部成员也可作为研究生院院长的代表。 非评议会成员作为内部成员和联合主席：在一定的情形下，如果研究生导师组长确定学生所面临的问题从普通教师处不能获得指导，并且这一情况也得到了研究生院副院长的认定，那么非评议会成员也有可能被任命为资格委员会成员。
日程安排	资格考试的日程安排由学生、项目助理与教育学院学生学术导师共同商议，具体的程序如下： 首先，审查学生的项目大纲应当是最新最准确的。如果项目大纲中有任何课程的分数不完整或是缺少成绩，那么应当咨询学生学术导师相关情况。 其次，如果所有的前提条件（资格考试预审和课程）均已完成，那么学生将从学生学术服务办公室获得一张资格考试申请表，在与导师商讨后完成此申请表的填写，并且获得教师成员的审批签名。与此同时，联系委员会成员确定资格考试的日期和时间。此外还需告知学生项目助理，他们将提前约资格考试的教师，并且届时向委员会成员发送提醒通知。 再次，至少需在资格考试前的四周内向学生学术导师提交资格考试申请。 最后，如若资格考试的申请获得了研究生导师组长的批准，还需进一步得到研究生院院长的批准。委员会成员必须得到研究生院的批准。

> 总之，所有的资格考试委员会成员必须出席资格考试。如果由于任何原因不能出席的，必须及时联系研究生院，以便后续工作的开展。如果没有获得研究生院的批准，那么资格考试的结果可能是无效的。如果资格考试没有通过或部分通过，那么考试委员会将会推荐学生参加第二次资格考试。通常情况下，参加第二次资格考试与第一次资格考试的时间应当间隔有三个月，委员会必须像第一次资格考试一样对待。

资料来源："Graduate School of Education 2013-2014: Handbook for Advanced Degree Students", http://gse.berkeley.edu/handbook-advanced-degree-students, 2015-01-23.

第六节　规范化的研究计划书

在通过资格考试之后，学生将进入到候选资格阶段。在此之后，学生不再需要参加更多的课程学习，或是仅需参加一些直接与其论文研究相关的课程学习即可。[34]加州大学伯克利分校的研究生院明确指出，学生在通过了资格考试之后需进阶至博士候选人。这时，学生需要完成博士候选人的申请，并且建议三名教师指导和评估其博士学位论文。这三名教师必须是伯克利学术评议会的成员，并且可以胜任学生所研究的领域。当然，这三名教师中有一位必须是伯克利学术评议会成员中教育学院以外的教师。被指派的委员会主席通常是学生所在研究领域内最有学识的教师，而且主席必须是伯克利学术评议会中教育学院的一员。如果研究生院院长批准了学生的申请，那么学生便可以进阶至博士候选人，并且委员会正式建立来指导其研究。一般情况下，一旦进阶至博士候选人，研究生院就会赋予学生五个学期的候选资格，加上四个学期的宽限期来完成他们的学位论文。如果过了这九个学期学生的学位论文没有达到研究生院的要求，那么他们的博士候选资格将失效，并且最后终止。[35]

博士生在获得候选资格之后，主要是寻找论文主题、选择指导教师并且撰写论文计划书。总体而言，此阶段的博士项目主要包括两个部分：一是确定论文的主题，并且选择一个主要指导教师。这个选择必须在进阶到候选人

---

34 *Doctoral Education at the University of California and Factors Affecting Time-to-Degree*, California, University of California, 1991, p.6.

35 "Graduate School of Education 2013-2014: Handbook for Advanced Degree Students", http://gse.berkeley.edu/handbook-advanced-degree-students, 2015-01-23.

阶段之前做出。二是撰写论文计划书。[36]

一、确定论文主题，选择指导教师

博士学位论文选题不仅要根据自身的兴趣、特长等，还要注意开拓新的理论，然后经由导师提出意见后，提交至博士学位委员会审查，通过后报院系研究生院审批执行。具体而言，学生可以通过以下几种方式帮助学生更好地选题：首先，在整个研究生课程和研讨会中，教师可以向学生推荐其所在领域中可作为博士学位论文的题目，指出有趣味的知识缺口和理论难题。其次，增加鼓励学生较早澄清思想和写作要求。第三，允许学生提交研究论文以取代一般领域的考试。第四，在第一学年或第二学年的课程学习和专题研讨会中，要求学生提交一个学位论文计划书。第五，开设非正式的专题研讨会，使学生可以在此检验其思想，而不占用正式的专题研讨会的时间。[37]第六，学生的具体研究兴趣可以在参加课程学习的过程中形成，学生们作为实验研究团队的一个组成部分，他们也可以选择较大的研究项目中的一个部分作为其论文研究的主题。[38]但需要注意的是，博士生在选择合适的学位论文主题时，也需考虑以下三个方面的因素：一是不要过于专业化（Do Not Overspecialized）。倘若从未来博士论文出版的方面考虑，那么你的论文选题方向就不应太过专业化。譬如，如果选题所关注的时间段超过一百年，一般要比仅仅关注几十年的销量好。同时，目前的出版市场情况也已发生改变，太过专业化的博士学位论文很难赢得一席之地，所以这也对未来博士论文的选题有重大的影响。二是做自己喜欢和感兴趣的（What Love's Got to Do With it）。你必须对你的博士论文选题抱有足够的热情，因为你的博士论文所关注的主题在你毕业后的至少五年内仍将是你关注的焦点。三是预测未来（Forecast the Future）。通常情况下，一段时期内那些有影响力的著作很有可能在下一时期也具有影响力。因此，博士生在进行学位论文选题时，需首先对所在领域目前的趋势做一个具有批判性的分析，基于此来预测未来几年内

36 *Doctoral Education at the University of California and Factors Affecting Time-to-Degree*, California, University of California, 1991, p.6.

37 Council of Graduate Schools, *The Role and Nature of the Doctoral Dissertation*, Washington, D. C., Council of Graduate Schools, 1991, pp.3-5.

38 *Doctoral Education at the University of California and Factors Affecting Time-to-Degree*, California, University of California, 1991, p.6.

较为热门的话题。[39]

博士生在选择导师时，基本上依据的是自身的兴趣与导师的兴趣，而这种选择通常有三种途径：一是博士生将自己的兴趣与要求告知院系中的研究生指导委员会，委员会会根据学生的需求协助学生选择适合他们的指导教师；二是学生与教授事先约谈，如果得到教授的同意，他们便可以共同合作开展研究；三是相对于一些偏理论性的学科而言有时学生在选择指导教师时也会考虑导师在其研究过程中是否提供了一定的资助。但需要指出的是，指导教师在实际过程中对于学生的指导因学科专业的不同而有所不同，尤其是对于那些理工科和实验科学专业而言，指导教师通常和博士生一起工作、共同开展研究，而对于那些偏理论性的专业而言，博士生的大量研究工作通常都是独立完成的。因此，这也就形成了目前不同学科科研训练的不同模式，其中最普通的是自然科学的实验室密集型的学徒模式和人文学科的图书馆密集型的个体模式。在自然科学，学生在为教授进行中的科研项目作出贡献时在实验室进行训练；在人文学科，学生独立地工作，和教授很少或者没有接触，除非他们作出安排，往往几个月才有一次。[40]

二、撰写研究计划书

许多项目要求论文研究计划书在资格考试或是在此后不久呈现和提交。研究计划书通常是论文研究的一个轮廓和概要。研究计划书包括问题陈述、文献综述以及方法论使用等方面的内容，其长度为一般为 5-40 页左右。[41]为了更加细致的认识学位论文计划书的重要性以及相关的注意事项，在此以加州大学伯克利分校教育研究生院为例予以阐明。在进阶到博士候选人后，博士生需完成计划书审查的过程。下面的一些指南可以协助博士生更好地准备他们的博士研究计划书。学生应当和他们的导师进行商讨，并且需对教育研究生院关于博士学位论文的要求有所熟悉。具体参见表 4-5：

---

39 Gregory M. Colon Semenza, *Graduate Study for the Twenty-First Century: How to Build an Academic Career in the Humanities*, New York, Palgrave Macmillan, 2005, pp.156-159.

40 [美]伯顿·克拉克：《研究生教育的科学研究基础》，王承绪译，杭州：浙江教育出版社，2001 年，294-295 页。

41 *Doctoral Education at the University of California and Factors Affecting Time-to-Degree*, California, University of California, 1991, p.7.

表4-5 加州大学伯克利分校教育研究生院关于博士生计划书的相关
内容

撰写计划书的原因	撰写计划书主要有两个原因：一方面，准备计划书是学位论文的重要组成部分，因为一个好的计划书构建了一个连贯和系统化的过程。在这一过程的引导下，学生将有一个系统的计划，并且将会更加有效和有目的地开展其研究。另一方面，撰写计划书显示了学生在所在研究领域的学术能力。通过计划书，学生需说服委员会成员他们持有一个好的观点，并且将阐明如何实施并实现这一观点。
计划书的审查程序	总体而言，计划书的审查程序主要包括以下四个方面：首先，准备学位论文计划书。该计划书应当约有20-25页，包括标题页和摘要。将计划书给每个学位论文委员会的成员传阅，使每个成员都有机会详细审阅学生的计划书。其次，当学位论文委员会的每个成员都审阅了计划书后，学生就可以安排计划书审查会议。项目助理将协助确保会议的教室。第三，在计划审查会议时，学位论文委员会的所有人员均需出席，并且签署计划审查会议报告表。这个表格也为委员会成员预留了一定的空间来呈现他们的评论以及对计划书的修改意见。第四，当计划审查会议结束以及计划审查会议报告表完成之后，应当将其返回学生学术复位办公室的学生学术导师处，以便获得研究生导师组长的认可。计划书的审查完成将在卷宗中备案。
计划书的格式	尽管计划书没有严格具体的格式，但是应当包括以下信息：研究题目；修读学位；姓名、地址、电话号码以及邮箱；学位论文委员会成员名单以及他们所属院系；预计完成学位论文的时间。计划书中需有一页摘要。摘要应当呈现研究的核心，并且说服读者自己的研究计划是重要的且有趣的。一个好的摘要可以使读者产生好奇和兴趣。尽管摘要是计划书的第一页，但是它应当在最后撰写。通常情况下，计划书应当限制在20-25页，包括所有的附录材料在内。计划书如果太短就不能明确现实研究计划的本质；计划书如果太长，不仅看起来啰嗦，而且很多界定也不是很明确。

资料来源："Graduate School of Education 2013-2014: Handbook for Advanced Degree Students", http://gse.berkeley.edu/handbook-advanced-degree-students, 2015-01-23.

需要注意的是，博士学位论文的研究计划书并非学位论文的一个缩略版本。许多博士生在计划书方面浪费了大量的时间，他们试图解决在博士论文阶段要解决的所有问题，这种做法着实是不可原谅的。因为在博士学位论文撰写阶段，博士生不仅有两年的时间去解决此类问题，而且有足够的页面去阐述此类问题的解决策略。在博士学位论文计划书有限的页面内，博士生除了明确阐释研究的具体问题之外，还应当明确阐释如下几个重要部分[42]：第

---

42 Gregory M. Colon Semenza, *Graduate Study for the Twenty-First Century: How to Build an Academic Career in the Humanities*, New York, Palgrave Macmillan, 2005, pp.159-161.

一，主题论证部分。此部分应当重点阐述该选题的目的、意义和创新点。第二，方法论部分。此部分应当尽可能地解释清楚如何面对那些纷繁的材料，从而完成既定研究目标。第三，进展计划或日程表。此部分主要说明未来研究的进展计划，这个计划既可以是长期的，也可以是短期的，研究者需要根据自己的实际情况呈现出适合自己的且有效的研究进展计划。第四，章节总结。此部分内容应当非常简洁明了，主要是阐释清楚章节与论文主题的关系以及章节彼此之间的关系等。第五，参考文献。此部分的主要目的是向委员会成员说明自己在此研究准备过程中的努力，以及这些文献对于实现学位论文目的的意义等。

第七节　高标准的学位论文要求

由上所述，我们可以看出，在美国攻读博士学位的一个重要特色在于它们有一个严格的课程学习时期，学生在此之后便会历经博士资格考试、导师选择、研究计划书的撰写与审核、博士论文的撰写等一系列阶段。而撰写博士学位论文则是博士学术研究的核心要素以及重要产出阶段，该阶段也被称作是"ABD"（All But Dissertation）阶段，意即博士生除了完成博士学位论文之外，已经完成了其它的工作。

一、博士学位论文的要求与建议

在博士生历经的众多障碍中，最难的就是从课程学习到论文撰写的转变，这一过程将学生从科研的消费者转化为科研的生产者。在这转变的过程中，科研训练部分明显处于中心地位，而这也是成功完成跨越学科的博士学位专业的中心。[43]正是这种环环相扣、严格的审查方式从制度上保障了美国博士学位论文的质量。

实际研究阶段是由学科预先确定的。因为每个专业领域都有它们自身开展研究的独特方式。在物理科学、工程学、分子和细胞生命科学等专业领域，研究通常是在大学的实验室中开展实施的。一些物理学或化学专业的学生可能会到主要的国家实验室，利用其特殊的实验设备，譬如，加速器

---

43 [美]伯顿·克拉克：《研究生教育的科学研究基础》，王承绪译，杭州：浙江教育
出版社，2001 年，294 页。

（accelerators）或光源（light sources）。这些学科研究工作的开展通常以团队的方式进行，但理论物理、数学和统计学专业的学生却是例外，他们开展研究通常不需要实验室或者高技术设备。[44]生命科学专业的学生由于研究的是整个生物体，所以他们通常要在自然栖息地观察动植物，而这些活动基本上都会在较为遥远的地点进行。他们的研究也可能局限于某个特定的季节，并且常常都是个人主义（individualistic）的研究过程。许多社会科学的学生要么在国内，要么在国外，通常会花费一年左右的时间来开展田野调查，他们通常都是单独工作。人文学科的学生做研究的一个典型特点就是在图书馆和档案室进行阅读和分析文献资料。但是现在，许多文献资料在大学的图书馆都有微缩胶片，他们的研究模式基本上是个人主义的。[45]因此，学位论文评审委员会主席应当制定一个日程安排，以便在博士论文撰写期间与博士候选人进行一定的交流。如果学生在校外开展研究，那么这种交流可能就不会那么频繁，但通常会以邮件的形式进行，所以在这种情况下，一种理想型的日程安排将被改变。对于那些偏实验性的学科而言，教师与学生通常每周都会在实验室中进行相应的交流与合作，而对于那些人文学科和社会学科而言，教师与学生通常每月进行一次简单的交流。但需要注意的是，教师与学生一个学期都不进行交流的情况在任何时候都不可能发生。[46]

一般而言，博士学位论文需在相关的学科领域内就知识体系作出原创性的贡献，"一方面，它是进行高强度、高水平专业训练的一种体验。成功地完成论文工作，表示候选人有能力从事学术研究并能写出高水平的研究报告；另一方面，它的成果是对某一领域学术上的贡献。"[47]美国研究生院委员会于 1991 年发布了《博士学位论文的作用与性质》（The Role and Nature of the Doctoral Dissertation），该报告主要是基于研究生院院长工作组的商议以及 48 篇来自大学所提交的报告整合而成，其中就博士学位论文作用、原创性、形式等一系列问题展开了讨论，对我们深入了解美国博士生教育的具体实施状况不无裨益。具体参见表 4-6：

---

44 *Doctoral Education at the University of California and Factors Affecting Time-to-Degree*, California, University of California, 1991, p.7.

45 *Doctoral Education at the University of California and Factors Affecting Time-to-Degree*, California, University of California, 1991, p.7.

46 "Writing a Dissertation", http://grad.berkeley.edu/policy/fullguide/, 2014-12-06.

47 王秀卿、张景安：《国外研究生教育》，北京：科学技术文献出版社，1987 年，260 页。

表 4-6　美国研究生院委员会关于博士学位论文的六条建议

博士学位论文与学位论文研究的作用（Role of the Dissertation and Dissertation Research）	该报告指出，博士论文应当至少有五方面的作用：第一，博士学位论文应当揭示学生分析、解释以及综合信息的能力。第二，博士学位论文应当展现学生与对有关项目文献的知识，或至少对支撑博士学位论文的既往知识有所了解。第三，博士学位论文应当了解其论文所使用的研究方法和研究程序。第四，博士学位论文应当以一种循序和合理的方式呈现研究结论。第五，博士学位论文应当展示学生充分地、连贯地探讨研究结论的意义的能力。在自然科学领域，博士学位论文应当尽可能详细地描述相关的细节，以便其它研究人员在此基础上继续独立开展相关研究。博士学位论文是一个人学术工作的开始，而非其巅峰。博士学位论文应当为学生提供本专业、本学科领域基本的研究方法以及进行研究的实地经验和直接经验，使学生在获得博士学位后能够开展他们所希望开展的研究，并为此做好准备。
博士学位论文与课程学习的关系（Relationship to Course Work）	研究生在学习的初始阶段就应当被鼓励参与学术性活动和研究，这个活动不应等到学生学习的高级阶段才开始。早期参与研究项目有助于强化学生的科研参与能力并促进其快速进步，这一特点在物理学、生物科学、工程以及某些行为科学领域尤为突出。
作为学术或研究报告的博士学位论文（The Dissertation as a Report of Scholarship or Research）	（1）学科领域间差别（Differences Among the Disciplines）。各个学科领域的博士学位论文有很大的差异，也就是说学科的差异影响了学位论文的撰写过程和结果。任何学校的标准和要求都必须考虑和容许不同学科领域学者在开展工作方面存在的差异，而这种差异就反映到对博士学位论文的期望上。（2）原创性问题（The Question of Originality）。就最一般的意义而言，"原创"是指这一研究前人没有做过，或这一研究创造了新的知识。尽管博士学位论文不应当复制其它研究者或学者的工作，但是学位论文的题目、研究项目或研究方法的使用可以不完全是研究生自己的。导师或其它教职员工应当鼓励学生将自己独立开展博士论文的构想用以探索特殊的研究主题或项目。学生应当展现博士学位论文中哪部分研究或知识反映或代表了他们自己的思考。（3）合作问题（The Question of Collaboration）。在一些学科领域中，博士学位论文通常是大型合作项目的一个部分，准确地描述某个研究生的贡献是非常重要的。不论是教师与学生之间的合作，还是学生之间的合作，博士候选人需能够呈现出他们自己的独特贡献，并且能够说明大型工作项目中哪部分代表了他们的思想和努力。
博士学位论文的形式（Form of the Dissertation）	在"传统"的博士学位论文中，一般导言都会包括研究目标、文献综述、所使用的研究方法或程序以及讨论结果的结语等几个部分，但是也应当允许博士学位论文具有一定的灵活性。像有些自然学科领域，已经允许博士学位论文包含学生已经发表的研究论

	文或学术论文，而这种做法也应当在人文学科和社会学科领域内广泛推广。无论哪一个学科领域，已发表的成果必须与博士学位论文密切相关且合乎逻辑地融入到博士学位论文中。将已发表的论文收集在一起作为博士学位论文的做法，不管是在形式上还是在概念上都是不能被接受的。
学生与导师的关系（Adviser-Advisee Relationship）	在减少博士学位论文所花时间以及促进博士学位论文完成方面，博士生导师所能做的最重要的贡献之一就是帮助学生选择他们可以驾驭的研究问题，并且劝阻他们不要从事一些范围过大，以至于在合理的时间内不能完成的课题。当学生的研究是导师项目中的一部分时，那么在研究初始阶段就应当将研究过程中所产生的数据和其它知识产品的使用权等以书面的形式拟定下来。博士学位论文导师应当积极地融入到高级研究的过程中，并且积极参与到其所在学校的研究生培养中。新博士应当与可能指导其博士学位论文的老师见面，并且与其它项目中的学生探讨各位导师的特征。为了促进这项行动，院系部门应当为学生提供：（1）每年更新研究生学位论文的题目以及他们导师姓名的列表；（2）另一个类似的是院系教师情况的列表，包括他们的研究领域、已发表论文以及他们能够指导博士学位论文的时间。
管理支持和院系支持（Administrative and Faculty Support）	应当鼓励各院系为博士学位论文指导教师和学生提供一个手册，这个手册应当罗列并详细说明该学科领域对于研究生教育，尤其是对于博士学位论文的期望。指导手册应当集中关注导师和学生的相互责任，以及应当包括博士学习各主要阶段的完成时间，譬如，课程学习、硕士论文（需要时）、资格考试、学位论文计划书以及论文完成及答辩等。院系和博士点应当定期审查本学科领域对于博士生教育的期望，并且将博士学位论文的作用与他们的期望联系起来。研究生院应当要求每个院系部门至少每年审查一次每个研究生的博士论文进展情况，并且将评估情况与学生分享。研究生院应当收集每个院系博士生完成学位论文的时间以及获得学位的相关数据。

资料来源：*Council of Graduate Schools. The Role and Nature of the Doctoral Dissertation*, Washington, D. C., Council of Graduate Schools, 1991, pp.3-5.

博士论文撰写阶段对于所有领域的学生而言都是一个非常艰难的时期。博士论文是博士项目中要求最为严格的一项，要求学生有持之以恒的态度，因为撰写博士论文的过程本身就是一件非常耗时的事情。此外，成功的组织和呈现作者的原初观点，这就要求学生在撰写论文之前尤其要花费大量的时间对研究资料进行深入的思考和分析。在撰写博士论文这一关键的阶段，获得一定的研究经费和生活费也是非常重要的。在人文学科、社会科学和专业领域，资助博士论文撰写阶段是个例外，而非一个规定：当前资助博士论文的经费是非常有限的。[48]需要指出的是，研究生在做论文的过程中，如发现论文难以完成，可以更换导师或论文题目，并且这种情况经常出现。这时研究生院院长的作用就更重要了。为了不浪费研究生的时间，一般都能满足他们的要求，将其转到合适的专业，并在适合他们的导师的指导下开展论文的研究工作。这就要求研究生院院长对校内各专业、各领域的状况非常了解，对指导教师也很熟悉，否则他就无法为研究生作选择。[49]

二、博士学位论文的道德议题

研究生必须确保他们知晓其研究中所涉及的相关道德议题（ethical issues），主要涉及其研究对他们自己、他们的院系机构以及对知识本身完整性所带来的后果。包括学位论文在内的所有类型的研究，都期待以最高的标准来开展。尽管研究领域和学科领域有巨大的不同，但还是有一套放之四海而皆准的基本标准可以遵循。其中，最为重要的一个关注点即是剽窃（plagiarism）、伪造（faking）或篡改实验数据（falsification of experimental data）、对人类和动物作为研究对象的不当使用（improper use of human and animal subject）以及对健康和安全标准的亵渎（disregard of health and safety standards）。[50]

如果学生在即将开展的研究中涉及人类或动物作为实验对象，那么不管是出于何种理由或是研究的性质怎样（包括调查研究），研究者必须首先提交一份计划书，并且寻求相关机构审查委员会（Institutional Review Board）的批准。除了研究涉及人类或动物作为研究对象外，如果研究影响到安全、环境或是其它相关政府规定的领域，那么必须进行审查，并且需得到大学委员或董事会的批准。机构审查委员会不仅是大学唯一一个可以确定研究要求是否可以得到批准的机构，而且也是唯一一个可以赋权开展研究的机构。不管是导师还是学生，都应当确保在开展研究之前是否得到了机构审查委员会的批准；在机构审查委员会批准之前，以人类作为研究对象的研究数据的获得是不可以发表的。[51]

---

48 *Doctoral Education at the University of California and Factors Affecting Time-to-Degree*, California, University of California, 1991, p.7.

49 清华大学研究生院：《美国研究生教育》，北京：清华大学出版社，1985 年，118 页。

50 Council of Graduate Schools, *The Doctor of Philosophy Degree: A Policy Statement*, Washington, D. C., Council of Graduate Schools, 2005, p.28.

51 Council of Graduate Schools, *The Doctor of Philosophy Degree: A Policy Statement*, Washington, D. C., Council of Graduate Schools, 2005, pp.28-29.

道德议题中所关注的另一个领域是利益冲突（conflict of interest）。研究的开展应该独立于为提供研究资助或是研究空间的工厂和私人公司的特定利益和切身利益。在任何类型的研究中，研究者都会面临原创性（originality）的问题。团队合作和协同以及教师和学生发表学术成果的压力或是准备会议论文等，往往会造成关于学术原创作者（academic authorship）和"原创性"意义的模糊性和不确定性。原创作者议题的公开讨论以及其它形式的归属问题，都应当是研究生培养中的一个重要组成部分。[52]

三、博士学位论文的答辩

学生在完成博士学位论文之后，需进行学位论文答辩（Dissertation Defense）。对于博士学位论文答辩环节是否必要这一问题，研究生院委员会的相关调查显示，各大学对此问题的看法意见不一，有的认为不需要论文答辩，只要有三位老师阅读过学位论文并签名同意，那么其学位论文便可获得通过；有的认为不需要论文答辩，其理由是学位论文答辩纯粹是一个仪式，并没有实质性的意义。尽管有一些大学认为应当取消学位论文答辩，但绝大多数大学都坚持认为学位论文答辩是博士生教育中不可或缺的组成部分，而对于博士生来说，学位论文答辩则是博士生教育的顶点。[53]

具体而言，开展博士学位论文答辩的理由（Rationale for the Defense）如下[54]：对于学生而言，学位论文答辩应当是一个"加冕的经历"（"crowning experience"），在多年的研究、报告和写作之后，学生最终获得了展示他们学识的机会。与此同时，这也是对他们未来专业展示的一个非常好的准备，因为学位论文答辩是标准的专业会议结构的组成部分。这对于参加博士学位论文答辩的其它学生而言也是一个非常好的学习机会，他们可以从中获得关于规划和完成学位论文的相关指导。在团队合作研究的时代，尤其是在自然科学领域，答辩是教师确认学生独立贡献的最好机会，这使得学生要明确说明他们在合作项目中所扮演的角色，并且阐释清楚其论文在研究项目和学生学科领域中的地位。学位论文答辩使得院系可以分享其主要学术活动的成果，

---

52 Council of Graduate Schools, *The Doctor of Philosophy Degree: A Policy Statement*, Washington, D. C., Council of Graduate Schools, 2005, p.29.

53 Council of Graduate Schools, *The Role and Nature of the Doctoral Dissertation* [R]. Washington, D. C., Council of Graduate Schools, 1991, p.27.

54 Council of Graduate Schools, *The Role and Nature of the Doctoral Dissertation* [R]. Washington, D. C., Council of Graduate Schools, 1991, p.28.

让导师和学术委员会成员担负起相关责任，从而防止导师对学生的过分宽容或考核学术委员会成员过于严厉和固执。而博士学位论文答辩的形式（Format）[55]因不同的学科领域和不同的大学而有所不同。譬如，有些大学的某些院系，博士学位论文答辩主要是一种仪式，因为如果没有指导委员会的批准，学生是不允许进行学位论文答辩的。而在其它院系，学位论文答辩可以安排在论文批准之前，但是必须经过指导委员会的同意。学位论文答辩的结果可能是通过、未通过或有条件的通过（即是在论文经过修改后才可以通过）。答辩委员会或指导委员会对学位论文答辩的听众做了一些限定，一般只对所有感兴趣的学术群体开放。在某些学科领域，尤其是自然科学领域，学位论文答辩者可以在答辩之前，首先公开的做一场关于其自身研究的一个专题讲座，在正式答辩时只允许指导委员会的成员或研究生的指导教师参加其博士学位论文的答辩。

此外，在博士论文的最后一个阶段期间，学生也开始寻找专业职位。在许多领域，学生们的第一份学术性工作一般是在每年举办的一些国家层面的会议上联系的。大型的专业性协会，譬如，当代语言协会（Modern Language Association, MLA）、美国教育研究协会（American Educational Research Association, AERA），或美国实验生物学学会协会（Federation of American Societies for Experimental Biology, FASEB），这些协会在会议现场列出了工作机会，并且为开展初级工作面试提供了空间。这个阶段主要包括如下几个组成部分：寻找公开职位；撰写和呈现研究对话；建立简历并且形成档案；准备现场工作面试。对于学术性职位而言，大学教师职位的面试通常是一个综合性的事情。从传统上讲，对于许多生命科学和物理科学专业的学生而言，接下来的一步是博士后的研究职位。在所有的职位安排中，尤其是学术职位，学位论文指导教师的推荐在雇佣环节扮演了非常重要的角色。[56]

总体而言，美国研究型大学博士生教育内部诸多方面共同保障了其质量的提升。高等院校的内部评估为保障博士生教育的质量奠定了坚实的基础。而在博士生教育入学选拔、培养过程、结果评价等三个阶段，美国研究型大学均有一系列的要求、标准和程序予以保障。博士生首先参加几年的课程学

---

55 Council of Graduate Schools, *The Role and Nature of the Doctoral Dissertation* [R]. Washington, D. C., Council of Graduate Schools, 1991, p.28.

56 *Doctoral Education at the University of California and Factors Affecting Time-to-Degree*, California, University of California, 1991, p.8.

习，并且参与教师领导的讨论课，然后准备和参加博士资格考试。由于博士资格考试的难度相对较大，所以在这个过程中会有许多博士生因为没有通过考试而被淘汰，但是学生还可以在之后通过自己的努力继续参加博士资格考试，但是一般情况下不能超过两次，如果还未通过的话，那么学生就与博士生涯无缘了。学生在通过了资格考试之后，就意味和标志着学生进阶至博士候选人阶段，在这个过程中博士候选人将开始寻找学位论文的主题、选择指导教师并且撰写研究计划书，尤其是在撰写学位论文研究计划书过程中，博士候选人需遵循美国研究型大学的一套较为规范化的程序，这也为博士生更好地开展学位论文扫清了诸多障碍。上述几个阶段可以被视为美国研究型大学博士生教育的培养过程，最后一个阶段就是美国研究型大学博士生教育的结果评价阶段，在这个过程中，博士候选人将开展研究、撰写博士学位论文和参加答辩，其每一步均有较为严格的要求，尤其是在博士生学位论文撰写阶段，要注意避免剽窃、伪造或篡改实验数据等学术道德方面的问题。正是这种严谨的博士学位论文撰写和审查阶段，更好地保障了美国研究型大学博士生教育的质量。在大学博士教育改革中，改革博士课程是常见的方法之一。大学希望通过改革博士课程，为学生提供更广泛的知识，使他们不只是忙于自己的学位论文选题研究。通常学校的做法是：增加课程或其他教育内容，使学生在更广泛的范围内为工作和职业打好基础。一些大学设计了辅修课程和证书课程，作为主修课程的补充。此外，还有的大学设置了所谓的可迁移的技能课程及工作室活动，包括方案规划、报告书写、交流技能和时间规划等方面的教育活动。尽管美国的博士教育长期以来以课程、研讨会和学位论文研究相结合为特征，但也有事实表明，这种培养模式过度关注与学位论文研究密切相关的选题。[57]

---

57 [美]菲利普·G·阿特巴赫：《为美国高等教育辩护》，别敦荣、陈艺波译，青岛：中国海洋大学出版社，2007年，216页。

第五章 美国研究型大学博士生教育的质量改进

> 质量改进意味着质量水准的飞跃，标志着质量活动是以一种螺旋式上升的方式在不断攀登和提高。质量改进主要是通过突破来实现前所未有的绩效水平的过程。
>
> ——约瑟夫·M·朱兰

纵观整个美国高等教育发展史，可以发现，19世纪德国对于美国博士生教育的产生与发展产生影响颇大。当时美国诸多有识之士纷纷奔赴德国接受教育并获得学位，归国后，他们试图将德国重视研究的传统在美国本土发扬光大。值得一提的是，当时许多美国教育改革家几乎也都是在德国取得学位，但在改革美国的博士生教育时，他们并没有完全照搬德国大学模式，而是选择性地借鉴和改进了德国人的思想，从而更加适应本国及时代的发展需求。其中，美国所创建的"研究生院"便是对德国教育模式的一个重大变革。当然，既然受到德国重视科学研究传统的影响，在美国的大学中，绝大多数博士生从一开始就保持着研究方面训练的传统。美国博士生教育的大发展时期是在第二次世界大战以后，不管是对博士生教育的财政资助也好，还是其它方面的政策扶持也好，博士生教育在这一时期获得了前所未有的发展。也许正是这一时期美国博士生教育的大发展，使其对博士生教育质量的监控有所放松。因此，在步入20世纪70、80年代后，美国博士生教育进入了一个相对平稳的反思时期。直至20世纪90年代，美国博士生教育才再次回到了公众的视域中。当时不管是学术界的专家学者，还是工业界的人员，纷纷对美国博士生教育的前途表示担忧，提出了诸多的质疑与批评，而这一切都对美国博士生教育未来的有序发展产生了重大的影响。那么，作为美国研究型大学、作为世界范围"学术金标准"的博士生教育而言，其该如何回应这些质疑与批评？又该如何调整博士生教育质量改进的策略来更好地适应国际与国内形式的变革？这也着实是目前美国在博士生教育改革与发展中不可回避地问题，同时也是本章主要回答的问题。

第一节　美国研究型大学博士生教育面临的质疑与批评

美国的博士生教育一直作为世界范围内的一个"标杆"，它为美国各领域培养了众多优秀人才，所以也被许多国家所效仿。在生产世界一流的学术研究成果和培养一流的研究人员方面，美国的博士教育以及研究型大学被认为取得了巨大成功，其巨大的博士生"接纳站"和优质的教育体系相结合，使美国的博士教育不断吸引着全世界的学生和学者到美国学习和从事研究。正如斯图亚特·布鲁姆所指出的："北美模式对人们更具有吸引力，因为与欧洲大学的普通规模相比，它能够以更大的规模对研究者进行训练，并能确保质量和效率。"[1]

一、学术内外对于博士生教育的质疑与批评

目前美国每年授予的哲学博士学位数量已经超过了 40000 个，其博士生培养数量自 20 世纪 60 年代的越南战争开始便大幅度增加。然而，自 20 世纪 70 年代开始，美国博士学位的授予量大幅度下降，这种情况在整个 20 世纪 80 年代一直持续，直到 20 世纪 90 年代开始，其博士学位的授予数量才逐渐增加。近年来，美国博士学位授予量的增加，在很大程度上是缘于生命科学、物理科学、工程学、人文学科博士生项目招生人数的增多，当然在这个过程中也包括自然科学和工程学领域国际学生的大幅增加。随着博士生招生人数的普遍增多，我们可以发现，自 20 世纪 60 年代开始，美国博士学位中女性的比例也在稳步增长。根据美国国家民意研究中心 2001 年（NORC）的

1　[美]菲利普·G·阿特巴赫：《为美国高等教育辩护》，别敦荣、陈艺波译，青岛：中国海洋大学出版社，2007 年，213 页。

相关统计，在教育学和社会科学领域，女性获得博士学位的数量超过了男性，而自 2000 年开始，人文学科领域中的男女博士授予比例基本持平。[2]目前，美国约有 400 多个机构有权授予博士学位，但其中的 50 个机构所授予的博士学位数量占总量的 50%左右。因此，博士生教育主要集中在少数的几个机构中，这些机构大都是主要的研究型大学，而大学基本上也都是美国大学联合会的成员。最大的"Ph. D Mills"主要集中在几个公立研究型大学，尤其是以美国加州大学伯克利分校为代表，其每年授予的博士学位数量大约有750-800 个。[3]

由此可以看出，美国博士生教育在过去多年的改革与发展中取得了巨大的进步与成就，但同样也遭到了来自学术内外的批评。其主要批评表现在如下几个方面[4]：第一，获得博士学位者的低水平重复研究；第二，博士生教育的主要导向是为了培养下一代的教授；第三，在组织中工作和合作中缺乏所必需的职业技能；第四，在不同类型的美国高等教育研究机构里，对于教学工作的准备不足；第五，某些研究领域攻读博士学位时间过长，并且毕业率较低；第六，学术知识以外的有关工作和就业信息的缺乏。在此主要以目前美国博士生教育中最为突出的几个问题予以详细阐述。

（一）博士生毕业耗时过长

上述关于博士生教育诸多方面的批评的确对美国博士生教育的有序发展产生了重大的影响，其中博士生毕业耗时过长是目前所受质疑较多的一个方面。譬如，有相关评论认为：美国博士培养过于严格，效率不高，学生获得博士学位成功率较低，博士阶段学校耗时过长。[5]事实上，任何一个学位的获得，并没有一个固定的合适的年限。基于不同的学科领域要求，博士生获得学位的平均年限也是不同的。此外，获得博士学位的原创性要求缺乏统一的标准，也是造成博士生获得学位年限不同的重要原因。然而，对于获得博士学位而言，于公于私都是非常有益的，所以以一种最有效的方式完成博士学

2　Nerad, M., "The PhD in the US: Criticisms, Facts, and Remedies", Higher Education Policy, 2004 (17), pp.183-199.

3　Nerad, M., "The PhD in the US: Criticisms, Facts, and Remedies", Higher Education Policy, 2004 (17), pp.183-199.

4　Nerad, M. & Heggelund, M., *Toward a Global Ph. D.? Forces and Forms in Doctoral Education Worldwide*, Washington, D. C., University of Washington Press, 2008, p.278.

5　王晓阳：〈美国研究生教育的现状与展望〉，载《学位与研究生教育》，2007 年第7 期。

位对学生来说也是非常重要的。[6]尽管博士生完成学位的年限会因学科、性别、种族和民族的不同而有所差异，但从相关的数据（详见图 5-1）所传递的信息，我们可以认识到，绝大多数博士生可以在 5 年之内拿到博士学位的看法是站不住脚的。[7]从下图可以看出，就读人文学、数学、物理学、社会科学、生命科学的博士生中，在 5 年内能获得博士学位的比例不到 25%。很显然，花费 7 年时间来完成博士学位似乎更为合理，但即使这样，对于一些学科领域和人群来讲也还是太短了。

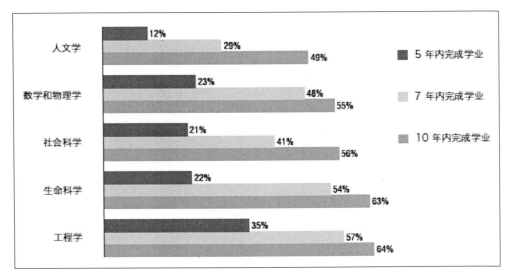

图 5-1 博士毕业率——按领域和年限分类

资料来源：Council of Graduate Schools and Educational Testing Service. *The Path Forward: The Future of Graduate Education in the United States*, Princeton, NJ, Educational Testing Service, 2010, p.31.

（二）博士生不能按时完成学位

博士生不能按时完成学位也是目前美国博士生教育面临的最令人困扰的问题之一，也是目前美国博士生教育所受批评的另一重要方面。通常情况下，学生为了能够攻读博士学位付出了较大的牺牲，并且高等院校也为博士学位

---

6 Council of Graduate Schools and Educational Testing Service, *The Path Forward: The Future of Graduate Education in the United States*, Princeton, NJ, Educational Testing Service, 2010, p.30.

7 Council of Graduate Schools and Educational Testing Service, *The Path Forward: The Future of Graduate Education in the United States*, Princeton, NJ, Educational Testing Service, 2010, p.31.

候选人投入了大量的资金。倘若学生不能按时完成其学位，那么不仅会对学生和所在大学造成直接的经济损失，而且也会造成机会损失，因为未完成博士学位的这个学生占了名额的话，也就意味着很有可能会有一个可以完成学位的人出现在那个位置上。[8]据估计，如果缩短博士生学习的平均时间一年或18个月，将会降低国家培养大量年轻科学技术和工程师的费用，而且将会给更多的博士候选人提供进入这一领域的机会。[9]

（三）博士生辍学率较高

尽管博士生招生选拔的过程非常严格，而且这些攻读博士学位的学生学术水平也非常高，但据估计，博士生的辍学率（attrition rate）也非常高，在40%和 50%之间。即使是那些已经获得了非常有竞争力的博士研究奖学金的博士生，譬如，获得国家科学基金研究生研究奖学金（Graduate Research Fellowship Program of the National Science Foundation），其辍学率仍然是个问题，在这些经过严格选拔的博士生中，其辍学率已经高达25%左右。[10]前美国研究生入学考试委员会主席和杜克大学研究生院院长路易斯·西格尔（Lewis Siegel）将博士生辍学问题视为"目前美国博士生教育的核心问题"。造成博士生辍学的因素是多方面的，在此我们以加州大学伯克利分校的博士生辍学情况予以说明，该校博士生的辍学率通常因学科的不同而有所差别，从生物学领域的29%到语言与文学领域的63%。此外，还有一些因素对加州大学伯克利分校的博士生能否完成学业具有重要的影响，譬如，学生与导师或其它教授的关系、学生对博士生项目以及学校活动的参与情况等。[11]

（四）博士生培养过度专业化

1993 年，约翰·阿姆斯特朗（John A. Armstrong）在《重新思考博士》

8　Council of Graduate Schools and Educational Testing Service, *The Path Forward: The Future of Graduate Education in the United States*, Princeton, NJ, Educational Testing Service, 2010, p.28.

9　John A. Armstrong, "Rethinking the Ph. D.", Massachusetts Institute of Technology, 1993 (10), pp.19-22.

10　Council of Graduate Schools and Educational Testing Service, *The Path Forward: The Future of Graduate Education in the United States*, Princeton, NJ, Educational Testing Service, 2010, p.27.

11　Council of Graduate Schools and Educational Testing Service, *The Path Forward: The Future of Graduate Education in the United States*, Princeton, NJ, Educational Testing Service, 2010, p.28.

（Rethinking the Ph. D）[12]中指出了当前美国博士生教育所存在的一些问题，他认为当前美国博士生陷入了一个悖论。诸多事实都表明，自然科学与工程领域的博士生项目发展状况良好。但与此同时，也面临诸多严重的问题，尤其是问题出在一些新博士方面。对于新博士的培养在知识上过于狭窄，过于以校园为中心以及培养年限过长。此外，许多新博士还存在一些较为狭隘的一套个人职业期望。许多新博士甚至是不知道对于他们来说什么东西最有价值。他们认为他们知道如何去解决一个技术含量较高并且较为专业化的一些问题，譬如，建立和使用分子束装置、设计微处理器或撰写网络协议等。当然，他们真正知道的是如何确定问题并且部分的回答问题。这可能就是"博士生悖论"的一个组成部分。为了在自然科学或工程学研究领域获得一个博士学位，年轻的博士们被期望在自然科学或工程科学领域开展一些原创性的研究。预期博士生们将会询问一套较为狭隘的问题，并且在那个狭隘的范围内展开深入的思考和实验。他们一定知道如何提出问题，确定要解决这个问题需要哪些数据或实验，在获得相关的数据后再去分析、得出结论，并为所得出的这个结论进行辩护。在这个过程中，博士生们发现了如何获得新的技能，包括理解和应用任何一种应用数学的能力等。总之，博士生们学会如何在一个非常复杂的条件下学习。

当然，博士悖论是在一个深层次、专业化探究的过程过程中形成的。事实上，培养自然科学或工程学的专家提供了大量被称为高级技术的多面手。然而，这也进一步使博士生教育面临过度专业化的质疑。培养自然科学的博士生被最好的描述为学徒制模式。即博士生与某位教授在早期就有密切的联系。博士生与教授这种密切的联系，在很大程度上使学徒更加强烈的认为是该教授研究团队中的一员，而不仅仅是某个院系，抑或甚至是某个大学的一员。尽管这种机制是要确保共同的标准，但是学徒的本质是要更多地依赖于某个教授的个性与知识风格。不同群体中的博士生候选人通常总体经历有很大的不同，所以他们不得不满足不同的学术标准。总的说来，这一体系的灵活性可以更好的服务我们。然而，过度专业化的训练对于新工程师或科学家的个人形象常常会产生令人遗憾的结果。过度专业化可以导致看待问题的视角和自信的缺乏。新博士面对寻求专业以外的发展、生产制造或技术管理等

---

12 John A. Armstrong, "Rethinking the Ph. D.", Massachusetts Institute of Technology, 1993 (10), pp.19-22.

方面的问题时，常常感觉到准备不足。与此同时，这种过度专业化的压力也加剧了博士生们大学以外工作经验的缺乏。造成这种过度专业化的因素主要有两个方面：一方面，自然科学和技术领域的研究生课程缺乏严格的要求；另一方面，对于研究生试图将科学技术知识应用于现实环境中时，事实上是缺乏鼓励或者根本不鼓励的因素在阻碍这种方式，所以他们在这一过程中往往会遇到很多的挫折。

二、相关调查研究中对于博士生教育的质疑与批评

面对上述对美国博士生教育的诸多批评与质疑，许多专家学者开始着手对美国的博士生教育开展相关的调查研究，譬如，1999 年由戈尔德（Golde）和多尔（Dore）所负责开展《博士教育与职业调查》（Survey on Doctoral Education and Career）的研究、2000 年由研究生和专业学生国家联合会（National Associate of Graduate and Professional Students）所组织开展的《2000 年美国博士生项目调查》（2000 National Doctoral Program Survey）的研究、2002 年由纳拉德（Nerad）和赛尔尼（Cerny）所负责开展的《博士生——十年以后》（PhDs-Ten Years Later）调查研究等等。其中，2000 年《美国博士生项目调查》是由斯隆基金会（Sloan Foundation）资助，研究集中于学生的学习环境、教师和学生之间的辅导和指导关系、博士生项目的透明度、博士生项目是否鼓励多样性，同时该项调查研究中也提及对博士生教育的相关批评，譬如，研究认为博士生们对于学术以外的就业信息知之甚少等。[13] 总之，在上述三项研究中，都不同程度的对美国博士生教育提出了质疑与批评，在这里主要以 1999 年和 2002 年的调查研究为例予以说明。

（一）1999 年《博士教育与职业调查》研究

1999 年，由佩尤慈善信托基金会（Pew Charitable Trusts）发起，并由戈尔德和多尔联合开展了关于"博士教育与职业调查"的研究，该项调查研究共调查了 27 个主要研究型大学中的 11 门学科（包括艺术史、哲学、英语、历史、社会学、心理学〈非临床〉、分子生物学、化学、地理学、数学），此项研究集中讨论目前博士生的经历以及博士生们是否认为他们所受的教育对他们后续的工作有帮助。

---

13 Nerad, M.. The PhD in the US: Criticisms, Facts, and Remedies [J]. Higher Education Policy, 2004 (17): 183-199.

　　该项调查的最终报告于 2001 年发布，题为《互相误解：当今博士生揭露博士生教育的经历》（At Cross Purposes: What the Experiences of Today's Doctoral Students Reveal About Doctoral Education），在该报告的开篇便提出了这样的质疑，即美国博士生教育满足了当前的需要了吗？研究最终发现，博士生们所接受的培训不仅不是他们所期望的，而且也不是为他们的工作做准备；许多博士生并不是很清楚的理解博士生学习的具体细节、学习的流程以及如何有效的学习。[14]美国博士生教育在整个 20 世纪发生了重大的变化。相应地，博士生教育也一直遭受诸多的质疑，有不少声音呼吁对博士生教育相关的举措进行变革。这种呼吁也引起了国内外学术圈的广泛关注。教师、管理者、专业协会的领导、高等教育的机构以及工商业届的领导们，纷纷对传统的博士生教育中所强调的重点与实践提出了质疑。

　　20 世纪 90 年代，对于博士生教育变革的呼声在大量的报告和会议中被提及，其关注的焦点在于博士生教育是否应当进行变革，以及应当如何变革等。这些批评主要集中于以下三个方面[15]：第一，规模较小的学术工作市场不足以雇佣新的博士生。导致这样的结果主要是因为终身教职数量的减少以及新博士生培养数量的增加。第二，过于专业化的研究训练使新博士生们对于未来教师职业准备不足，尤其是教学方面。所以，改善新博士生们的教学技能是迫在眉睫的，对于博士生们教学技能的改善也是提升本科生教育质量的关键。第三，商业、工业、政府和一些非盈利部门需要智慧型、能力型的员工。然而，博士生们却通常从学术向劳动力市场的转变过程中挣扎着。

（二）2002 年《博士——十年后》调查研究

　　为了更好地了解研究生教育的质量，大学和相关机构需要找出博士学位获得者在完成他们的学业之后后在做什么，并且也需要调查他们的职业路径与他们所受的博士生教育存在什么样的关系。由于对博士生相关的就业情况和博士生项目的评估信息等缺乏系统完整的统计工作，于是华盛顿大学成立了研究生教育创新与研究中心承担了此项重任。该中心主要收集博士毕业生

14　Chris M. Golde & Timothy M. Dore. "At Cross Purposes: What the Experiences of Today's Doctoral Students Reveal About Doctoral Education", http://www.phd-survey.org/report%20final.pdf, 2015-01-08.

15　Chris M. Golde & Timothy M. Dore. "At Cross Purposes: What the Experiences of Today's Doctoral Students Reveal About Doctoral Education", http://www.phd-survey.org/report%20final.pdf, 2015-01-08.

的职业轨迹，同时还收集博士生对于博士生项目质量的评估情况。截至目前，该中心已经开展并完成了三项全国的职业路径研究，即《博士生——十年以后》、《艺术史博士生——十年以后》（Art History Ph. D.s-A Decade Later）以及《社会科学博士生——五年之外》（Social Science Ph. D.s-5 Years Out）。这些数据分析审查了从博士生教育到博士生稳定工作的转变、评估博士生项目、评估博士生学位对于职业和生活的用途、家庭与职业发展的关系，以及对未来博士生项目的改进提出了相关的建议。[16]

《博士——十年以后》[17]的调查研究由安德鲁·梅隆基金会（Andrew Mellon Foundation）和国家科学基金会（National Science Foundation）联合资助，同时也得到了研究生院委员会（Council of Graduate Schools, CGS）和美国大学联合会的支持，由纳拉德及加州大学伯克利分校研究生院的研究团队共同设计。此项研究共调查了美国 61 个博士生授予大学中约 6000 名获得博士学位的人员，并且主要选择了五个学科领域，即生命科学、工程学、人文学科、物理科学和社会科学。调查的主要内容包括被调查对象的就业历史、寻找工作的过程、接受第一份工作和当前职位的影响因素、博士生项目的回归评估[18]以及博士学位的有效性。《博士生——十年以后》的调查研究发现，获得博士学位后的 10-14 年，有 2 / 3 的英语、数学和政治学的博士学位获得者找到了与其专业相关的教授性的工作。一半的生物化学以及 1 / 3 左右的计算机科学和电气工程的博士学位获得者找到了教师的工作。很显然，大部分的博士学位获得者在学术以外的领域工作。

纵观上述 1999 年、2000 年和 2002 年关于美国博士生教育相关方面的研究，可以发现，这三项研究都不同程度的对美国博士生教育提出了相应的质疑与批评。概括而言，这些批评主要集中在如下六个方面[19]：

16　"PhD Career Path Trackin", http://depts.washington.edu/cirgeweb/phd-career-path-tracking/, 2015-01-06.

17　"PhD Ten Years Later", http://depts.washington.edu/cirgeweb/phd-career-path-tracking/phd-holders-in-natural-sciencesengineering/, 2015-01-06.

18　注：此项研究主要采用的是质量的回归评估，关注的是 1996 年或 1997 年这些取得博士学位后的 10-14 年间他们的职业路径，接受博士生教育对于他们寻找工作以及工作满意度方面的调查。（资料来源：Maresi Nerad, "The PhD in the US: Criticisms, Facts, and Remedies", Higher Education Policy, 2004 (17), pp.183-199.）

19　Nerad, M., & Heggclund, M., *Toward a Global Ph. D.? Forces and Forms in Doctoral Education Worldwide*, Washington, D. C., University of Washington Press, 2008, p.288.

第一，博士生的教育和培养过于狭窄。

第二，博士生缺乏关键的职业技能，譬如，在一个团队中有效合作和工作，缺乏组织和管理技能。

第三，博士生的教学授课准备不足。

第四，博士生完成博士学位的耗时太长，并且在有些学科领域里许多博士生根本无法取得学位。

第五，博士生对于学术以外的有关工作和就业的信息了解不足。需要指出的是，以上几个方面的不足在上述其它两项调查研究中也都有所涉及。

第六，博士生完成学位后需花费太长时间去调适至一个稳定的工作状态。

调查结果中关于美国博士生教育批评的前两个方面主要来自学术以外的就业部门，譬如，工业、商业、政府和一些非营利部门。这两个方面的批评反映了对于博士学位的一些传统的观点和认识，即认为博士学位仅仅是通往教师职业路径的"入场券"（entrance ticket）。目前，教师培养研究生的主要目的是将其培养为研究人员或者学者。然而，在《博士生——十年以后》的调查中显示，当问及所调查的博士学位获得者关于他们所接受的博士生教育和所获得的专业训练时，总体上还是倾向于成为一个工业部门的人员，并明确建议博士生项目应当增加课程的广度和跨学科的一些课程。关于美国博士生教育第三方面的批评，即博士生的教学授课准备不足，主要来自那些以教学为主的高等教育机构以及学生自己。关于美国博士生教育第四方面的批评来源于多个方面，譬如，州和国家政策制定者以及研究生院长。关于第五方面的批评主要来源于博士生、博士学位获得者以及一些私立的资助机构。上述三项研究均发现，学生对于学术以外的就业信息非常关注。事实上，与大学管理人员以及院系领导相反的是，所调查的博士生中渴望去从事教师职业的学生只占总体的 50%左右，但这一比例在不同学科领域也会有所不同，许多人文学科和社会科学的学生期望成为教师，还有少许的自然科学的学科也愿意成为教师。第五方面的批评则是目前美国博士生教育中所面临的一个紧张局势。事实上，只有学生强烈要求扩大他们的求职信息以找到合适的工作，而大学管理人员则通过雇佣非终身的临时讲师（通常都是女性）来教授规模日益增加的本科生，并且没有建立充足的终身教职职位，其主要是趋于调和这种就业市场。关于美国博士生教育最后的一个批评，主要是博士们从完成学位到稳定工作这一漫长的转换期。《博士生——十年以后》的研究发现，这些博士学位获得者并没有遵循教师职位的一个平稳的线性路径，即助教、副教授和全职教授。[20]约翰·阿姆斯壮在讨论博士教育的本质以及博士教育如何与工作和职业相联系时就曾指出："新博士生的培养太过狭隘，过于以校园为中心，培养时间也太长。此外，许多博士新生对个人和职业的期待范围也太狭窄。大多数人不知道最有价值的东西是什么。他们认为，自己应该知道的就是怎样解决某些具有高技术含量和高度专业化的问题。事实上，他们真正应该知道的是怎样提出问题，并从强有力的和根本性的原理出发，部分地解决这些问题。"[21]

基于上述的诸多批评与质疑，美国博士生教育的目的和结构在时下也面临诸多挑战，这些挑战主要包括如下几个方面，即管理美国博士生教育与大学研究使命之间的复杂关系；本科生教育；劳动力市场；资助；绩效与治理；以及近年来自全球经济市场的压力。[22]

20 世纪 80 年代末，美国一些主要的出版物，譬如，《纽约时报》（New York Times）与《华尔街日报》（Wall Street Journal）发布了这样一则预言，即 20 世纪 90 年代将会出现博士生短缺的现象。他们之所以会发布这样的预言，也是有一定依据的，主要是由于届时将会有大批的教授退休，以及大学的入学人数预期的增加。而这些出版物所刊登的文章主要是基于 1989 年安德鲁·美仑基金会（Andrew Mellon Foundation）主席的书和 1990 年出版的美国科学促进联合会（American Association for the Advancement of Science）上的总统演讲词，许多大学计划连续扩大他们的研究生项目作为回应。然而，到了 1995 年冷战结束后，随着世界范围内经济的不景气，联邦政府被迫降低预算赤字，相应地，研究生项目扩张的计划也被叫停。于是，对于大学而言，他们也立即开始缩减那些有限的学术工作市场的博士生培养数量。许多大学开始根据国际和国内的动力重新调整他们的博士生培养，主要体现为开始从

---

20 Nerad, M., "The PhD in the US: Criticisms, Facts, and Remedies", Higher Education Policy, 2004 (17), pp.183-199.
21 [美]菲利普·G·阿特巴赫：《为美国高等教育辩护》，别敦荣、陈艺波译，青岛：中国海洋大学出版社，2007 年，217 页。
22 Nerad, M.. & Heggelund, M., *Toward a Global Ph. D.? Forces and Forms in Doctoral Education Worldwide*, Washington, D. C., University of Washington Press, 2008, p.278.

总体上重新思考博士生教育。[23]

1995年，由国家科学委员会（Committee of the National Academies）出版的一份题为《重塑科学家和工程师的研究生教育》（Reshaping Graduate Education of Scientists and Engineers）的报告，引起了广泛而深远的影响，并且为重新思考博士生教育注入了额外的动力。这份报告尖锐的批评当下美国的博士生教育。从1995年开始，诸多变革博士生教育的力量聚集在一起，主要包括《国家学术报告》（National Academies Report）、来自博士生们对博士生教育越来越多的批评（他们通过建立研究生工会）以及州政府对高等学校越来越多的问责要求。与此同时，博士生教育的效果也引起了国家的关注，于是1995年夏天在美国华盛顿召开了一次全国性的博士生教育利益相关者大会。在随后的五年，美国博士生教育引起了越来越多的关注，并且在2000年召开了一次全国性的会议。这次会议由乔迪·尼奎斯特（Jody Nyquist）领导下的"重塑博士"（Re-Envisioning the Ph. D.）组织，并由佩尤慈善信托基金会（Pew Charitable Trusts）资助，联合呼吁对博士生教育进行重新评估，以期确定博士生教育是否确实适合培养学者和研究者来满足社会和世界的需求，同时更好地理解对于美国博士生教育的批评，并寻求应对和解决这些批评的策略。自2001年开始，由于美国联邦政府领导层的一些变化，加之同年9月恐怖主义袭击后美国优先权发生的变化，所以州政府和联邦政府对于研究生教育的基金资助也在逐步削减，此次所涉及的领域主要有生物工艺学和国家安全领域等。近年来，国际学生来美国学习的减少引起了大学和国内组织的广泛关注。因为美国科学和工程学已经对国际学生和学者越来越依赖，所以其需要争取更多的国际人才参与到美国的项目中。此外，美国的学生也需要做好准备好登上国际舞台，并且能够在全球化重压的时代中更好地回应全球的科学技术挑战。[24]

第二节　美国研究型大学博士生教育质量改进的行动

上述美国博士生教育所面临的诸多批评与质疑为全美和地方博士生教育

---

23 Nerad, M.. & Heggelund, M., *Toward a Global Ph. D.? Forces and Forms in Doctoral Education Worldwide*, Washington, D. C., University of Washington Press, 2008, p.287.

24 Nerad, M.. & Heggelund, M., *Toward a Global Ph. D.? Forces and Forms in Doctoral Education Worldwide*, Washington, D. C., University of Washington Press, 2008, pp.287-289.

行动计划的开展起到了一定的推动作用。美国主要通过国家科学基金会、斯隆基金会、福特基金会、研究生院委员会、佩尤慈善信托基金会、伍德罗·威尔逊基金会、卡内基教学促进基金会以及大量大学资助项目等来推动博士生教育的改革，促进博士生教育质量的提升。尤其是私人基金会对美国高等教育系统的资助，几乎资助了美国国内所有的博士生教育改革行动，同时也资助了大量的独立研究机构。[25]这些行动主要包括：

一、美国国家科学基金会的博士生教育质量改进行动

（一）《研究生教育研究和实习项目整合项目》

美国国家科学基金会的《研究生教育研究和实习项目整合项目》（Integrative Graduate Education Research and Traineeship Program, IGERT）行动计划提出，博士生项目的创新主要集中于以论文为基础的研究。其目标主要有如下几个方面[26]：

第一，为了更加独立于教师指导的博士生提供资助，该项资助主要是用于博士生的培养，而不是将款项下拨给博士生指导教师。

第二，为了构建跨学科的博士生培养项目。

第三，为了在以问题为导向和基于论文的研究项目中培养和训练博士生。

第四，为了给学术以外领域的博士生提供成为该领域专门人才的有效途径。

第五，构建博士生项目的结构，为了让学生在最大范围内学习相关的专业技能，从学会如何教学到团队合作、发表论文，再到表达能力、组织能力的学习等；

第六，为了促进博士生项目的多样性。

上述美国国家科学基金会的这项行动计划主要是为学生而不是为教师提供资助。这种从对教师的资助转变为对学生的资助，其重点也落在了学习环境上面。通过这种转变，美国国家科学基金会希望减少取得博士学位的时

---

25 Nerad, M.. & Heggelund, M., *Toward a Global Ph. D.? Forces and Forms in Doctoral Education Worldwide*, Washington, D. C., University of Washington Press, 2008, p.290.

26 Nerad, M.. & Heggelund, M., *Toward a Global Ph. D.? Forces and Forms in Doctoral Education Worldwide*, Washington, D. C., University of Washington Press, 2008, pp.290-291.

间，并且打造未来一代的学者，这些学者能够更好地去应对和解决大规模的工业化社会的问题，而这些问题是通过某个学科或者某个研究者所无法解决的。这项行动计划的意图是要促进研究生教育的文化变革，通过建立研究生新模式以及在一个相对丰富的环境中培养合作研究，从而突破传统学科的界限，这些文化变革主要是为了学生、教师和相关的研究机构。与此同时，这项行动计划的意图还在于推动学生的多种参与和多种准备，并且为了一个多元的，全球参与的工科劳动力群体作贡献。自 2003 年起，该项行动计划也包含了一种国际视野。

（二）《研究生教育和教授会联盟》

美国国家科学基金会的《研究生教育和教授会联盟》（Alliances for Graduate Education and the Professoriate, AGEP）行动计划，其主要目的是为了增加美国公民与常住居民进入自然科学、工程学、技术学和数学领域的数量。研究生教育和教授会联盟有明确的目的，即增加少数族裔群体在上述这些领域的数量，从而增加少数族裔群体的教师职位数量。[27]

二、美国研究生院委员会的博士生教育质量改进行动

美国研究生院委员会开展了一系列的行动计划和项目，其主要目的是为了回应美国博士生教育的变革。

（一）《博士完成计划》

《博士完成计划》（Doctoral Completion Project）是由研究生院委员会牵头，并由美国辉瑞公司（Pfizer Inc.）和福特基金会提供资助。该计划的主要目的是帮助机构制定相关的战略来解决博士生完成率以及博士生学位耗时方面的问题。该计划进一步支持了战略的评估，以便这些机构可以确定哪些战略是有用的，以及为什么采用这些战略。参与的机构将由他们的研究生院院长呈现计划的结果以及在全国范围内信息共享。[28]

（二）《未来师资／未来职业培训计划》

《未来师资／未来职业培训计划》（Preparing Future Faculty/Preparing

---

27 Nerad, M.. & Heggelund, M., *Toward a Global Ph. D.? Forces and Forms in Doctoral Education Worldwide*, Washington, D. C., University of Washington Press, 2008, p.291.
28 Nerad, M.. & Heggelund, M., *Toward a Global Ph. D.? Forces and Forms in Doctoral Education Worldwide*, Washington, D. C., University of Washington Press, 2008, p.292.

Future Professionals）是由佩尤慈善信托基金会于 1933 年发起并提供资助，同时由美国大学联合会和研究生院委员会联合推进，其目标主要是为博士生未来的教师职业角色做准备。目前有大学 295 所机构参与该计划，这些机构中绝大多数是硕士和本科的机构，也有 43 所博士学位授予大学也参与其中。该计划支持并引荐博士生去不同的高等教育机构实习，从而实践博士生们作为教师以及研究者的职责，并且为学术共同体提供服务。该计划安排学生进入不同的机构进行实习，他们在指导教授的指导下开展相关的教学工作，所以博士生会拥有很多的指导教师。[29]简单地说，该计划使许多博士生有机会与来自不同学校的师生一起工作，通过与商业界、工业界和政府机构的合作，使学生有机会在不同类型的工作环境中获得实际的工作经历。[30]

三、卡内基教育促进会的博士生教育质量改进行动

2001 年，卡内基开展了一项五年的计划，即《卡内基博士行动计划》（Carnegie Initiative on the Doctorate），其主要目的是支持院系在构建他们博士生项目中的努力。该行动计划主要集中于调整六大学科领域博士生教育的目的与实践，扩大了学科领域的范围与传统，主要包括化学、教育学、英语、历史、数学以及神经系统学。此项计划关注的学科领域较少，其主要是为了对相关学科进行更好地认识，同时理解不同院系和学科领域的细微差别，从而领会这些学科中的显著差别。此次《博士行动计划》共选择了 84 所院系参与其中，参与的院系就博士生项目的设计和实施展开了深入的交流，最后形成了"为学科准备教师"的构想。[31]

该计划最终的研究成果为 2006 年出版的《博士生教育的前景展望：为学科准备教师》（Envisioning the Future of Doctoral Education: Preparing Stewards of the Discipline），在最后的结论当中提出要建立新型的博士生教育模型。总体来讲，博士生项目的设计主要有四个步骤，教师和学生可以采用这四个步

---

29 Nerad, M.. & Heggelund, M., *Toward a Global Ph. D.? Forces and Forms in Doctoral Education Worldwide*, Washington, D. C., University of Washington Press, 2008, pp.292-293.

30 [美]菲利普·G·阿特巴赫：《为美国高等教育辩护》，别敦荣、陈艺波译，青岛：中国海洋大学出版社，2007 年，211-212 页。

31 Chris M. Golde, George E. Walker, and Associates, *Envisioning the Future of Doctoral Education: Preparing Stewards of the Discipline*, San Francisco, Jossey-Bass, 2006, pp.6-7.

骤奖励一个以学生为中心的博士生教育的简单、理想的模型，这个模型主要是发展教师的知识和智慧。

具体而言，涉及博士生项目新模型的四个步骤如下[32]：

第一步，展望未来学科。学生和教师共需要深思熟虑地详细回答下列问题：对于保存、创造和转化知识、丰富学科以及预知未来诸多学科邻里等，可能存有哪些重要的机会与挑战？第二步，确认博士生在课程方面需知晓与领会的内容。学科知识、经验、技巧以及思维习惯等对于一个新博士来讲是至关重要的，这些将使他们能够有效应对其所面临的挑战以及利用他们新的机会。第三步，构建博士生项目的目标。该项目的教师和学生构建了一系列共同的目标和预期的结果，让博士生完成这一特殊的项目——毕业博士将进入不同的职业和分支学科。第四步，设计博士生项目。目前院系成员已经准备详细的设计其博士生项目，分配资源、创建特殊元素与要求，譬如，课程论文、课程评估与课程辅导等。

四、伍德罗·威尔逊基金会的博士生教育质量改进行动

《博士积极行动》（The Responsive PhD）是由伍德罗·威尔逊基金会（Woodrow Wilson Foundation）提供资助，该行动计划的主要关注点不直接指向学生或院系。相反，该行动计划更多的是支持学院院长、部门主任以及院系主任等大学领导者的改革。该行动计划通过参与者共享他们的成功经验，介绍其在博士生教育中最成功的实践，尤其是这些实践的实施过程。基金会会为这些信息共享的会议提供资助，并且对于那些期望践行某一成功实践的院校机构提供其它的一些财政支持。

总体来讲，《博士积极行动》计划明确提出了四项全国性的议题：第一，促进研究生教育和教授会的多样性。第二，确保学术性知识应用于社会挑战，以及推动"公共奖学金"的设立。第三，理解全球化对于博士生教育的影响。第四，为博士生在更广范围内就业提供准备。[33]

---

32 Chris M. Golde, George E. Walker, and Associates, *Envisioning the Future of Doctoral Education: Preparing Stewards of the Discipline*, San Francisco, Jossey-Bass, 2006, pp.424.

33 Nerad, M.. & Heggelund, M., *Toward a Global Ph. D.? Forces and Forms in Doctoral Education Worldwide*, Washington, D. C., University of Washington Press, 2008, p.293.

五、安德鲁·美仑基金会的博士生教育质量改进运动

1991年，安德鲁·美仑基金会（Andrew Mellon Foundation）发起了一项《研究生教育行动计划》（Graduate Education Initiative, GEI），该行动计划旨在改善人文学科和社会学科领域博士生项目的结构和组织。这种改变是解决博士生高流失率和完成博士学位耗时过长的问题。当流失率和完成博士学位耗时被认为对于博士生自身以及学位寻求者都非常重要的时候，这两个方面也被看做是评估博士生项目有效性的重要指标。《研究生教育行动计划》设计者的一个重要目的是鼓励各院系建立激励结构（incentive structures），从而鼓励博士生及时跟进，其研究进度，顺利获得博士学位。[34]

在博士生项目中，关于博士生高流失率和完成博士学位耗时过长主要有以下几个特点，即预期的不明确性（unclear expectations）、课程的重复性（a proliferation of courses）、复杂且有时相互矛盾的要求（elaborate and sometimes conflicting requirements）、断断续续的指导（intermittent supervision）、认识论基础上的分歧（epistemological disagreements on fundamentals and not least）、资助的不足（inadequate funding）等。当时预计20世纪90年代将会在人文学科领域发生教师短缺现象，所以设定了一个这样的目标：如果有足够多的在读博士生，那么就要努力减少博士生的辍学率，尤其是让他们能够按时且及时的完成其博士学位。[35]

六、研究生创新与研究中心／福特基金会／盖蒂格兰特基金会的博士生教育质量改进行动

福特基金会建立华盛顿大学研究生教育创新与研究中心，对研究生教育的结果开展了全国性的调查，包括取得博士学位人员的职业路径以及这些博士学位持有者的研究生教育评估。博士生活处于家庭和职业的交叉路口，无论对于男性还是女性而言，都是分析职业路径的一个重要议题。[36]

---

34 Ronald G. Ehrenberg, Zuckerman, H., Groen, J. & Sharon M. Brucker, "The Graduate Education Initiative: Description and Preliminary Findings", http://www.ilr.cornell.edu/cheri/workingPapers/upload/cheri_wp91.pdf, 2015-01-10.

35 Ronald G. Ehrenberg, Zuckerman, H., Groen, J. & Sharon M. Brucker,, "The Graduate Education Initiative: Description and Preliminary Findings,", http://www.ilr.cornell.edu/cheri/workingPapers/upload/cheri_wp91.pdf, 2015-01-10.

36 Nerad, M.. & Heggelund, M., *Toward a Global Ph. D.? Forces and Forms in Doctoral Education Worldwide*, Washington, D. C., University of Washington Press, 2008, pp.293-294.

（一）《艺术史博士生——十年以后》

《艺术史博士生——十年以后》[37]（PhDs in Art History-Over a Decade Later）由盖蒂格兰特基金会（Getty Grant Foundation）资助，调查了 1985 至 1991 学年间毕业于美国艺术和建筑史专业的所有获得学位的博士生，调查内容集中于博士生从获得博士学位到现在的就业历史，以及职业和家庭的交汇情况。此外，该调查还询问了博士生的职业目标、既往工作经历、寻找工作的过程、接受第一份工作和当前职位的影响因素、博士生项目的回归评估以及博士学位的有效性、出版物的类型、专业机构中的成员、个人基本信息等。该调查研究主要有八个方面的发现：第一，尽管艺术史是一个女性占多大多数的领域（约 70%女性），但是男性拥有终身职位的数量不仅多，而且用时也较短。他们的收入往往也比女性要高，并且在所在工作机构中比女性有更高的声望。第二，职业成就中主要的性别差异在于家庭状况（婚姻和孩子）。男性从婚姻和父亲的身份中获益，而女性则在婚姻和母亲的身份中处于劣势。单身女士的职业成就往往与已婚男士相同。第三，双职工家庭影响职业走向。第四，在被调查的博士中，他们绝大多数的工作与其所研究的领域有关。第五，学术职业和博物馆职业的差距较大，部门之间几乎不存在交叉。第六，论文指导教师主要鼓励博士生从事学术职业。第七，工作的满意度较高，尤其是博物馆职业和终身教授。第八，被调查的博士生褒奖了他们的教育，但是批评了其所受的指导、工作准备等。

（二）《社会科学博士生——五年之外》

《社会科学博士生——五年之外》（Social Science PhD-Five+ Years Out）是研究生教育创新与研究中心的第三次，也是最新一次的调查研究，开展于 2005-2006 年，由福特基金会（Ford Foundation）资助。该研究主要是一种回归项目评估的，对博士生的职业路径展开调查，共调查了美国 65 所大学，主要涉及的学科领域有六个，即人类学、通信、地理学、历史、政治学和社会学。[38]该调查研究主要有八个方面的发现：第一，许多社会科学的博士生用他们所受的教育最终获得了满意的全职工作，但约有 58%的博士之后获得的第

---

37 "PhDs in Art History-Over a Decade Later", http://depts.washington.edu/cirgeweb/phds-in-art-history-over-a-decade-later/, 2015-01-07.

38 "Social Sciences PhDs-Five Years Out", http://depts.washington.edu/cirgeweb/phd-career-path-tracking/2261-2/, 2015-01-08.

一份工作是兼职的或是临时的。第二，在所调查的社会科学博士生中（博士之后 6-10 年），有 63%是终身职位的或是终身教授，19%在学院和大学中其它岗位工作，并且有 18%在工商、政府和非盈利部门工作。第三，男性和女性在最开始的终身教职岗位中是平等的，但是女性受到更多的工作和家庭的压力，成为单身女性的几率很大，并且放弃生孩子的意愿，远远滞后于男性。第四，在所调查的博士生中，他们对博士生教育在分析问题能力方面的培养给予了较高的评价，但他们认为博士生项目对于其职业准备和社会化方面有很多缺陷。第五，少数（约 39%）的博士生认为其博士生项目在教学方面可以获得正规培训。第六，在社会科学领域反映出博士生学习的有效性，他们认为所有的课程和工作分类对其当前工作都"非常重要"：批判性思维、数据分析和整合以及写作和发表论文等。第七，博士生常常认为他们的项目对于训练其在研究设计、写作和出版等方面做得不够好。第八，能力对于许多博士生的工作确实非常重要，其中就包括团队工作、沟通技巧、跨学科背景下工作以及人事管理和预算。[39]

上述这些行动计划和研究活动对博士生教育产生了巨大的影响，而且这也是推动博士生教育变革的重要力量。他们采用不同的方法和策略，以努力带来关于期望中的变革，并且通过这些努力作用于学生、院系、院长和大学。无论是从范围还是影响而言，这些行动计划和项目对于美国博士生教育的变革都是巨大的。他们都承认博士生项目的主要批评，并且为博士生教育的革新提供了一个对话与交流的平台。除了美国国家科学基金会所资助的行动项目之外，他们都为践行最好的实践提供了一定的财政激励。在大多数情况下，他们呼吁一种道德上的责任，而这种责任是变革所需要的，并且是为了大学管理者们的一种善举。这些行动计划中所提出的所有建议以及可见的国家范围内的变革，都是为了提升各参与院系的地位。[40]

加州大学伯克利分校也长期坚持博士生教育评估制度，其目的是要通过评估来发现各院、系研究生教育中存在的问题和不适应方面，并制订各单位和学校的改进计划。在博士生教育评估中，他们把教学质量、教学管理水平、社会适应等作为重点，并对毕业生开展了一系列的调查研究。可以说，

39　Nerad, M., *Social Science PhDs-Five+ Years Out*, Center for Innovation and Research in Graduate Educaiton, 2006, p.22.
40　Nerad, M.. & Heggelund, M., *Toward a Global Ph. D.? Forces and Forms in Doctoral Education Worldwide*, Washington, D. C., University of Washington Press, 2008, p.294.

加州大学伯克利分校这种持续不断地调查和评估，其意义是重大的：使相关部门及时且全面地把握博士生教育的相关信息；使博士生培养单位适时地调整其具体的培养方案；对博士生的专业设置、课程设置，甚至是资金投放都具有一定的指导意义；对博士生教育未来的发展以及社会需求等做出一定的预测；有助于整个博士生教育质量的全面提升等。

第三节　美国研究型大学博士生教育质量改进的策略

如前所述，尽管美国博士生教育在过去多年的改革与发展中取得了巨大的成就，但同样也遭到了来自学界内外的质疑与批评。对此，许多专家学者开始着手对美国的博士生教育开展相关的调查研究，并采取了一系列的质量改进行动，如美国研究生院委员会、华盛顿大学研究生教育创新与研究中心、美国国家科学院专门委员会（Council of National Academy of Science）等纷纷开展博士生教育质量改进行动，以此推动博士生教育质量的改进。具体而言，美国博士生教育质量改进的策略表现在如下几个方面：

一、加大对博士生教育的财政支持力度

财政支持在博士生教育中的作用是不言而喻的，它不仅对博士生具有很强的现实意义，而且对于各院系同样具有重要的作用。相关研究也显示：对于大多数博士生来说，财政支持是影响他们能否获得博士学位最为关键的因素。[41]正是由于财政支持的重要性，所以许多研究生院长们也将博士生教育的财政支持视为最为关注的问题之一，如2009年美国研究生院委员会的调查显示：几乎一半的研究生院院长反映，目前他们面临的最为紧迫的问题之一便是博士生的财政支持问题，而来自公立高等院校的研究生院院长们则更是将博士生的财政支持问题视为最紧迫性的问题。[42]

美国博士生教育的资助模式较为复杂，其资助渠道主要有联邦政府、州政府、学生学费、慈善基金会、大学捐赠基金等。新世纪以来，由于经济的不景气，联邦政府和州政府对高等教育的公共投资逐渐缩减，公立大学在此过

---

41 Council of Graduate Schools and Educational Testing Service. *The Path Forward: The Future of Graduate Education in the United States*, Princeton, NJ, Educational Testing Service, 2010, p.16.

42 Council of Graduate Schools and Educational Testing Service. *The Path Forward: The Future of Graduate Education in the United States*, Princeton, NJ, Educational Testing Service, 2010, pp.37-38.

程中获得政府的资助开始减少。因此在一定程度上，经费问题也困扰和阻碍了美国博士生教育的稳步发展。尽管如此，联邦政府、州政府将继续成为博士生教育中学术研究与发展的主要资助者，譬如，社会科学和人文学科领域、STEM 领域（即科学、技术、工程和数学）等等，以期确保相关领域研究工作的顺利进行。面对联邦政府和州政府资助的锐减以及高校科研经费的日益剧增，许多高等院校除了依托政府拨款获得资助外，试图通过其他途径来筹措博士生教育的经费。其中最为突出的是，加强第三方对博士生教育的资助力度，如国家科学基金会、福特基金会、佩尤慈善信托基金会、卡内基教学促进基金会以及私人基金会等。[43]当然，除了第三方的资助外，博士生常常会通过助教、助研和助管等助学金以及各类奖学金等形式获得一定的资助，以确保他们可以在一个合理的期限内完成博士学位论文。在高等教育问责的整体大背景下，对博士学位完成情况的关注是非常重要的。加大对博士生教育的财政支持力度，不仅对于研究生院和高校在提高博士毕业率方面具有重要作用，而且对于吸引来自全球一流的学者和生源及保持美国在新世纪全球经济的领导力与竞争力不无裨益。

二、重视"跨学科"在博士生教育中的作用

随着不同学科间交叉与融合的日益密切，美国在博士生培养过程中非常重视跨学科的重要作用，这不仅是美国博士生教育质量改进过程中的关键一环，同时也成为当今博士生教育改革的一个重要趋向。由于知识的创造和革新常常与不同的学科有着密不可分的关系，这在很大程度上也突显出跨学科研究的重要作用。加之，目前许多问题是某一单一学科无法有效解决的，所以许多成功的跨学科博士生项目为诸多社会问题的解决提供了创新的解决方案。

为了更好的顺应博士生教育的跨学科趋向、推动学科间的知识创新与合作以及培养掌握多学科知识的创新型人才，新世纪以来美国在博士生教育改革方面采取了相应的改革策略。其中，最为突出的一点便是加强"跨学科博士生项目"的开展，旨在增强知识的创造与革新。一方面，美国许多高水平大学在开展跨学科博士生项目方面进行了有益探索。如加州大学伯克利分校打破了一些传统的学科部门边界，融合多个学科领域的博士生项目，他们要求学生掌握不同领域的核心知识。通常情况下，这些跨学科的博士生项目由一些

---

43 Nerad, M.. & Heggelund, M., *Toward a Global Ph. D.? Forces and Forms in Doctoral Education Worldwide*, Washington, D. C., University of Washington Press, 2008, p.290.

来自不同学科部门的教授共同组成的"跨学科研究生小组"（interdisciplinary graduate group）来管理。[44]另一方面，在推动跨学科博士生项目的发展过程中，一些基金会和研究院也发挥了重要作用。譬如，美国国家科学基金会支持的"研究生教育与科研训练整合项目"（Integrated Graduate Education Research And Training, IGERT），通过构建跨学科的博士生培养项目，以期博士生具备跨学科的知识结构，掌握若干学科领域的知识，让学生熟练掌握相关的专业技能，成为未来改革与创造的领导者；[45]美国国立卫生研究院（National Institutes of Health）支持的"跨学科研究奖"（Interdisciplinary Research Awards），旨在确保跨学科博士生项目的顺利开展与实施等。

三、通过提高博士生教育质量等吸引国际优秀学生

由于诸多方面竞争的压力，美国研究型大学在博士生教育改进建议中均强调要广泛吸引国际优秀学生。其中，最主要的两条建议则是努力提高博士生教育质量和简化签证程序。

《21世纪的国防教育法》中指出，虽然美国的研究生教育和研究为美国的经济繁荣发展以及国家安全等方面作出了巨大贡献，但是近年来美国研究生院在吸引世界范围内的一流学生和一流学者过程中渐趋丧失了以前的那种竞争力。其研究生教育也面临诸多方面的问题。譬如，美国科学与工程领域的研究生比例正在减少；美国少数族裔群体攻读研究生的比例正在减少；来自国外的留学生比例逐渐减少；美国社会正在经历知识激增和错综复杂的变化等等。这已经不是美国第一次遇到保持经济竞争力和维护国家安全的双重挑战了。[46]因此，在未来的发展中需要不断进行博士生教育的改革，努力提升

---

44 "The UC Berkeley. Graduate Education Degrees", http://guide.berkeley.edu/graduate/education/#degreestext, 2015-04-26.

45 Nerad, M.. & Heggelund, M., *Toward a Global Ph. D.? Forces and Forms in Doctoral Education Worldwide*, Washington, D. C., University of Washington Press, 2008, pp.290-291.

46 注：早在冷战期间和苏联卫星发生的时代，美国就认为要维护国家安全就需要保持强大的博士生教育和科学事业。而在这个过程中1958年所颁布的《国防教育法》扮演了非常重要的角色，该法案对于美国博士生教育的数量与质量的发展均发挥了重要作用，所以后来学者们认为《国防教育法》是美国近50年来制定的最重要的法律之一。然而，面对新的挑战应当有新的应对策略，美国需继续支持研究生教育的发展，开展新的研究生教育项目。所以在这一过程新的《国防教育法》便颁布，即《21世纪的国防教育法》。

博士生教育的质量，从而增强优质生源的吸引力，继而保持经济的竞争力和维护国家安全。

长期以来，美国被认为是求学与开展研究最具吸引力的地方。然而，自从 2001 年恐怖袭击之后，国际学生参与研究生项目的比例有所下降。美国研究委员会发现，美国的国际学生数量在 2005 年至 2006 年期间有所恢复。美国之所以能够扭转国际学生入学比例下降这一态势，主要是因为美国联邦政府所采取的相关政策，譬如，简化签证程序、研究生外联工作的努力等等。虽然在吸引国际学生方面取得了一定的成绩，但是美国需继续采取相关政策鼓励国际学生在美国学习和深造。[47]

四、强调博士生教育要为博士生的职业生涯做准备

如前所述，传统观点认为博士学位仅仅是通往教师职业路径的"入场券"（entrance ticket）。且目前大学基本上还是按照培养研究人员、学者抑或教师的传统模式在培养博士生。然而，"在许多学科领域中，只有少数，有时甚至是极少数人能够获得学术界的职位。许多博士学位获得者进入了产业界工作，包括一些崭新的领域如生物科技、咨询公司等。"[48]《博士生——十年以后》的研究也揭示，许多博士学位获得者们总体上还是倾向于在工业部门工作。[49]这在很大程度上也引起了国内外学术圈的广泛关注，教师、管理者、专业协会、高等教育的机构以及工商业界的领导们，纷纷提出应该对传统的博士生教育中所强调的重点与实践进行变革。

诚然，博士生教育的核心任务是获得其领域的深度知识，并且知晓如何开展原创性的研究。但是，在长期的博士生学习过程中，除了拥有实现个人潜力、获得社会知识以及分析问题等方面能力外，还需获得大学内外劳动力市场所需的附加能力。因此，新世纪以来美国博士生教育为了有效应对这一问题，采取了相应的改革措施。一是评估博士职业。为了对劳动力市场的有效回应，在实际中需要更多的了解博士学位获得者的情况以及他们在博士阶段所接受的教育对其目前所从事职业的准备情况。二是变革传统观念，打破

---

47 *Graduate Education: The Backbone of American Competitiveness and Innovation*, Council of Graduate Schools, 2007,pp.1-23.

48 [美]菲利普·G·阿特巴赫：〈美国博士教育的现状与问题〉，载《教育研究》，2004年第 6 期。

49 Nerad, M.. & Heggelund, M., *Toward a Global Ph. D.? Forces and Forms in Doctoral Education Worldwide*, Washington, D. C., University of Washington Press, 2008, p.288.

传统教师职业生涯的顽固神话，让学生对劳动力市场有较为深刻的理解，即劳动力市场在博士生的学术领域是如何真实有效存在的。[50]三是改革博士生课程。为那些在未来打算从事非学术研究工作的博士生增设一些课程，使学生不仅可以掌握相关的职业技能，同时能够了解关于工商、政府以及非盈利部门职位的相关信息，从而满足他们未来发展的需要。

五、加强大学与企业、政府等的多方合作

博士生教育是未来知识的创造者和革新者，它对经济的发展与繁荣以及国家的安全等具有直接的影响。数十年来，美国和相当多的国际学生都认为选择在美国攻读博士学位以及在美国就业是他们的首选，但事实却表明这种观念正在发生改变。[51]尤其自恐怖袭击之后，国际学生参与博士生项目的比例有所下降。虽然后期这一比例有所恢复，但是为了进一步加强博士生教育的竞争力和创新力，美国采取了相应的改革策略，即加强大学与企业、政府等多方的合作，共同致力于博士生创新力的提升。

经过高级训练的劳动力在知识创造和专业实践方面是领先的，这是美国未来经济竞争力和国家安全的关键因素。博士生教育作为美国高等教育系统的重要组成部分，必须将创新力与竞争力作为国家战略的一部分。而大学、（私人）企业和政府在提供完成这些目标所需的专门知识和相关资源方面具有重要作用。因此，美国博士生教育在发展过程中也采取了相应的改革措施。许多研究生院提供了一些革新的项目，在项目运行中注重加强同企业与政府方面的有效合作。譬如，一些研究型大学与汽车、石油、天然气和电力公司合作，共同寻求新的技术来缓解温室气体的排放，从而有效解决全球变暖所产生的后果等。[52]同时，企业与大学之间的合作，也为了确保美国从生产制造到服务经济这一变革中做好准备，而在这一过程中，博士生的重要性也进一步得到突显，因为他们在解决一些技术或商业问题时可以提供相关的知识和技能。此外，不断加强博士生的专业实践，使其可以直接应对来自商业、政府以及非盈利部门劳动力的变革，而联邦政府则继续成为学术研究与发展

---

50 Nerad, M., *Social Science PhDs-Five+ Years Out*, Center for Innovation and Research in Graduate Education, 2006, pp.22-24.

51 *Graduate Education: The Backbone of American Competitiveness and Innovation*, Council of Graduate Schools, 2007, pp.1-23.

52 *Graduate Education: The Backbone of American Competitiveness and Innovation*, Council of Graduate Schools, 2007, pp.9-15.

的主要资助者，如社会科学和人文学科领域、STEM 领域（即科学、技术、工程和数学）等等。[53]

六、进一步完善博士生教育的质量评估

质量评估在博士生教育中的重要作用不言而喻，然而对于"质量"的评估却并非易事。对于博士生教育质量的评估更是如此，其评估可能既简单又复杂。说其简单，是因为我们可以比较容易地评估学术共同体中那些最知名学者的学术贡献。说其艰难复杂，是因为越处于正规学习的更高层次，教育越成为一种自我教育，除了教师质量被认为是重要的之外，还有其它很多因素。[54]美国博士生教育质量评估模式可追溯到 1924 年，至此之后，也出现了一大批相关的调查研究工作，如 1934 年休格斯的研究项目，1957 年肯尼斯顿的研究、1964 年卡特的研究、1970 年鲁斯-安德森的研究、1982 年琼斯的研究、1993 年美国研究委员会的研究等等。

纵观美国博士生教育质量评估模式的变革，可以看出，20 世纪 80、90 年代以前，美国博士生教育的质量评估基本上属于"声望评估"。然而新世纪以来，美国博士生教育的质量评估则在以往注重"排名"和"声望评估"的方式方法上进行了较大变革，重点融入了可以量化的指标体系。具体而言，博士生教育质量评估的指标体系主要涉及三大类：第一类为教师研究活动——教师人均发表论文数、论文的引用率、教师获得资助的比例、教师获得奖励的比例等；第二类为学生资助和毕业出路——第一年获得全额资助学生的比例、在六年或八年内完成博士学位的比例、全日制和非全日制博士生获得学位的时间、博士毕业生在学术机构就职的比例；第三类为学术环境的多样性——非亚裔少数族裔教师的比例、女教师的比例、非亚裔少数族裔学生的比例、女学生的比例、国际学生的比例等。[55]这些可量化的质量评估指标体系的融入，不仅更为客观的评估了美国博士生教育的质量，而且也促进高等院校采用一定的基准来改善其博士生教育的质量。

---

53 *Graduate Education: The Backbone of American Competitiveness and Innovation*, Council of Graduate Schools, 2007, pp.1-23.

54 Allan M. Cartter, *An Assessment of Quality in Graduate Education*, Washington, D. C., American Council on Education, 1966, p.3.

55 Jeremiah P. Ostriker, Charlotte V. Kuh & James A. Voytuk, *A Data-Based Assessment of Research-Doctorate Programs in the United States*, Washington, D. C., The National Academies Press, 2000, pp.68-71.

正如我们所看到的，在批评美国博士生教育过程中，博士生们也扮演了非常重要的角色。博士生们批评的不仅仅是美国博士生教育的内容和结构，还包括博士教育的培养过程。他们呼吁在博士生教育过程中能够有更多的跨学科方式，并且能够与"真实"的世界有一个更为密切的联系。然而，绝大多数的批评集中在博士生的培养过程，譬如，在博士生教育中与教师和同辈的交互时间，博士生相关知识与技能的掌握，这些知识与技能不仅对他们成为相关领域的学者具有重要作用，而且在学术界内外也可以发挥一定的作用。博士生感兴趣的是用其博士学位找到一份满意的工作，但这并不意味着他们单一的职业取向。他们想在寻求工作时能够拥有高度的自治权，以他们的知识作为有效的竞争力。他们想申请接受学术训练，以期能够解决现实工作中的真实问题。在美国，人们拥有博士学位并非是为了找寻一份收入不错的工作。当前博士学位获得者仍然将教育的价值归因于超越纯经济的目的，并且这也是实事求是的。[56]为了让大学能够倾听并关注他们作为助教的条件，博士生们发起了一项全国的调查，成立了研究生工会，并与美国汽车与运输工会（American Automobile and Transportation Union）大型的工会组织联合，譬如，加州大学伯克利分校、纽约大学、耶鲁大学、威斯康星大学、华盛顿大学等都立了工会。博士生知道大学管理者担心对其机构有负面的宣传，所以利用了媒体来宣传他们的策略。事实上，这种负面的打压也对许多大学造成了巨大压力，迫使他们开始重新思考博士生教育，并采取相关措施改进博士生教育质量。[57]然而，美国研究生教育并不像其批评者们所认为的那样与真实世界隔离，相反，它一直在回应知识与科学的发展，也对发生在科学技术、学生及公众利益方面的变革作出了反应。在这种背景下，研究生教育领域所发生的最显著的变革，或许与人们把获得高等教育看成是生活方式的一部分相关。在博士教育层次，人们主要关注博士生教育是如何为学习者的工作和职业做准备的，而其工作和职业与其作为学者所接受的教育又是相关联的。[58]

---

56 Nerad, M., "The PhD in the US: Criticisms, Facts, and Remedies", Higher Education Policy, 2004 (17), pp.183-199.

57 Nerad, M., "The PhD in the US: Criticisms, Facts, and Remedies", Higher Education Policy, 2004 (17), pp.183-199.

58 [美]菲利普·G·阿特巴赫：《为美国高等教育辩护》，别敦荣、陈艺波译，青岛：中国海洋大学出版社，2007年，211-212页。

如前所述，美国的博士生教育在世界范围内得到了广泛认可，但不可否认也存在一定的问题。尽管美国博士生教育面临了诸多的质疑与批评，但博士生教育并不像其批评者们所认为的那样一直与现实世界相隔离，相反，他们在对知识、科学、公共利益等方面积极做出回应的同时，也从未放弃对高质量博士生教育的追求。纵观美国博士生教育的质量改进，可以看出，其质量改进策略的提出主要是针对博士生教育所面临的质疑与批评而提出来的，不仅在保障和促进美国博士生教育质量的提升方面发挥了重要的作用，而且对于我们更好地理解和把握新世纪以来美国博士生教育质量改进的精髓具有重要的作用。总体而言，美国博士生教育在质疑与批评中依然坚守着高质量发展的信念，在新时期不断探索博士生教育质量提升的有效策略，以期能够更好地推动美国博士生教育的持续发展以及质量的稳步提升。然而需要指出的是，即使是最有效的质量改进策略，在实践中也不可能立竿见影，因此美国博士生教育质量改进策略的实施效果还有待进一步窥视。

"质量三部曲"理论中的"三部曲"是一个往复循环的过程，即它解决了博士生教育发展中的一些质量问题，但同时又会出现一些新的质量问题。譬如，前面我们谈到美国博士生教育质量的变迁，之所以称之为"变迁"，也即是说明其博士生教育质量保障是在不断地发展、不断地变化，是一个螺旋的过程。因此，此部分所谈及的美国研究型大学博士生教育质量保障中的质量改进，它并非是一个静止的概念，也并非是质量保障活动的结束，其博士生教育质量保障在未来的发展中还会面临新的问题。简单地说，美国研究型大学博士生的质量改进将通过不断地"突破"——新的质量策划——新的质量控制，从而达到"新的质量改进"。

第六章 中美研究型大学博士生教育质量保障体系中的"三部曲"比较与分析

> 比较教育重要的任务是要对各国教育及具体的教育观念、教育制度加以比较，在比较中才能把握各国教育的特点，才能达到国际理解……
>
> ——顾明远

通过全面分析美国研究型大学博士生教育质量保障体系中的质量策划、质量控制和质量改进，这在很大程度上对于把握美国研究型大学博士生教育质量保障体系中所涉及的相关问题具有重要的作用。在此基础上，进一步运用"质量三部曲理论"反观和审视我国研究型大学博士生教育质量保障体系，继而从比较的视角全面窥视中美研究型大学博士生教育质量保障体系中的质量策划、质量控制和质量改进，以期在反思批判中认识到我国研究型大学博士生教育质量保障体系中的不足以及未来改进和努力的方向。

第一节 中美研究型大学博士生教育质量策划的比较与分析

纵观美国研究型大学博士生教育的质量策划可以看出，联邦政府和州政府主要通过相应的途径对博士生教育实施宏观方面的管理，而具体的实施主体则落在了研究型大学。在美国研究型大学博士生教育质量策划中主要涉及三个方面的问题，即质量标准建设问题、法律法规建设问题、认证制度问题。[1]因此，此部分将外观美国研究型大学博士生教育质量策划相关问题的基础上，进一步内联我国研究型大学博士生教育质量策划，以期从比较的视角全面分析中美研究型大学博士生教育质量策划中的质量标准建设问题和法律法规建设问题。

一、关于质量标准建设方面的比较与分析

由于美国并没有统一的高等教育质量标准，所以各高等院校的发展都具有较强的办学自主权，不管是招生入学，还是课程设置、结果评价等方面均存在较大的差异。然而，在博士生招生录取时，各高等院校一般都会考虑如下几个标准，即学生本科阶段的平均成绩、研究生入学考试成绩以及三封推荐信，[2]在满足了这三个基本条件和标准之后，各高等院校将会进一步根据其办学使命、院系特点、专业要求等一系列因素适时增加一些其它的标准，以期对申请者进行全面的审核，从而在起点上保障博士生教育的质量。为了更进一步规范美国博士生教育的质量标准，相关的认证制度便发挥了重要的作用。如前所述，美国的认证实际上是一种内部化的活动，其质量评估并非是由外部的"他们"所决定的，而是由内部的"我们"所决定的。认证制度中明确规定了博士生教育中相关专业应当达成的具体标准和要求，博士生教育只有达到所规定的标准和要求，才能通过相关认证机构的认可。这在很大程度上，不仅使高等院校博士生教育的发展尽可能免除政治因素的困扰，同时也从客观上推动了博士生教育不断朝着规范化与标准化的方向发展。

关注博士生教育质量，提高博士生教育质量，就是要实现整个博士生教育系统各个要素之间的相互配合与协作，而在这一过程中，博士生教育的质量标准也便突显出更为重要的意义。不断完善博士生教育质量标准体系，是博士生教育质量保障体系建设的前提条件。在很大程度上，博士生教育质量标准的完善，不仅对于增强博士生教育的全球竞争力具有重要作用，而且对于创建世界一流教育体系以及完善自身的教育体系不无裨益。和美国不同的是，我国博士生教育在质量策划过程中，国家起着绝对的主导作用。尽管自

1　注：由于该问题和外部质量控制有部分内容重合，因此将在接下来的外部质量控制中进行讨论。

2　Vernardakis, G., *Graduate Education Government: In England, France, and the United States*, New York, University Press of America, Inc, 1998, pp.19-20.

20 世纪 90 年代国家逐步下放了一些权力给博士生导师，但是国家主导的地位在博士生教育和培养环节并没有发生本质性的改变，国家依然控制着博士生的招生、招生方式、学制等。我国采取国家学位制度，这不仅体现在国家对学位标准有着统一的和较为明确的要求，还体现在国家对博士生培养机构、导师、博士生的资格与条件以及博士生培养的数量、培养过程所涉及的基本环节有着严格规定，甚至所有的学位证书都需要中央机构加以认可。[3]就目前博士生教育质量标准建设而言，我国已经开始了相关方面的探索。可以说，自我国恢复博士生教育以来，政府和各培养单位就特别重视博士生教育的质量问题。尽管我国博士生教育一直以来受到来自政府和国家层面的影响较多，但是在《国家中长期教育改革与发展规划纲要（2010-2020）》颁布之前，我国博士生教育并没有一个国家层面的质量策划，仅仅在《中华人民共和国学位条例》中对博士学位的一些基本要求做了简单的规定，这对博士生教育的质量产生了重大的影响，导致我国博士生的培养质量没有可以参考的标准。尤其是近年来，随着我国博士生教育招生规模的不断扩大，博士生教育中所出现的一系列问题使得人们对相关的政策和制度产生了质疑。

二、关于法律法规建设方面的比较与分析

相对于其它国家的高等教育系统而言，美国不是中央集权式的管理方式。康奈尔（McConnell）于 1957 年曾指出：美国高等教育并没有"体系"一说。可以肯定的说，将来美国也不会有。其高等教育最明显的特征便是多样性，具体表现在资助、控制、组织、目标、专业以及学生的多样性等方面。[4]所有的高等教育机构都是由地方层面予以组织，也就是说高等教育机构由各州负责管理。美国联邦政府的角色主要是提供学生补助金以及相关的研究经费。美国高等教育系统是高度多样化与高度分权化的，截止到 2006 年，有超过 4300 个高等教育学位授予机构，以及 2200 余个非学位授予机构，他们在规模、复杂性、使命和学术项目的类型、资助以及管理等方面都存在着诸多方面的不同。[5]如前所述，美国联邦政府并没有建立高等教育部来管理高

3　郭建如：〈我国高校博士生教育质量保障：制度与文化分析〉，载《高等教育研究》，2012 年第 6 期。

4　Bernhard, A., "Quality Assurance in an International Higher Education Area: A Case Study Approach and Comparative Analysis", PhD diss., University of Klagenfurt, 2011.

5　Bernhard, A., "Quality Assurance in an International Higher Education Area: A Case Study Approach and Comparative Analysis", PhD diss., University of Klagenfurt, 2011.

等教育的事务，但近年来联邦政府又对高等教育的关注投入了极大的热情。因此，美国对高等教育的宏观管理的职责便落在了州政府上。然而，由于美国高等教育长期分权的传统，导致州政府的管理权限也受到一定的限制，对各高等教育机构以及各院校内部发展的一些具体情况也无权干涉。那么，在美国联邦政府和州政府对高等教育参与度较低的情况下，如何有效管理和控制高等教育，如何推动博士生教育的持续发展，法律法规则在这一过程中扮演了非常重要的角色。

纵观美国整个高等教育发展史可以看出，美国主要通过颁布一系列的法律法规等手段来行使对高等教育的宏观管理和约束。虽然美国没有高等教育部，联邦教育部对高等教育事务没有投入多大的力量，州政府对高等教育事务也呈分散的管理状态，但美国联邦政府通过立法这一手段，对高等教育行使着一种宏观管理权，使立法成为美国高等教育趋向统一发展的管理力量。[6]而对于美国研究型大学博士生教育质量保障而言，联邦政府的立法手段在其中发挥了重要的宏观管理作用。譬如，《莫雷尔法案》、《国防教育法》的颁布，的确在美国高等教育发展史上对研究生教育，尤其是博士生教育的发展产生了重大的影响，而且它对美国研究型大学博士生教育的质量保障也起到一定的约束作用。通常情况下，美国联邦政府主要是通过设立相关的竞争性拨款制度间接的控制和管理高等院校中博士生教育的发展。如果高等院校要获得联邦政府提供的资金支持，就必须在博士生教育的发展中取得一定的成绩，这种策略从客观上也推动了高等院校自身对博士生教育的重视，并及时采取相关措施改善其博士生质量，进而促成一个良性的循环链的生成。与此同时，通过发挥相关的法律法规的保障作用，美国也借此推动博士生教育质量保障活动中相关认证制度的建立。美国在1992年《高等教育法》修正案中提出了有关高等教育质量保证的两项改革：一是实施"州中学后教育审查方案"；二是实施认证制度，以认证结果作为衡量高校能否取得联邦资助的条件。[7]由上可知，美国联邦政府在博士生教育质量保障中的角色逐渐发生了转变，美国呈现出逐渐加强法律法规建设等一些列联邦政府间接调控博士生教

---

6 沈红：《美国研究型大学形成与发展》，武汉：华中理工大学出版社，1999年，162页。
7 马健生：《高等教育质量保证体系的国际比较研究》，北京：北京师范大学出版社，2014年，486页。

育的趋势。这在很大程度上主要是由于美国长期的分权管理体制，使得联邦政府的高等教育权利逐渐被边缘化，影响了美国博士生教育的稳步发展，而联邦政府采取间接性地对博士生教育调控的策略，更为有效地保障了美国博士生教育的质量。

法律法规的建设在博士生教育发展中的作用不言而喻。法律法规的建设在我国博士生教育改革与发展中是一项长期的基础性工作，然而在多年的发展中法律法规的建设尽管也一直被提上日程，但是重视程度和实际行动都远远不够，这也导致我国研究型大学博士生教育的质量保障活动在具体的实践中得不到有效的实施。纵观目前我国高等教育的相关法律法规，可以看出，关于高等教育质量保障的内容仅仅散见于相关的条款中，而关于博士生教育质量保障的内容则就更少，仅仅在有关的政策文件中鲜有说明。当前，我国主要以 1980 年 2 月 12 日由第五届全国人大常务委员会第三次会议通过的《中华人民共和国学位条例》为基础，这也是新中国以来我国颁布的第一步教育法律，在很大程度上为我国学位与研究生教育的发展提供了强有力的支撑。《中华人民共和国学位条例》和相关配套规章制度的实施，使学位制度发展有法可依、有章可循，推动了依法行政、依法治教的进程。我们依法开展学位授予和研究生培养工作，促进研究生教育的法制化、规范化、科学化。[8]尽管四十年来，《中华人民共和国学位条例》为开创我国学位与研究生改革与发展的新局面奠定了坚实的基础，但是现行的《中华人民共和国学位条例》存在着重实体、轻程序，责权利失衡，开放度和相关法规配套程度低等立法上的缺陷，这对我国学位与研究生教育改革深化和不断发展，构成了制度上的制约。[9]正是由于相关法律法规的不健全，在具体实施过程中对于博士生教育质量保障活动中的相关目标、要求、规定、权力、义务、责任等都不是很明晰，使得整个博士生教育的质量保障活动缺乏规范性，在很大程度上也阻碍了博士生教育的健康有序发展。

8 刘延东：〈在纪念《中华人民共和国学位条例》实施三十周年纪念大会上的而讲话〉，载《学位与研究生教育》，2011 年第 3 期。
9 《中国学位与研究生教育发展战略报告》编写组：〈中国学位与研究生教育发展战略报告（2002-2010）征求意见稿〉，载《学位与研究生教育》，2002 年第 6 期。

第二节　中美研究型大学博士生教育外部质量控制的比较与分析

如前所述，博士生教育的质量控制可以分为外部质量控制和内部质量控制。通过对美国研究型大学博士生教育外部质量控制的分析可以看出，中介机构的监控和质量评估是其关注的重点。有鉴于此，此部分在反观美国博士生教育外部质量控制的基础上，有效结合我国博士生教育外部质量控制的现实，从比较的视角进一步探讨中美研究型大学博士生教育的外部质量控制。

一、关于中介机构监控方面的比较与分析

纵观美国研究型大学博士生教育的质量保障，可以发现，介于联邦政府和研究型大学之间的中介机构作用日益壮大。因为美国宪法曾作出规定，州政府以及各级地方政府对各自的教育负责，州政府的职责并不涉及学校的具体事宜，所以这一规定在很大程度上也强化了第三方中介机构在美国博士生教育质量保障活动中的影响和作用，形成了具有鲜明特色的美国博士生教育质量保障机制。中介机构是一种独立于联邦政府和研究型大学之外的机构，它不受联邦政府和研究型大学的控制，但是中介结构却与联邦政府和研究型大学存有密切的联系。中介机构认证资格的获得以及它们在质量保障活动中作用的发挥，需通过美国高等教育认证委员会和美国联邦教育部的认可。其中，美国高等教育认证委员会是全美唯一一个对高等教育认证机构进行认可的非官方组织机构，它与诸多的专业认证机构一样，都是独立于美国联邦政府之外，不从属于社会团体或个人，也不是某些研究型大学的"代言人"，而是中立的、具有非官方性质的中介机构。美国高等教育认证委员会旨在对相关的高等教育认证机构的认证能力与质量进行评估，以此来规范其认证过程和认证行为，充分发挥市场对高等教育资源的分配作用，较为客观地为研究型大学的博士生教育质量保障提供服务。

通常情况下，相关的专业认证机构与美国联邦政府一直保持着较好的合作关系，一方面，认证机构需定期接受美国联邦教育部的认可，确保认证机构的认证标准以及具体的实施情况是符合联邦教育部的相关规定的；另一方面，美国联邦政府会根据专业认证的认证结果对高校的整体质量进行评估，这在很大程度上也为联邦政府的相关决策提供了一定的依据。通过认证的高等院校及博士生教育专业，将会直接影响它们在未来获得相关资助的机会，

因为在考虑对博士生教育进行资助时，资助者们通常会优先考虑资助那些通过认证的高等院校及其相关的专业。因此，高等院校及博士生教育专业为了在未来获得更多的资助，它们则需要采取相关的措施不断对博士生教育的质量进行改革与完善，确保其质量的全面提升。与此同时，通过了认证之后也确保了博士生教育在起点上的质量，也即是说，凡是具有博士生培养资格的单位，其博士生教育质量均已达到最低标准，否则是不能通过认证的。而通过认证的高等院校及博士生教育专业，通常可以作为博士生选择相关专业的指向标，从而间接地也保障了博士生教育的质量。因为这些学校和专业是经过同行认证过的，而且在博士生培养的各个环节均是有质量保障的，所以基本可以满足学生在博士生教育阶段的需求。此外，通过中介机构的认证和评估，从侧面也可以推动和激发高等院校之间的竞争，促进高等院校提高办学质量，进而确保整个博士生教育水平的提升。总体而言，中介机构在研究型大学博士生教育质量保障中扮演了非常重要的角色，它有效减少了美国联邦政府对博士生教育的直接干预，不仅推动了博士生教育管理体质的改革，而且在很大程度上也确保了美国博士生教育质量保障的客观性与公正性，进而推动了整个博士生教育管理的科学化。但需要指出的是，在美国，基本上所有的认证活动都是属于高校自主自愿的行为，其最主要的原因是高等院校希望通过认证获得公众的广泛认可，并且争取更多的生源和财政支持。联邦政府不直接参与、不直接干涉评估活动，采用中介机构这一无形的手和间接的桥梁共同作用于博士生教育的质量保障活动，从而实现联邦政府对博士生教育的间接性管理和调节，有效监测博士生教育使命的达成。与此同时，这也从侧面为美国研究型大学博士生教育的自我发展与自我调节提供了较为广阔的空间。

如前可以看出，中介机构在博士生教育质量保障中扮演了非常重要的角色，对于保障博士生教育的质量以及管理的科学化不无裨益。通常情况下，认证机构与高校之间是纯粹的服务关系，认证机构为高校提供评估与认证服务，双方之间互不干涉各自的工作，认证机构无权指导高校的日常教学与行政工作，而高校更不会对认证机构的各项认证工作评头论足，双方完全是平等的、服务者与被服务者的关系。[10]和美国相比，我国研究型大学博士生教

---

10 马健生:《高等教育质量保证体系的国际比较研究》，北京:北京师范大学出版社，
2014 年，106 页。

育质量保障体系中中介机构的参与度较低，并没有发挥其应有的作用，政府在此过程中扮演了绝对角色。在我国长期的办学过程中，政府既是高等学校的举办者，又是高等学校的管理者，同时承担着"掌舵"与"划船"两种角色。[11]可以说，政府这种管控对高等教育的发展产生了诸多不利影响。就目前而言，为了更有效地推动博士生教育的稳步发展以及质量的持续提升，单靠政府的参与已经不能满足和适应博士生教育发展的现实。当然，在这一过程中也并非否定政府在博士生教育质量保障中所发挥的作用，而是要在新时期不断转换观念，让中介机构也参与到其中，以期更好地推动博士生教育的发展。尽管在 2010 年颁布的《国家中长期教育改革和发展规划纲要（2010-2020）》中也明确指出："要逐步实现由以政府为主的评估向以中介机构为主的评估的转变"，[12]但就实践中所取得的成效而言并不理想，还有待进一步加强。

二、关于质量评估方面的比较与分析

如前所述，美国研究型大学博士生教育质量评估模式可追溯到 1924 年，至此之后，也出现了一大批相关的调查研究工作。通过对美国博士生教育质量评估的发展历史的梳理可以发现，在 20 世纪 80 年代以前，其评估主要是以声望评估、主观感受为主来对大学或是博士专业进行排名。然而，此类评估也在后期遭到了多方的批评与质疑，因此在后期对博士生教育质量的评估也进行了一系列的变革。其中，对美国博士生教育质量评估产生影响最大的当属美国研究委员会所开展的一系列调查和研究活动，这些活动的开展对于美国博士生教育质量评估的评估标准、评估方式方法等方面不断进行了完善，其中一个非常重要的方面就是融入一些较为客观的指标体系，以期更为全面、客观的评价博士生教育，同时避免主观的一些因素影响最终的评估结果。在新世纪以后，美国博士生教育的质量评估活动在融入客观指标体系的基础上，更加注重博士生教育质量评估的相关定量研究，为教师、学生和社会公众提供一些有益的参考。纵观整个美国博士生教育质量评估活动可以

---

11 黄启兵、毛亚庆：《大众化高等教育质量保障：基于知识的解读》，北京：北京师范大学出版社，2011 年，18 页。

12 中华人民共和国教育部：《国家中长期教育改革和发展规划纲要（2010-2020）》，http://www.moe.edu.cn/publicfiles/business/htmlfiles/moe/moe_838/201008/93704.html，2016-09-06.

看出，其博士生教育质量评估在多年的发展过程中不断的改进与完善，而每一次的改革都是对之前的质量评估实践的完善，试图通过评估标准、评估内容等的不断完善，以及通过多种评估形式来全方位的保障美国博士生教育的质量。

质量评估作为我国博士生教育质量保障体系中的重要组成部分，对于加强博士生的宏观管理，深化博士生的改革与发展，提升博士生的培养质量具有重要的现实意义和实践意义。我国博士生教育的质量评估发轫于20世纪80年代，那一时期我国博士生教育质量评估制度还处于探索阶段，主要是将质量评估工作作为政府教育行政部门进行宏观调控的重要手段。1986年12月1日，国家教育委员会发布了《关于改进和加强研究生工作的通知》，其中就指出："要加强研究生、学位授予质量和管理工作的检查与评价。各培养单位要定期进行自检和追踪调查，各有关部门和地区可以组织培养单位之间的互检，国家教育委员会会同国务院学位委员会有重点地进行检查和评价。"[13]可以说，我国最早的博士生教育质量评估工作基本上是由国务院学位委员会直接组织的或是由国务院学位委员会联合其他部门组织的。早期的博士生教育质量评估工作具有浓厚的政府行政色彩，政府在这一时期不仅承担着质量评估工作的宏观整体设计工作，而且统筹负责具体的评估工作。鉴于质量评估在博士生教育质量保障体系中的关键作用，我国在1992年12月8日，国务院批转国家教育委员会《关于加快改革和积极发展普通高等教育的意见》中指出："要理顺研究生教育和学位授权体系的关系，加快下放硕士学位授权点和博士生指导教师审核权的试点工作，同时建立和完善质量监督、评价制度。"[14]1993年2月13日颁布的《中国教育改革和发展纲要》也指出，要建立各级各类教育的质量标准和评估指标体系，各地教育部门要把检查评估学校教育质量作为一项经常性的任务。[15]可以说，从这一时期起我国博士生教育的质量评估工作的中心逐渐由国务院学位委员会向省级学位管理

---

13 国家教育委员会：〈关于改进和加强研究生工作的通知〉，载《学位与研究生教育》，1987年第3期。

14 国务院：〈关于加快改革和积极发展普通高等教育的意见〉，载《学位与研究生教育》，1993年第2期。

15 中华人民共和国教育部：《国家中长期教育改革和发展规划纲要（2010-2020）》，http://www.moe.edu.cn/publicfiles/business/htmlfiles/moe/moe_838/201008/93704.html, 2017-03-08.

部门转变。2005 年国务院学位委员会第二十一次会议审议通过了《关于开展对博士、硕士学位授权点定期评估工作的几点意见》，主要目的是有效监督学位授权点的学科建设和研究生培养工作，评估的内容主要是获得授权以来，学位授权点学术队伍的变化情况；人才培养情况，特别是人才培养质量；取得的科研成果及承担的科研项目情况等。[16]总体而言，我国博士生教育的质量评估工作在多年的改革与发展过程中取得了长足的进展，不管从评估形式，还是从评估内容、评估手段等方面来看都在不断地完善之中。然而，相较于美国博士生教育的质量评估活动，我国博士生教育质量评估工作起步比较晚，在实践中还存在很多问题。尽管在整个博士生教育质量保障过程中，我国主要以质量评估作为主线，但是对于质量评估的标准、质量评估的实施等方面还缺乏一套较为完备的体系。同时，由于目前我国博士生教育的规模和结构相较于之前发生了很大的改变，所以在博士生教育质量评估的过程中应该不断改进其质量评估的模式。

第三节　中美研究型大学博士生教育内部质量控制的比较与分析

相较于外部质量控制，内部质量控制也在美国研究型大学博士生教育质量保障体系中扮演了非常重要的角色。通过对美国研究型大学博士生教育内部质量控制的全面分析可以发现，博士生教育的内部各环节要素都是环环相扣、密切联系的，而且每个环节都有非常规范的程序和严格的要求，突出表现在博士生教育的内部自我评估方面、资助政策方面、课程设置方面以及资格考试方面，因此此部分将进一步结合中国的现实，从比较的视角来探讨中美研究型大学博士生教育内部质量控制的相关问题。

一、关于内部自我评估方面的比较与分析

美国研究型大学在博士生教育质量保障过程中，不论是外部质量保障机制，还是内部质量保障机制，均是建立在博士生教育内部自我评估的基础之上的。虽然美国有诸多的外部评估机构，但是它们在初期准备阶段都要求高

---

16 国务院学位委员会：《关于开展对博士、硕士学位授权点定期评估工作的几点意见》，http://www.cdgdc.edu.cn/xwyyjsjyxx/zlpj/xwddqpg/xgwjian/257734.shtml, 2005-04-12.

等院校根据相关的认证标准开展全面的内部自我评估,进而评估高等院校所取得的成绩与存在的问题。高等院校的自我评估是认证过程中最重要的组成部分,它不仅是综合性的,而且是持续性的,主要通过以下方式达成改善高等院校的质量及其有效性的目的[17]:第一,分析高等院校的资源情况以及在完成其学校发展使命中的有效性。第二,证明学生的学习成绩是与相关的证书、文凭、学位或其它认可授予相称。第三,评估高等院校所开展的活动与其目的之间的关系。第四,为高等院校的规划和改进提供一个良好的基础。第五,评估教育成就以及结构和过程。第六,评估学生的学习成绩,主要是关于完成教育目标所提供的项目和服务。第七,评估完成高等院校使命和目标的表现。

通常情况下,美国高等院校会定期举行内部自我评估,它们根据相应的内部自我评估指标体系对博士生教育展开内部自我评估,教师、学生以及校友等也都积极的参与到自我评估过程中,最后提交相应的博士生教育自评报告。自评报告为评审小组入校考察提供了行动依据,其在考察时会了解自评报告的准确性,是否真实描述了专业的质量状况。当然,评审小组的考察范围也不限于自评报告,而是可以根据需要自己设计考察路径。[18]一般情况下,高等院校的自评报告要在入校考察前提交给新闻与大众传媒教育认证委员会(Accrediting Council on Education in Journalism and Mass Communications, ACEJMC)的执行董事来审查,倘若高等院校所提供的自评报告存在较大的不足,那么执行董事将推迟或取消对其认证;倘若高等院校所提供的自评报告信息不太完善,那么执行董事可要求其补充相关的信息重新提交;倘若执行董事认为高等院校所提供的自评报告信息较为完善,那么执行董事便会通知高等院校将其自评报告的副本抄送给评估小组的主席和成员。

可以说,高等院校的内部自我评估是美国博士生教育质量保障中至关重要的一环。为了更为全面的审视内部自我评估在美国研究型大学博士生教育质量保障中的作用,我们可以从内部自我评估在内容、过程以及结果三个方面予以说明。首先,从内部评估的内容来看,其主要包含了博士生培养中以及与之相关的各个要素,通过相关数据与资料的收集,使研究型大学可以更

---

17 Northwest Commission on Colleges and Universities, "Self-Evaluation", http://www.nwccu.org/Process/Self%20Study/Self%20Study.htm, 2015-01-26.

18 马健生:《高等教育质量保证体系的国际比较研究》,北京:北京师范大学出版社,2014 年,433 页。

好地认识其博士生培养中各环节、各要素之间的内外部联系，为未来博士生教育相关策略的实施、相关战略的调整等均提供了很好的契机，从而达到提升博士生内部教学质量以及推动整个博士生教育质量改进的目的。其次，从内部评估的过程来看，研究型大学中各个部门均积极参与到博士生教育的内部评估过程中，这不仅使研究型大学中各行业部门更好地反观其博士生教育的相关实践，同时也使各院系在内部评估过程中更加清晰地认清自身学科领域在整个学校中的位置，为下一步采取有效地变革提供了一个基础性的条件。再次，从内部评估的结果来看，原则上其内部评估结果应当是保密的，但是有时也会有选择性的公开，其主要是为了保持自身在该领域内的竞争力。诚然，内部评估不仅仅是揭露问题的一种方式方法，而且对于更好地规划未来具有重要的作用。通过内部评估所反映出的博士生教育中的相关问题，继而采取相关有效地措施解决这一问题、改变博士生教育的现状以及提升博士生教育的质量才是评估的主要目的。

内部自我评估作为博士生教育质量保障体系的重要组成部分，是加强博士生教育内部管理，深化博士生教育改革与发展的核心力量。与此同时，内部自我评估也是保障和提升博士生教育质量的重要措施，对于完善我国研究型大学博士生教育质量保障体系具有重要的作用。作为博士生教育教学活动开展的主体，高等院校在博士生教育质量保障过程中的作用不言而喻，因此对于博士生教育质量保障，高等院校也应发挥其应有的作用。然而，在多年的发展过程中，我国研究型大学博士生教育的质量保障体系的建设具有很强的路径依赖，基本上对外部质量监督和评估较为重视且控制的程度较强，但是内部质量评估的能力相对较为薄弱。在整个博士生教育质量保障过程中，过于重视政府组织的外部评估，而对于内部自我评估却在很大程度上予以弱化或忽视。这在很大程度上，不仅导致我国研究型大学博士生教育质量保障体系的结构失衡以及不稳定状况，而且也使得我国博士生教育质量保障体系的整体功能难以有效发挥。"外部质量保障的相对强势削弱了内部质量保障的主体性、自主性和创造性，这种态势的发展使内部质量保障丧失造血功能，同时严重抑制外部质量保障政策的产出与效果"。[19]

---

19 王战军等:《中国研究生教育质量保障体系理论与实践》，北京: 高等教育出版社，2012 年，15 页。

二、关于资助政策方面的比较与分析

如前所述，资助政策在博士生教育质量保障中扮演了非常重要的角色。美国研究型大学为了吸引全世界的优秀人才，往往对博士生提供各种形式的资助。由于近年来美国研究型大学学费不断上涨，这无形中增加了博士生的压力。为了更好地缓解博士生的压力，美国联邦政府联合州政府逐渐完善博士生的资助政策，各个大学也纷纷建立了博士生的奖学金制度。单就奖学金而言，不同的研究型大学的奖学金类型有所不同，但是学生可申请的资助项目较为丰富。总体而言，美国研究型大学博士生资助项目通常包括奖学金和助学金两方方面。助学金包括助教、助研和助管。可以说，美国研究型大学为博士生提供了诸多的助教、助研和助管的机会，学生在这个过程中，不仅锻炼了自身的研究能力、教学能力和管理能力，而且可以获得一定的资助，缓解其生活上的压力。当然，美国研究型大学一般也会规定博士生担任助研、助教和助管的时间，一般每周不超过 20 个小时，主要是为了保障博士生自身的学习和科研工作的开展。需要指出的是，申请助教、助研和助管的职位竞争也非常激烈，不仅需要语言方面的要求，还需要在相关的学科知识背景方面有较为深厚的积累。如助教的工作一般有给本科生上课、批改作业、课后答疑、登分等。除了上述之外，许多研究型大学还为博士生提供了在学校图书馆兼职工作的机会。总体而言，美国研究型大学通过各种途径为博士生提供直接和间接的资助，同时也通过两种方式的结合，在缓解博士生学习和生活压力的同时，提升博士生诸多方面的能力。

长期以来，资助问题一直是博士生教育领域中关注的一个重要点。目前我国研究型大学正在逐步加大对博士生的资助力度，不仅为博士生提供了丰富多样的奖学金，而且还为其提供了许多公派出国的项目。可以说，近年来我国在博士生资助方面取得了较大进展，然而相较于美国研究型大学而言，我国研究型大学博士生的资助体系还需不断完善。单就博士生的助教、助研和助管项目而言，我国研究型大学就和美国研究型大学就有较大的差距。薪酬待遇对于博士生助教的重要程度不言而喻，这直接关系到助教、助研和助管们的工作热情和工作效率。许多博士生想通过助教、助研和助管的职位提升自己的诸多方面能力，但还有相当一部分的博士生想通过其缓解自己的学费压力和生活压力。因此足够的经费支持对于博士生助教、助研和助管的意义深远。尽管目前我国许多研究型大学也建立了助教、助研和助管的制度，提供了一些职位给博士生，但由于制度的不健全以及建立的时间短等原因，许多方面还不够完善。尽管一些博士生获得了助教、助研和助管等相应的机会，但在具体实践中由于他们对于相关职位的职责、任务、要求等方面并不熟知，这也导致实践中的无序和有效性问题。究其原因，其中重要一点是缺乏对于博士生助教、助研和助管的相关的培训和严格的监管。

三、关于课程设置方面的比较与分析

美国研究型大学在博士生课程设置方面非常重视，每个博士生项目基本上都会有一套自身的课程体系。每个博士生项目的课程设计以及学习过程的设计主要是基于发展学习理论之上，以此提出博士生掌握必要的研究技能以及其所在领域专业知识的最好方式。课程设置依博士项目的不同而不同，包括对于博士生课程开设的数量、内容、形式、程序等，但基本上都包括院系核心课、专业必修课、专业选修课、研究方法课、辅修课、研究实践课等。通常情况下，在美国研究型大学的整个博士生培养过程中，博士生需至少完成1-2年的课程学习，差不多20余门课程。可以说，博士生的课程学习压力非常大，不仅课程多而且课程任务重。如果想要获得博士候选人的资格，他们必须通过资格考试，而资格考试一个非常重要的部分就是考察博士生对于课程内容的掌握程度。美国研究型大学提供的广泛且丰富的课程内容为博士生提供了一个很好的基础，而严格的博士生课程考试相应地也对博士生课程的学习效果进行了有效地监控。

长期以来，课程设置问题一直影响和困扰着我国研究型大学博士生教育的改革与发展。相较于美国较为完善的课程体系，我国研究型大学博士生教育的课程还存在很多问题亟待解决。如有研究就表明，目前我国博士生课程主要存在如下问题：过分关注博士生课程体系的整体性，忽视了博士生的个性化需求；课程缺乏层级性——我国现行的研究生培养模式存在着博士生课程"硕士化"，硕士课程"本科化"的现象，没有凸显博士生课程高于研究生课程内容的水平，讲授方式没有变化，课程内容与博士生的研究相关性不高；研究方法类课程、跨学科课程和学术前沿课程设置不足——博士生课程内容较为陈旧，没有反映学科专业领域的热点、重点和尚存争议性的问题；课程学习对博士生科学研究的直接作用不明显，表现为"三脱"——课程学习与学位论文研究相脱节，课程学习与平时课题研究相脱节，平时课题研究与学位论文相脱节；博士生培养各环节之间缺乏联系。[20]以教育部某师范大学为例，在博士生的课程设置中，外语课程和马克思主义理论课程在整个博士生课程设置中占了很大的比重，而专业课不同学院开设的层次也是参差不齐，部分院系甚至仅开设两门专业课。至于博士生课程的考核而言，问题则更为突出。许多课程结课时均要求学生提交一篇课程论文，不仅课程论文与课程本身的关系度不紧密之外，而且学生所提交的课程论文最后仅仅得到一个分数，授课教师并没有给出修改建议，这也使得很多博士生较为迷茫，并不知道自己课程论文到底存在哪些问题。同时，还有最为关键的一个问题是，许多课程要求博士生提交课程论文，但是平时授课教师并没有给予学生课程论文方面的指导，比如选题是否合适、研究方法是否恰当等等，这也导致后期很多博士生表示课程论文压力过大、盲目等问题的出现。因此，我们需要在博士生课程设置和考核上不断加强改革的力度，因为博士生课程设置的优劣不仅关系到博士生自身知识的掌握，更为重要的是关系到整个博士生培养质量的提升。

四、关于资格考试方面的比较与分析

资格考试是美国博士生培养过程中的关键一环，也是美国研究型大学博士生教育的一个传统，它是高等院校对博士生为攻读博士学位所做准备的一种评估和鉴定手段。一般而言，博士生在完成了博士专业核心课程和研究方法课程之后，也即是说在开始博士学位论文撰写之前，需要参加由各博士生培养单位组织的资格考试。通过资格考试后，博士生便获得了开展学位论文研究的资格，自此之后课程学习便退居次要的位置。当然，美国各校以及各学院之间博士生资格考试的方式和具体内容均存在较大的差异，即使是同一所大学，不同的院系亦可对博士生资格考试作出不同的规定。一般而言，资格考试的目的是探知和确定学生对于其专业研究领域中课程学习的掌握情况，确定学生是否具备敏锐的思考能力以及对于这些领域中相关理论与实践的批判能力。美国研究型大学对于博士生教育资格考试的程序、要求、结果等各个环节都有明确的要求，而且在实践中的执行也是非常严格的。对于资格考试而言，学生的压力也是非常大的。由于资格考试的难度相对较大，所

---

20 李平：〈我国博士生培养机制优化：招生制度和课程设置的视角〉，载《中国高教研究》，2008 年第 10 期。

以在这个过程中会有一部分学生由于没有通过资格考试，便在这一过程中被淘汰。一般而言，学生最多可以申请参加 2 次资格考试，如果最后还未通过，那么便与博士生涯无缘了。这种严格的资格考试，在很大程度上确保了未来博士生的培养质量。

在"双一流"的大背景下，作为培养高层次创新型人才的博士生教育应当继续坚守"精英教育"的路线，加强对博士生教育的内外部质量监控。虽然博士生教育的质量监控有多种方式，但是资格考试在其中的作用是不言而喻的。通过博士生资格考试，不仅对学生在撰写博士学位论文前的基础奠定具有重要作用，而且对博士生未来研究活动的顺利开展不无裨益。纵观我国高等院校博士生的培养方案，可以发现，绝大多数培养单位在博士生培养过程中都设有"中期考核"环节。譬如，北京师范大学规定博士生的中期考核内容为学科综合研究能力和博士学位论文的开题报告。[21]陕西师范大学在博士生培养方案中规定博士生的中期考核主要从思想政治表现、课程学习、科研能力三个方面进行客观、公正的考查和评价。[22]近年来，清华大学、华东师范大学、西南大学等高等院校开始探索实施博士生资格考试。譬如，为检验博士研究生对本专业理论基础的掌握程度以及科研发展能力，提高博士研究生培养质量，华东师范大学于 2015 年便在该校部分培养单位试行博士学位候选人资格考试制度。[23]西南大学 2013 年新修订的博士生培养工作方案规定：学科综合考试（也即资格考试）是指考核博士生是否掌握本学科专业领域深厚、宽广的基础理论和专门知识，相关研究方向学术前沿的动向，以及必要的相关学科知识，同时考察该生是否具有科学研究的能力，确认其博士学位候选人资格。[24]尽管目前一些高校已经意识到资格考试的重要性，并且有些学者已经指出了论证了我国博士生培养单位推行资格考试的可行性，但是绝大多数高等院校并没有真正实施博士生资格考试。

在此需要特别指出的是，相较于我国研究型大学博士生教育外部质量控

---

21 《北京师范大学学术学位博士研究生培养基本流程》，http://graduate.bnu.edu.cn/ReadNews.aspx?NewsId=150403060715, 2016-07-21.

22 《陕西师范大学关于制定博士学位研究生培养方案的规定》，http://www.yjs.snnu.edu.cn/show.aspx?id=571&cid=23, 2016-07-18.

23 《华东师范大学博士学位候选人资格考试办法试行（2015）》，http://www.yjsy.ecnu.edu.cn/f8/1e/c3602a63518/page.htm, 2016-07-20.

24 《西南大学全日制学术型博士研究生培养工作规定（试行）》，http://pgs.swu.edu.cn/viscms/pgsidex/guizhangzhidu9295/20141009/142285.html, 2016-07-21.

制和内部质量控制的现状而言，美国研究型大学博士生教育质量保障活动的有效运行，是外部质量保障和内部质量保障共同作用的结果，而非某一单一的质量保障能够实现的。毋庸置疑，高等院校自身确保其质量的提升是无可厚非的，但是在这一过程中，由于院校内部保障缺乏了外部保障的有力监管，所以其评估的效果也不可避免地具有一定的限制。因此，从某种意义上来讲，博士生教育质量保障仅有内部保障是不全面的、缺乏效力的，而且是缺少保障的，这也即是要求外部质量保障的积极参与、调节以及监控，将外部质量保障和内部质量保障统一协调起来，共同确保博士生教育质量的稳步提升。美国研究型大学博士生教育质量保障中内外部质量保障的互通，并非是天然的有着"血缘关系"，而是随着现代高等教育的大力发展，尤其是随着高等教育步入大众化时代之后才逐渐开始出现。按照发生学的理论来说，博士生教育的质量保障是一个从内部管理到外部监控的发展过程。虽然博士生教育的内部管理发挥着基础性与根本性的作用，但是外部中介机构等的监控也是不容忽视的。在很大程度上，博士生教育内部质量保障的有效运行，需要外部质量保障提供保证。总之，在整个美国研究型大学的质量保障中，外部质量保障和内部质量保障之间的互通、监督和协同，不仅为联邦政府的相关政策决策提供了有益参考，而且共同保障了博士生教育的整体质量和办学效益。

第四节　中美研究型大学博士生教育质量改进的比较与分析

质量改进是"质量三部曲"理论中最后一环，但质量改进却不止于此。质量改进的主要意图是发现质量问题潜在的原因以及探索后续的质量改进行动。纵观美国研究型大学博士生教育质量改进可以看出，博士生教育在取得成就的同时也遭到了来自多方的质疑与批评，但美国在博士生教育方面也采取了一系列改进行动来促进博士生教育质量的提升。有鉴于此，进一步结合我国研究型大学博士生教育的质量改进情况，从比较的视角全面分析中美研究型大学博士生教育质量改进的相关问题。

如前所述可以看出，美国研究型大学博士生教育在诸多方面取得了较大的成功，也是其他国家频频效仿的对象。然而，尽管美国博士生教育在过去多年的改革与发展中取得了巨大的成就，但同样也遭到了来自学界内外的质疑与批评。如博士生毕业耗时过长、博士生不能按时完成学位、博士生辍学率高、博士生培养过度专业化等。面对上述对美国博士生教育的诸多批评与质疑，许多专家学者开始着手对美国的博士生教育开展相关的调查研究，譬如，1999 年由戈尔德（Golde）和多尔（Dore）所负责开展《博士教育与职业调查》的研究、2000 年由研究生和专业学生国家联合会所组织开展的《2000年美国博士生项目调查》的研究、2002 年由纳拉德（Nerad）和赛尔尼（Cerny）所负责开展的《博士生——十年以后》调查研究等等。同时，面对诸多学界内外的质疑与批评，新世纪以来美国在博士生教育方面采取了一系列的质量改进行动，如美国研究生院委员会、华盛顿大学研究生教育创新与研究中心、美国国家科学院专门委员会等纷纷开展博士生教育质量改进行动，以此推动博士生教育质量的改进。

在多年的改革与发展过程中，我国博士生教育取得了较大的进展，博士生的培养质量也有了很大的改进。到 2010 年，我国博士、硕士、学士授予单位已分别达到 347 所、697 所、700 余所，全国在学研究生已达 140.5 万人，其中博士生 24.6 万人，共招收各级各类专业学位研究生 90 多万人，从根本上改变了我国高等教育的层次结构。[25]但同时，还应清楚的认识到，面对新的形势和新的使命，我国博士生教育的发展与美国相比还有很大的差距，博士生的评估体系、培养模式、师资队伍、课程设置等诸多方面亟待改进。可以说，这些问题在很大程度上也制约着我国博士生教育的持续发展以及质量的稳步提升，同时也影响着为经济社会发展服务的成效。据 2007 年国务院学位委员会、教育部、人事部联合开展的博士生质量调查显示，虽然对博士生的学位论文质量、科研能力和创新能力等认可度较高，但仍有超过 1 / 3 的研究生负责人认为持平或下降，而博士生导师认为持平或下降的人数更是超过被调查人数的 50%。[26]面对博士生教育质量的诸多问题，我国也进行了相关的调研活动和改革行动，在相关政策以及规划纲要中提出要采取相关措施稳步提升博士生的培养质量，如《学位条例》、《中华人民共和国学位条例暂行实

---

25 刘延东：〈在纪念〈中华人民共和国学位条例〉实施三十周年纪念大会上的而讲话〉，载《学位与研究生教育》，2011 年第 3 期，2 页。

26 王战军等：《中国研究生教育质量保障体系理论与实践》，北京：高等教育出版社，2012 年，11 页。

施办法》、《国务院学位委员会关于审定学位授予单位的原则和办法》、《国务院批准国务院学位委员会关于国务院学位委员会第一次（扩大）会议的报告的通知》、《高等学校和科研机构授予博士、硕士学位的学科、专业目录（试行草案）》等一系列的政策文本以及 2010 年颁布的《国家中长期教育改革和发展规划纲要（2010-2020）》等等。

在过去的十年间，高等教育在全球范围内发生了巨大的变化。文化的变迁使更多人拥有接受高等教育的机会，体制的变革使欧洲的标准更加趋于统一和一致，以及政治与经济的变化使得各国对训练有素的劳动力所带来的经济效益尤为重视，导致国家间对生源的竞争日趋激烈。然而，多年来，美国一直在吸引国际学生来攻读博士学位的过程中占据主导地位，其主要原因在于：英语成为学术话语和国际贸易中所使用的主要语言，这使许多自然科学、工程学以及工商学专业的学生都渴望接受英语授课；美国的经济前景以及国际学生之间的理解是，在美国大学获得博士学位是在美国就业和成为美国公民最直接的路径；美国研究生院在国际上享有最好的声誉，其博士学位与博士生项目得到了世界范围的广泛认可；本国研究生项目中名额不足（与人口相关），尤其是在一些亚洲国家这种现象更为突出。[27]由此可见，美国博士生教育的质量在全球范围内具有较强的竞争力，吸引了大量国内外的学生前来攻读博士学位。同时，实践也证明，美国研究型大学博士生教育在多年的质量保障过程中，有效地推动了整个美国博士生教育的大力发展，对其博士生教育质量的提升以及博士生教育系统的完善均起到了一定的保障作用。总体而言，博士生教育是美国高等院校的成功之举，人们历尽千辛万苦获得博士学位，是因为他们对追求知识和科学有兴趣以及为了这种追求需要提高自己的能力。当然，他们也想得到一份既能满足自己的兴趣又能在追求知识的过程中得到报酬的工作。[28]纵观上述内容可以看出，在多年的发展过程中，美国研究型大学博士生教育在质量保障活动中的诸多方面形成了自身的特点，其博士生教育质量保障的发展基本上经历了一条由"外部中介机构强制性约束"到"内部自我评估自我规范"的发展道路。不可否认，美国研究型大学

---

27 Council of Graduate Schools and Educational Testing Service. *The Path Forward: The Future of Graduate Education in the United States*, Princeton, NJ, Educational Testing Service, 2010, pp.20-21.

28 [美]菲利普·G·阿特巴赫：《为美国高等教育辩护》，别敦荣、陈艺波译，青岛：中国海洋大学出版社，2007 年，219 页。

博士生教育在生产高质量的学术研究成果以及培养卓越的研究型学者方面取得了巨大的成功，而且绝大多数博士学位获得者，在各自的领域都找到了良好的、待遇丰厚的工作。然而，步入新世纪以来，美国的博士生教育也面临了新的时代使命。在新的时代使命的推动下，美国研究型大学也需适时做出相应地战略调整，以期确保美国博士生教育在全球范围内竞争力的同时，增强博士生教育质量保障的有效性。

提高质量是目前我国博士生教育改革与发展的核心任务，也是我国从博士生教育数量向博士生教育质量转变的重要战略部署。2010 年颁布的《国家中长期教育改革和发展规划纲要（2010-2020）》中明确指出要求"建立健全教育质量保障体系"。纵观上述关于中美研究型大学博士生教育质量保障体系中的质量策划、外部质量控制、内部质量控制和质量改进方面的比较与分析，可以看出，我国研究型博士生教育在实施科教兴国战略和人才强国的战略、建设创新型国家等方面发挥了重要的作用。自上世纪 80 年代初我国制定并实施的《中华人民共和国学位条例》以来，我国基本建立起了高层次人才培养的体系，在很大程度上推动了我国学位授予的质量和博士生培养的质量。然而，和美国研究型大学博士生教育所取得成就而言，我国研究型大学博士生教育在许多方面还需进一步强化和改进，如质量标准建设方面、法律法规建设方面、中介机构建设方面、内部自我评估方面等等。当前，我国博士生教育正处在由博士生教育数量向博士生教育质量迈进的战略转型关键期，我们应该面对新的发展战略机遇期和站在新的历史起点，正视我国研究型大学博士生教育质量保障体系中存在的深层次问题和体制性问题等，以期更好地推动我国研究型大学博士生教育的改革与发展，继而推动我国整个博士生教育质量的稳步提升。

第七章 关于我国博士生教育质量保障体系构建的思考

> 以铜为镜，可以正衣冠；以古为镜，可以知兴替；以人为镜，可以明得失。

——《旧唐书·魏徵传》

博士生教育质量保障问题是博士生教育发展进程中的一个重要议题，完善的质量保障体系是提升博士生教育质量的重要保证。无论就规模还是质量而言，目前我国博士生教育都取得了长足的进步，为我国培养了大批高水平的人才。近年来，随着我国博士生规模的不断扩大，其培养质量也常常遭到学术内外的诟病，因而质量保障问题已然成为当今我国博士生教育发展的核心。然而，由于我国博士生教育质量保障的理论研究与实践起步较晚，质量保障体系的建设还处于探索阶段，至今尚未形成一套健全的质量保障体系。相比之下，以美国为代表的西方发达国家在博士生教育质量保障方面已经积累了较为成熟的理论与实践经验。那么，基于目前我国的现实问题以及美国的相关经验，未来我国博士生教育质量保障体系的构建究竟该作出何种选择？对于该问题的追问与回应，不仅是我国博士生教育质量保障体系构建的实践要求，也是关乎未来我国博士生教育发展的理论诉求。

第一节 关于我国博士生教育质量策划体系构建的思考

美国高等教育分权管理的传统，使得联邦政府不能直接干预高等教育的内部事务，其主要是通过立法、财政拨款等方式间接地对高等教育实施控制。由于美国公立研究型在具体运作过程中也具有很大的自主权，所以各研究型大学在博士生教育质量策划时，其质量基准的设定也会有所不同。除了遵循相关立法等所设定的基准之外，各研究型大学主要依据其办学使命、学科特点等诸多方面的因素来设定，这与我国长期以来所形成的高等教育中央集权式的管理传统有非常大的区别。在我国，高等教育的发展在很大程度上要受制于政府，属于一种"自上而下"的模式。因此，基于我国的具体国情以及博士生教育发展的具体情况，未来博士生教育在质量策划时的质量基准设定可以围绕两个层面展开，即国家层面和培养单位层面，同时有效发挥法律法规的约束力量。

一、践行国家层面的质量策划——宏观管控

国家层面的质量策划是我国博士生教育的最顶层，其相关基准的设定主要反映了博士生教育中共性的、基本的标准和要求。国家基准从宏观层面对我国博士生教育提出了基本的质量要求，它不仅为博士生培养单位制定切实可行的具体质量基准提供了依据，而且对整个博士生教育的质量基准制定发挥了宏观指导的作用。政府在这里要解决的是博士生教育质量的"底线问题"。对此，世界银行对中国政府提出的建议为："政府不能直接担保质量，但可以通过信息的发布保证质量。质量保障要确保达到质量最低标准，保护学生和劳动力市场消费者权益。"[1]

虽然我国高等教育在多年的博士生教育发展过程中一直受到来自政府层面的影响，但是博士学位的要求却没有一个国家层面的质量策划，只是在《中华人民共和国学位条例》中对博士学位的要求做出了一些简单规定（譬如，专业知识的掌握、独立从事研究的能力、创造性成果等）。直到 2010 年《国家中长期教育改革和发展规划纲要（2010-2020）》的颁布，才第一次明确提出"制定国家教育质量标准，建立健全质量保障体系"。[2]因此，为了贯彻落实《国家中长期教育改革和发展规划纲要（2010-2020）》关于"制定国家教

1　黄启兵、毛亚庆：《大众化高等教育质量保障：基于知识的解读》，北京：北京师范大学出版社，2011 年，308 页。
2　中华人民共和国教育部：《国家中长期教育改革和发展规划纲要（2010-2020）》，http://www.moe.edu.cn/publicfiles/business/htmlfiles/moe/moe_838/201008/93704.html, 2015-02-07.

育质量标准"的相关要求，以及建立健全研究生教育质量监督体系的迫切需要，国务院学位委员会、教育部委托国务院学位委员会第六届学科评议组编写了《博士、硕士学位基本要求》，该要求已于 2014 年 1 月正式出版发行，主要对哲学、经济学、法学、教育学、文学、历史学、理学和工学等学科专业领域的博士、硕士学位基本要求予以详细说明。可以说，《博士、硕士学位基本要求》的发行对我国博士生教育的改革与发展具有较强的战略意义。首先，教育行政部门可以根据"国家标准"（即《博士、硕士学位基本要求》）来开展相关的博士生教育质量评估；其次，《博士、硕士学位基本要求》可以作为各学科专业制定培养方案，进行课程设置、组织教学以及博士生学位论文质量管理的基本依据；第三，《博士、硕士学位基本要求》也为社会了解博士生教育质量的标准，进而开展质量监督提供了依据。

在此以"教育学一级学科"博士学位的基本要求为例予以说明，其中主要规定了四项博士学位的基本要求。具体而言，主要有：（1）获教育学学科博士学位应掌握的基本知识及结构，主要包括教育基本知识、教育专业知识、相关知识基础、方法论知识、语言知识、教学知识等；（2）获教育学学科博士学位应具备的基本素质，主要包括学科素养、学术道德等；（3）获教育学学科博士学位应具备的基本学术能力，主要包括获取知识能力、学术鉴别能力、科学研究能力、学术创新能力、学术交流能力、其它能力等；（4）学位论文基本要求，主要包括选题与综述的要求、规范性要求、成果创新性要求等。[3]这些博士学位基本要求的提出，具有较强的现实指导意义，主要从制度上保障了学生需要达到哪些方面的基本要求才能获得博士学位，客观上对博士学位的授予提供了基本的依据，从而避免以往标准模糊以及其它主观因素的制约。同时，对于博士生也具有一定的鞭策作用，为了达成相关的要求和标准，他们必须认真钻研，否则将不能获得博士学位，这在很大程度上也保障了博士学位的含金量。

二、加强培养单位层面的质量策划——微观操作

由上所述，国家层面的质量策划是我国博士生教育质量策划的最高层次，是国家对博士生教育在未来发展过程中所提出的最基本的质量要求，对我国整个博士生教育质量基准的设定都具有指导性的作用。可以说，我国博

3　关于教育学一级学科"博士学位的基本要求"详见附录三。

士生培养单位层面的质量策划是国家层面质量策划的具体化，也是颇具操作性的质量策划，它与博士生教育的培养活动以及质量保障密切相关。由于我国长期以来并没有国家层面的具体策划，所以各博士生培养单位的质量策划主要将《中华人民共和国学位条例》中的相关规定作为一种"国家基准"，在实践中也成为博士生培养单位制定相关办法的主要依据和准则。

此次我国发布的博士学位基本要求为各学位授予单位提供了未来博士培养的质量基准设定的"纲领"。由于各培养单位的办学定位、办学目标等有很大的差别，所以各博士生培养单位应当依据自身的办学特点、学科优势等，并有效结合学校的办学定位、办学目标以及服务面向等来设定相应的基准。尽管各博士生培养单位在设定质量基准时会有很大的不同，但是在结合美国研究型大学博士生的质量策划以及我国刚刚发布的博士学位基本要求，我们可以看出，博士生教育质量基准的设定，需重点突出以下几个维度，即"知识维度"、"能力维度"、"素质维度"、"资格考试维度"、"学位论文维度"等。在此主要以"知识维度"为例予以说明。"知识维度"反映在博士学位授予单位的具体培养过程中主要是课程基准的设定。设定课程基准时需基于不同学科专业领域，主要考察博士生对相关专业领域课程的一些基本知识的掌握，为他们后期深入开展相关研究奠定坚实的基础。但需要注意的是，博士阶段的课程学习不仅要"专"，而且要"广"，所以在设定博士生课程基准时，除了注重本专业领域的课程基准之外，还需考虑与之相关的一些跨学科课程的基准。此外，在课程基准设定中，还需重视研究方法课程和外语课程，这将对规范博士生的研究活动以及拓宽博士生的研究视野不无裨益。

三、完善法律法规的建设——约束力量

由上所述，博士生教育质量策划的国家层面与培养单位层面为未来我国博士生教育的质量保障的有效运行提供了一个重要的基点。这种国家层面的宏观管理与培养单位层面的微观操作的有机结合，可以使博士生教育质量策划更具可操作性。然而，为了更加有效地规范博士生教育的质量策划过程，除了有效践行博士生教育的国家基准与切实加强培养单位基准的设定之外，我们可以借鉴美国研究型大学博士生教育质量策划中的重要举措之一，即重视法律法规在博士生教育质量策划中的作用。

纵观我国高等教育的相关法律法规，关于高等教育质量保障的相关内容仅仅散见于部分法律、法规的条款中，而且缺乏一定的条理。加之，仅有的这些关于高等教育质量保障的相关法律法规条款不成体系且较为滞后，这不仅脱离了当前我国高等教育发展的现实，而且在很大程度上回避了目前我国高等教育所面临的一些实际情况。而我国关于博士生教育质量保障专门的法律法规就更是缺乏，仅仅在有关的政策中鲜有说明，所以在具体的实践中便缺乏一定的约束力量，这在很大程度上也阻碍了博士生教育质量保障的有效运行。基于此，在未来我国博士生教育质量保障过程中需进一步推进相关的法律法规建设，这不仅可以有效规避未来博士生教育质量保障中随意性过强的一些弊端，同时政府部门也可以间接对博士生教育质量保障进行宏观管理和调控。因此，为了有效规范未来我国博士生教育的质量策划以及整个博士生教育质量保障的有效运行，需加强法律法规建设，进一步明确博士生教育质量保障中的相关职责、目标、功能、实践等等，而这也是整个博士生教育质量保障活动规范化运行中至关重要的一环。

然而，需要注意的是，博士生教育质量策划中质量基准的设定需是有意义的、恰当的、可测量的、相互关联的，在相关基准的引领下，一般不允许或不鼓励相关单位和个人随意篡改相关的质量基准。与质量基准相关的活动一定是反映在对课程、对专业发展等方面的。因此，尤其是对于培养单位而言，在设定相关的博士生教育质量基准时，需明确规定其质量发展方向以及一套独一无二的质量基准，否则在后期质量评估时会遇到很多困扰。

第二节　关于我国博士生教育质量控制体系构建的思考

在美国，研究型大学的博士生教育质量保障主要由外部质量保障和内部质量保障构成，二者在发挥各自的保障作用之外，彼此之间还有效互通和协作，共同确保博士生教育质量的提升。实践也证明，美国研究型大学博士生教育质量保障在内外部质量控制的有效监控下，其博士生教育质量确实得到了显著提升。因此，在合理借鉴美国相关实践和举措的同时，有效结合我国博士生教育质量保障中质量控制的现实情况，继而提出了未来发展中需重点强化的几个策略：

一、从他律到自律：建立内部自我评估的机制

从美国研究型大学博士生教育质量评估的举措来看，均要求各评估院校或系科提交自我评估报告，其中就包括对学校、学科、专业自身博士生质量保障的运行状况的自评。高等院校作为开展博士生教育教学活动的主体，在博士生教育质量保障中不再仅仅是接受政府和社会监督的对象，理应充分发挥其在博士生教育质量保障中的作用。然而，在我国现行的博士生教育质量保障中，并没有将高等院校的内部自我评估视为整个博士生教育质量保障的主体和基础，而热衷于政府组织的外部评估，在很大程度上忽视了内部的自我评估这一重要环节。因此，这也进一步造成我国博士生教育质量保障的整体功能难以有效发挥。有鉴于此，在结合美国研究型大学博士生教育质量控制相关举措的基础上，我们认为，在未来我国博士生教育质量保障中应当逐步建立高等院校的内部自我评估机制，逐渐从"他律"走向"自律"，以此推动博士生教育质量的稳步提升。如果不建立起自律机制，那么，高等学校就只有靠他律，也就是政府的控制与管理来保证其办学的正常运行。[4]

高等院校开展博士生教育内部自我评估的主要目的是为了"改进"博士生教育质量，而非对博士生培养机构进行"惩罚"。"对监控与评估系统所产生的信息的利用是衡量一个监控与评估系统'成功'与否的基准尺度；仅仅创立一个可以产生具有技术合理性绩效指标和评估的系统是不够的。利用取决于对监控与评估信息需求的性质和强度，而且这反过来依赖于利用监控与评估的激励诱因。"[5]因此，正视博士生教育内部自我评估的意义和作用的基础之上，应当鼓励和督促高等院校自主地开展自我评估，从而建立有效地、自主自律地内部自我评估机制。然而，需要注意的是，如果要达到博士生教育内部自我评估的预期效果，我们还需做出如下两个方面的努力：一方面，博士生培养单位在开展内部自我评估时，应当秉承公正、客观的评估理念，从而使得最终的内部自评结果能够准确、清晰的反映出其博士生教育在发展过程中的成功之处以及存在的不足。另一方面，相关的评估专家应当对培养单位的内部自评进行实地调查，以期确保整个评估的客观性和有效性。总之，各博士生培养单位需有效利用内部自我评估的相关信息，促进博士生

---

4 别敦荣：〈论高等学校管理的三原则〉，载《清华大学教育研究》，2001 年第 1 期。

5 [英]约翰·韦斯特伍德：《绩效评估》，陈历译，长春：长春出版社，2004 年，35 页。

教育的不断完善以及博士生教育质量的全面提升。

二、从缺位到参与：有效发挥中介机构的作用

在我国长期的办学过程中，政府既是高等学校的举办者，又是高等学校的管理者，同时承担着"掌舵"与"划船"两种角色。[6]诚然，政府对高等院校的必要管控是必要的，但是如果在各方面都独家垄断，那么则不利于高等教育的可持续发展。从目前我国博士生教育质量保障的现状来看，国家具有绝对的权威，而社会中介机构在其中的参与度非常低，并且发挥的作用也是微乎其微。总体上来讲，各博士生培养单位都是在国家统一管理下实行博士生教育质量保障，其内部各环节基本上都由国家统一调配，中介机构在博士生教育质量保障中仍然处于从属地位。从美国研究型大学博士生教育质量保障的相关举措来看，其博士生教育质量保障中非常注重民间组织、第三方中介机构的参与，这也是美国博士生教育质量保障的一个重要特色。然而，美国这些中介机构作用的发挥也需要进行有效规范，其中联邦政府就发挥了重要的作用。在美国，主要由非官方的高等教育认证委员会（CHEA）和官方的美国联邦教育部（USED）对各种认证机构进行认可。事实也表明，中介机构作为博士生教育质量保障的一支重要力量，确实发挥了重大的作用。

由上所述，我们认为，由于我国的文化传统以及具体国情，决定了我国在现阶段还不可能和美国一样实行"自下而上"的发展方式。然而，政府需在未来的发展中逐渐摒弃以往"守夜人"的角色，从一个"全权政府"逐渐走向一个"有限政府"。《国家中长期教育改革和发展规划纲要（2010-2020）》曾指出："要逐步实现由以政府为主的评估向以中介机构为主的评估的转变"。[7]不可否认，在未来相当长的时期内，我国高等教育质量保障中的评估活动将依然由政府主导，但是未来的改革方面应当是政府这种单一的评估与中介机构评估的有效协同。正如学者李·哈维（Lee Harvey）就曾指出："评估可以使得分权国家加强对高等教育的控制，同时也会使集权国家放松

6　黄启兵、毛亚庆：《大众化高等教育质量保障：基于知识的解读》，北京：北京师范大学出版社，2011年，18页。

7　中华人民共和国教育部：《国家中长期教育改革和发展规划纲要（2010-2020）》"http://www.moe.edu.cn/publicfiles/business/htmlfiles/moe/moe_838/201008/93704.html, 2015-02-07.

对大学的控制程度，从而使得分权和集权这两种极端的管理方式走向中间的平衡点。"[8]因此，在未来我国博士生教育质量保障的运行过程中，除了转变政府以往"绝对权威"、"绝对中心"的管理模式之外，还需注重如下三个方面：首先，所有的中介机构需注册备案。凡是参与博士生教育质量保障的机构，均需要在教育部进行备案，以便从入口上对这些中介机构的进行把关，确保质量保障机构的可靠性。其次，建立认证标准，对中介机构进行认可。此举主要是为了确保对博士生教育质量保障认证机构的合法性以及质量保障的有效性，并且只有通过认可的中介机构才有资格开展相关的博士生教育质量认证工作。再次，中介机构的认证过程应当规范化和透明化。在具体的认证过程中，中介机构应当严格执行认证标准，并且共享信息，时刻接受外部的监督。

三、从相对松散到各环节并重：加强内部培养过程的质量管理

博士生培养单位是质量保障的主体，培养单位内部质量控制活动是博士生质量保障的核心，贯穿于从博士生招生、博士生培养到博士学位授予的整个过程。因此，加强博士生培养过程的质量管理是博士生教育质量保障的根本。在整个博士生教育的培养环节，我国各培养单位也都建立了一套规章制度。然而，受我国长期以来行政管理模式的影响，造成我国博士生培养过程相对松散，实践中弱化了博士生教育的过程环节与输出环节。纵观美国研究型大学博士生教育质量保障的发展，不难看出，其内部博士生培养的各个环节都有相当规范和严格的要求，而且各个环节彼此之间是密切联系的，共同确保整个博士生培养质量的提升。

博士生培养单位作为博士生教育质量的生产者，应当负责整个博士生教育过程的质量。在我国，整个博士生教育过程包含了完成学分、发表文章、学科综合考试、论文选题与开题、论文预答辩、论文评审答辩等六项主要实施程序。[9]虽然各个环节看似都很全面，但是在实际运作过程中松散化与功利化的特点却非常普遍。因此，为了改善我国博士生培养的状况，目前亟待加强内部博士生培养过程的管理，可以重点考虑以下六个方面：

8　Harvey, L., "External Quality Monitoring in the Market Place", Tertiary Education and Management, 1997, 3 (1), pp.25-35.

9　陈洪捷：《博士质量：概念、评价与趋势》，北京：北京大学出版社，2010 年，81 页。

（一）完善博士生课程体系建设，切实加强课程评价

博士生课程课程体系的完善，不仅是推动博士生培养质量提升的重要途径，也是确保博士生学位论文完成的重要基础。可以说，课程问题是我国博士生教育培养过程中面临的一个非常突出的问题，集中体现在课程设置不健全、课程内容差强人意、课程学习评价混乱、课程管理松散等等。具体而言，相对于美国研究型大学博士生两年 20 余门课程学习而言，我国博士生课程学习单就数量方面要求就明显不足，有些博士生培养单位居然只开设两门博士生专业课。然而，造成这种情况的原因在很大程度上也与我国博士生课程设置的严重不足有密切的关系，整个博士生课程的开设不仅不能满足博士生专业上的发展，而且也难以满足学生跨学科学习的要求。博士生课程学习的评价通常是要求提交课程论文，但问题是绝大多数提交的论文与所学的课程是脱节的，并无直接必然的关系。基于上述种种课程方面的问题，我们亟待完善我国的博士生课程体系建设。一方面，在确保博士生必修课的基础上，大力增加选修课与跨学科课程，并允许学生进行跨学科选课；另一方面，强化博士生课程学习的评价，尤其是需要细化评价的具体标准和要求。

（二）加强博士生中期考核的力度，严格执行分流或淘汰

中期考核在博士生培养中的作用不言而喻。由上所述，我国目前绝大多数培养单位对于博士生课程学习的评价属于"走过场"，并没有严格的要求。正是缺乏这种严格的课程学习的评价，导致学生轻视了博士生阶段的课程学习，使得许多博士生在学位论文开始之前严重缺乏关于本专业领域以及相关的跨学科领域的知识储备，严重影响了最终学位论文的质量。总体来讲，目前只有北京大学等几所高等院校建立了相对完善的博士生中期考核制度外，而我国绝大多数博士生培养单位的中期考核基本上是"流于形式"，甚至有些培养单位根本没有严格的中期考核制度，这种现象对我国博士生的培养质量产生了重大的影响。有鉴于此，我们可以进一步借鉴美国研究型大学博士生教育中的"中期考核"（即"资格考试"）制度，他们通常要求博士生在完成课程学习之后参加中期考核，在学期间共可以申请参加两次，如果两次都没有通过，那么将直接被淘汰。在这种严格的博士生中期考核制度之下，不仅可以为其学位论文的写作打下坚实的基础，而且也可以甄选出合格的博士候选人，为博士生整体培养质量的提升提供保障。同时，对于那些没有通过中期考核的博士生而言，也应在这一过程中"畅通博士研究生向硕士

层次的分流渠道，加大分流退出力度"。[10]这种严格的博士生中期考核制度，一方面可以激励学生在课程学习阶段踏实认真的完成各项任务，为后期博士学位论文的撰写打好一个坚实的基础；另一方面可以甄选出合格的博士候选人，从而提高最终博士生培养的质量。

（三）稳步实施弹性学制，关照不同层次、类别和专业的培养需求

弹性学制可以说是美国等西方发达国家博士生教育的一种通行做法，同时也是博士生教育发展的一个必然趋势。毋庸置疑，这种弹性的学制比固定的学制有明显的优势，它将学习的主动权更多地交给了学生，为学生依照自己的专业兴趣选课提供了条件，同时也给学生和导师提供了一个更大的学术发展空间与更灵活的科研计划。然而，就目前我国的情况来看，对博士生学制的要求依然是固定的，且绝大多数是三年制，这着实对博士生教育的培养质量提出了较大的挑战。基于此，有必要在未来的博士生培养中稳步实施弹性学制，尤其是在博士生培养方案的制定中，不仅需要科学规划不同层次、不同类别以及不同专业的博士生培养质量要求，而且需要根据不同学科的发展特点，科学合理地制定博士生学习的年限要求，以期使学生可以自主、灵活地安排其学习和研究的进程。诚然，实施弹性学制是一项非常复杂的系统工程，不仅涉及到培养方案的制定，还涉及到相关的管理理念、管理体制等一系列的变革。因此，在未来的发展中需在不断探索中稳步推进博士生教育中弹性学制的实施，从而确保弹性学制实施的有效性。

（四）进一步完善"预答辩"制度，避免实践中流于形式

目前，我国部分培养单位开始推行学位论文"预答辩"制度，试图通过这种方式来提升博士学位论文的水平与培养质量，这也是我国博士生培养中的一个有益尝试和探索。反观美国不难发现，其虽然形式上并没有"预答辩"制度一说，但却有一种类似于"预答辩"的制度，即博士生在参加答辩之前需先通过学位论文指导委员会（一般由3-5人构成）的批准。博士生论文撰写期间不仅可以及时地获得指导委员会的指导，而且可以综合不同教师的意见拓展自己的研究视角。因此，在美国的一些大学里，博士学位论文答辩被视为一种"仪式"，因为如果没有学位指导委员会的批准，学生是不允许参加

---

10 教育部、国务院学位委员会：《学位与研究生教育发展"十三五"规划》，http://www.moe.gov.cn/srcsite/A22/s7065/201701/t20170120_295344.html，2017-01-20.

答辩的。然而，由于相关方面制度的不健全，目前我国仅有的一些高等院校所实施的"预答辩"制度并没有很好地达成其应有的目的，在实践中甚至"流于形式"。因此从长远来看，为了提升我国博士生的培养质量，更好地促进"预答辩"制度的运行：一方面，亟待从制度和管理上予以保障，进一步明确"预答辩"制度的目的、程序、要求、形式等，以强化该制度在实践中的可操作性与有效性；另一方面，进一步强化学位论文指导委员会作用的有效发挥，让目前其"虚体"的存在逐步发展为"实体"的存在。

（五）取消论文发表的硬性要求，回归博士生培养的"初心"

在博士生培养过程中，许多培养单位都对博士生在读期间有相关学术论文发表的硬性要求。诚然，该项要求的初衷是想通过论文发表来提升博士生的研究能力，但在这一过程中也滋生了博士生功利化发文章的问题。许多博士生攻读博士学位的重心产生了一定的偏离，不是为了提升自身的专业水准，而是为了追求发表论文的数量，这也滋生了很多学术不端现象的出现。2019 年 4 月，清华大学率先在国内发布了《攻读博士学位研究生培养工作规定》并提出："不再由学校统一规定博士生在学期间发表论文的硬性指标要求。"[11]可以说，清华大学此举打破了既往高校对博士生的评价，对全国高校均有一定的示范意义。事实上，博士生在攻读学位期间最好的研究成果便是其博士学位论文。因而在未来的博士生培养过程中，应当加强培养单位关于博士生学术论文发表的评估方式的转变，为博士生提供一个宽松的、弹性的研究空间，使他们切实的开展一些"真"研究，真正回归博士生培养的"初心"。

（六）建立立法和学术问责制度，加强学术不端预警机制

近年来，我国高校学术不端现象频频发生，这也引起相关部门的高度重视。对此，教育部在 2009 年、2016 年均颁布了针对学术不端问题预防和处理的办法，2019 年教育部办公厅又一次发布了《关于进一步规范和加强研究生培养管理的通知》，明确指出要："健全预防和处置学术不端的机制。"[12]与

11　清华大学：《攻读博士学位研究生培养工作规定》，https://www.tsinghua.edu.cn/publish/thunews/10303/2019/20190422150724263257696/20190422150724263257696_.html, 2019-04-22.

12　教育部办公厅：《关于进一步规范和加强研究生培养管理的通知》，http://www.moe.gov.cn/srcsite/A22/moe_826/201904/t20190412_377698.html, 2019-02-26.

此同时，通过对美国等国对学术不端问题的干预情况的窥视可以发现，借助立法手段和学术问责是其治理学术不端行为最主要的方式。自 20 世纪 80 年代中后期，美国开始在立法和司法中重视学术不端行为的干预，专门通过立法成立科研诚信办公室和监察长办公室等相应的政府职能部门，明确政府学术不端治理的法定职责。[13]因而在学术不端行为愈演愈烈的今天，首先可以利用国家力量促进学术不端行为的"法制化"，从而有效预防学术不端问题。其次，完善的学术问责制度是遏制高校学术不端行为的重要保障，在未来的博士生培养中需进一步明晰学术问责的主体、客体、标准、程序等。第三，加强学术不端预警机制，主动接受来自社会各界的监督。

第三节　关于我国博士生教育质量改进体系构建的思考

持续质量改进是一种改进和保持质量的管理办法，它强调的是对质量缺陷潜在原因的内部驱动和相对持续（与断断续续相对）的评估，以及后续的目的在于避免质量降低或在早期改正的行动。[14]纵观美国研究型大学博士生教育质量保障中的质量改进，我们可以看出，其在质量改进过程主要针对目前美国博士生教育所面临的一些具体问题以及批评与质疑，及时的开展一系列的质量改进行动，从而有效确保博士生教育质量的持续改进。质量改进意味着质量水准的飞跃，标志着质量活动是以一种螺旋式上升的方式在不断攀登和提高。[15]为了更加有效地推进我国博士生教育质量保障中的质量改进，在未来博士生教育的发展中应当着重考虑如下三个方面：

一、确定存在的问题，探究深层次原因

对于博士生教育质量改进而言，主要是有效应对博士生教育质量保障过程中所出现的各类问题，从而完善整个博士生教育质量保障体系。朱兰认为，实现质量改进有三个方面的途径，即通过排除导致过程偏离标准的偶发性质量故障，使过程恢复到初始的控制状态；通过排除长期性的质量故障使

13　白勤：〈高校教师学术不端行为治理研究〉，载《高等教育研究》，2013 年第 11 期。

14　王战军等：《中国研究生教育质量保障体系理论与实践》，北京：高等教育出版社，2012 年，180 页。

15　陈佳贵：《企业管理学大辞典》，北京：经济科学出版社，2000 年，429 页。

当前的质量提高到一个新的水平；在引入新产品、新工艺时从计划（设计）开始就力求消除可能会导致新的慢性故障和偶发性故障的各种可能性。[16]也即是说，在博士生教育质量保障过程中，首先应当探寻影响博士生教育质量提升的主要问题及原因所在，这是实施博士生质量改进的前提和基础。继而通过引入相应的改进策略，以此推动整个博士生教育质量的提升，突破博士生教育以往的质量水平。这在一定程度上不仅可以规避因博士生教育质量保障过程以及其它相关方面的因素阻碍博士生教育的正常运作，同时也可以避免博士生教育的质量受到损害。

二、制定博士生培养与质量保障过程图

由于博士生质量的改进需知晓博士生教育在实际运作过程中正在发生的情况，如果对目前的实际情况缺乏了解和认知，那么后期的质量改进便终将徒劳。毋庸置疑，指导教师和相关的管理人员在整个博士生培养过程中扮演了非常重要的角色，他们积极参与到博士生教育质量保障的活动中，对博士生培养的过程形成了一套自己的理念，并在头脑中构造出了一套培养过程图。不可否认，这些都在博士生培养中得以有效运用，并且发挥了重要的作用。然而，由于相关人员对整个博士生培养过程以及质量保障流程的理解偏差，这在很大程度上也导致博士生培养以及质量保障过程中出现了很多问题。有鉴于此，在未来博士生教育改革与发展过程中，可以制定一个真实的博士生培养与质量保障过程图[17]，通过与实践中指导教师和相关人员的过程图予以比较，从而确定未来博士生教育质量改进的方向。

三、有针对性地进行持续的质量改进

质量改进的过程在某种程度上是推进未来博士生教育改革与发展的关键，是对未来博士生教育发展的一个重新规划，所以其目的主要是从整体上改进博士生教育的质量保障，进而提升整个博士生教育的质量水平。然而，需要再次强调的是，博士生教育质量保障过程中的"质量改进"并非是质量保障活动的结束。因为在博士生教育质量改进的过程中，问题的解决是一方面，但同时还将产生一些新的问题。因此，为了突破和解决博士生教育质量

---

16 陈佳贵：《企业管理学大辞典》，北京：经济科学出版社，2000 年，429 页。

17 此观点主要受王战军等编著的《中国研究生教育质量保障体系理论与实践》中第181 页内容的启发。

保障所面临的新问题，则需要开展新一轮的"质量策划"、"质量控制"和"质量改进"，它是一个持续地过程。简单地说，质量三部曲的这三个过程是一个往复循环的过程，共同保障了整个博士生教育质量的提升。

总体而言，在合理借鉴美国研究型大学博士生教育质量保障相关举措的基础上，针对我国的具体实践和问题提出了相应地对策建议，以期提高我国整体的博士生教育质量。在分析未来我国博士生教育质量保障的对策建议时，依然选取了朱兰的"质量三部曲"的理论分析框架，一方面该理论对于解释美国研究型大学博士生教育质量保障具有很强的适切性和有效性；另一方面也试图借鉴美国的相关举措，通过该理论分析我国博士生教育质量保障的具体情况以及所面临的具体问题，进而建构适合我国博士生教育质量部保障的框架。然而，需要注意的是，美国研究型大学博士生教育质量保障的相关举措只有在大量条件得以满足的情况下才会移植成功。博士生教育质量保障的许多条件在美国来看被视为是理所当然的，但是如果我国缺乏或部分缺乏这些条件的话，那么这些措施在我国的实施将会面临一定的困境。具体而言，这些条件可能包括如下六个方面[18]：首先，学术性教职人员是合格的。其次，学术性教职人员需要只在一个学术机构从事一个全职的工作，并且与他们的家庭舒适地生活在一起。第三，存在足够的物质的、电子的、行政的支持服务，并有效利用这些支持服务。第四，高等院校的高层领导和管理者理解质量保障的理由，并且忠于它。第五，任命和晋升（级别的提升，从一个级别到另一个级别，合同的续签或终身教职的授予）建立在学术成绩的取得方面，而不是建立在政治或社会关系方面。第六，存在相当程度的学术自由，在那里，对大学或政府的建设性批评是被鼓励的，或者至少是可以容忍的。

新时代的教育变革，需要不断探索新的路径。在"双一流"创建大背景下，承担培养高水平研究人员与专业学术人员的博士生教育将倍受重视。"质量"作为博士生教育领域，乃至整个高等教育领域最为重要的关键词，目前已受到来自学术内外的强烈关注。博士生教育质量保障体系的构建是一项非常复杂的系统工程，是国家、培养单位、社会中介机构等层面质量保障主体共同保障的结果。诚然，我国与美国在政治体制、经济水平、民族文化

---

18 David, L., *Quality Assurance in Higher Education: A study of developing countries*, England, Ashgate Publishing Ltd, 2001, pp.105-108.

以及高等教育管理体质等诸多方面存在较大差异，但是美国研究型大学博士生教育质量保障的相关举措，至少可以对我们思考未来我国博士教育质量保障的发展提供一个反思的契机。因此，考虑到我国博士生教育质量保障体系建设的现实情况及其内部的复杂性，未来我国博士生教育质量保障体系构建的总体框架目标为：构建以国家层面的宏观管控与培养单位层面的微观操作相结合的，内部质量控制与外部质量控制互通发展的，国家、培养单位、中介机构等质量保障主体相结合的博士生教育质量保障体系，从而确保各培养单位达到国家层面的博士生教育质量基准，并且不断追求更高的质量目标（见图 7-1）。基于此，在未来我国博士生教育质量保障体系的构建过程中，需更好地协调博士生教育质量保障主体之间关系的同时，有效发挥质量策划体系、（内外部）质量控制体系以及质量改进体系三方面的循环保障作用，以此积极构建、健全与完善我国的博士生教育质量保障体系，切实提升博士生教育质量。

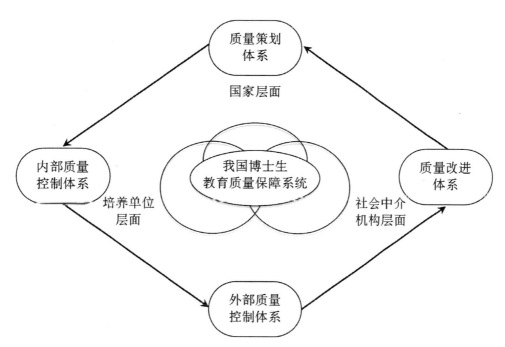

图 7-1　我国博士生教育质量保障体系的构建框架示意图

在国家相关政策提倡下，不仅为未来我国博士生教育的改革与发展提供了战略性的意义，同时也为未来我国博士生教育质量保障活动的有效开展以及博士生教育质量的全面提升具有重要的现实意义。在未来我国博士生教育质量保障的改革与发展过程中，首先在质量策划方面需不断践行国家层面以及博士生培养单位层面的质量策划，并且在这一过程中着重发挥法律法规的约束力量，从而保障整个博士生教育质量策划的有效运行。同时，在博士生教育质量控制中需通过建立内部自我评估机制以及加强中介机构的评估。可以说，不论是博士生培养单位的内部自我评估，还是外部中介机构认证的评估，其目的主要体现在如下两个方面：一是激励与促进的目的。通过相关的评估来激发博士生培养单位改进其博士生培养过程以及完善博士生教育质量保障体系，从而促进博士生教育质量的提升。二是获得社会认可与支持的目的。通过相关的评估可以促进博士生培养单位的信息公开化，进而寻求社会的广泛了解并获取相关的支持。除此之外，在博士生质量控制中还需进一步加强博士生培养过程的质量管理，尤其是博士生课程体系、博士生中期考核制度、"预答辩"制度等的完善，这对于确保博士生的培养质量具有至关重要的作用。最后，在博士生教育质量策划改进中，为了增强质量改进的有效性，除了探明博士生教育质量存在的问题及原因之外，还需进一步明晰责任主体的职责，各司其职。质量改进是一个螺旋式上升的过程，在此基础上还将继续进行博士生教育质量保障中新一轮的质量策划、质量控制和质量改进，以期确保整个博士生教育质量的持续改进和稳步提升。

参考文献

一、中文文献

（一）专著类

1. [德]弗·鲍尔生：《德国教育史》[M]，滕大春、滕大生译，北京：人民教育出版社，1986年。

2. [美]佩吉·梅基、内希·博科斯基：《博士生教育评估》[M]，张金萍、娄枝译，上海：上海交通大学出版社，2011年。

3. [美]E·P·克伯雷：《外国教育史料》[M]，华中师范大学教育系等译，武汉：华中师范大学出版社，1991年。

4. [美]E·格威狄·博格、金伯利·宾汉·霍尔：《高等教育中的质量与问责》[M]，毛亚庆、刘冷馨译，北京：北京师范大学出版社，2009年。

5. [美]鲍威尔、格林：《全球博士教育》[M]，查岚、严媛、徐贝译，上海：上海交通大学出版社，2012年。

6. [美]贝特曼等：《管理学：构建竞争优势》[M]，王雪莉等译，北京：北京大学出版社，2001年。

7. [美]伯顿·克拉克：《高等教育系统——学术组织的跨国研究》[M]，王承绪等译，杭州：杭州大学出版社，1994年。

8. [美]伯顿·克拉克：《高等教育新论——多学科的研究》[M]，王承绪等译，杭州：浙江教育出版社，2001年。

9. [美]伯顿·克拉克:《探究的场所——现代大学的科研和研究生教育》[M],
   王承绪译,杭州:浙江教育出版社,2006 年。

10. [美]伯顿·克拉克:《研究生教育的科学研究基础》[M],王承绪译,杭
    州:浙江教育出版社,2001 年。

11. [美]德里克·博克:《走出象牙塔——现代大学的社会责任》[M],徐小
    洲、陈军译,杭州:浙江教育出版社,2001 年。

12. [美]菲利普·G·阿特巴赫:《比较高等教育:知识、大学与发展》[M],
    人民教育出版社教育室译,北京:人民教育出版社,2000 年。

13. [美]菲利普·G·阿特巴赫:《为美国高等教育辩护》[M],别敦荣、陈艺
    波译,青岛:中国海洋大学出版社,2007 年。

14. [美]菲利普·库姆斯:《世界教育危机》[M],赵宝恒、李环等译,北京:
    人民教育出版社,1990 年。

15. [美]克拉克·科尔:《高等教育不能回避历史》[M],王承绪译,杭州:浙
    江教育出版社,2001 年。

16. [美]克拉克·科尔:《大学的功用》[M],陈学飞等译,南昌:江西教育
    出版社,1993 年。

17. [美]罗伯特·M·赫钦斯:《美国高等教育》[M],江利兵译,杭州:浙江
    教育出版社,2006 年。

18. [美]罗杰·L·盖格:《增进知识——美国研究型大学的发展（1900-1940）》
    [M],王海芳、魏书亮译,保定:河北大学出版社,2008 年。

19. [美]罗纳德·G·艾伦伯格:《美国的大学治理》[M],沈文钦、张婷姝、
    杨晓芳译,北京:北京大学出版社,2010 年。

20. [美]内拉德、赫格兰德:《博士教育全球化:动力与模式》[M],李毅、张
    国栋译,上海:上海交通大学出版社,2010 年。

21. [美]佩吉·梅基、内希·博科斯基:《博士生教育评估——改善结果导
    向的新标准与新模式》[M],张金萍、娄枝译,上海:上海交通大学出版
    社,2011 年。

22. [美]亚瑟·科恩:《美国高等教育通史》[M],李子江译,北京:北京大学
    出版社,2010 年。

23. [美]约翰·S·布鲁贝克:《高等教育哲学》[M],王承绪等译,杭州:浙江教育出版社,2001年。

24. [美]约翰·布伦南:《高等教育质量管理》[M],陆爱华等译,上海:华东师范大学出版社,2005年。

25. [美]约瑟夫·M·朱兰等:《朱兰质量手册(第五版)》[M],焦叔斌等译,北京:中国人民大学出版社,2003年。

26. [美]詹姆斯·R·埃文斯、威廉·M·林赛:《质量管理与质量控制》[M],焦叔斌主译,北京:中国人民大学出版社,2010年。

27. [英]马尔科姆·泰特:《高等教育研究进展与方法》[M],侯定凯译,北京:北京大学出版社,2007年。

28. [英]玛丽·亨克尔:《国家、高等教育与市场》[M],谷贤林等译,北京:教育科学出版社,2005年。

29. [英]托尼·布什:《当代西方教育管理模式》[M],强海燕主译,南京:南京师范大学出版社,1998年。

30. [英]约翰·韦斯特伍德:《绩效评估》[M],陈历译,长春:长春出版社,2004年。

31. 蔡学军、范巍:《中国博士发展状况》[M],北京:北京大学出版社,2011年。

32. 曹健:《研究生培养模式论》[M],镇江:江苏大学出版社,2011年。

33. 蔡世俊:《研究生教育制度渐进变迁》[M],北京:北京大学出版社,2010年。

34. 陈洪捷:《博士质量:概念、评价与趋势》[M],北京:北京大学出版社,2010年。

35. 陈玉琨等:《高等教育质量保障体系概论》[M],北京:北京师范大学出版社,2004年。

36. 陈学飞:《美国高等教育发展史》[M],成都:四川大学出版社,1989年。

37. 陈学飞:《西方怎样培养博士——法、英、德、美的模式与经验》[M],北京:教育科学出版社,2002年。

38. 陈子辰：《研究型大学与研究生教育研究》[M]，杭州：浙江大学出版社，2006 年。

39. 戴毅然：《中外研究生教育比较》[M]，济南：山东教育出版社，1990 年。

40. 单中惠：《外国大学教育问题史》[M]，济南：山东教育出版社，2006 年。

41. 冯增俊：《现代研究生教育研究》[M]，广州：广东高等教育出版社，1993 年。

42. 符娟明、迟恩莲：《国外研究生教育研究》[M]，北京：人民教育出版社，1992 年。

43. 顾海良：《新时期我国学位与研究生教育改革的理论与实践》[M]，武汉：武汉大学出版社，2009 年。

44. 郭富根：《研究生教育的理论与实践》[M]，上海：上海科学技术文献出版社，1997 年。

45. 郭富根：《研究生教育研究》[M]，上海：上海科学技术文献出版社，1996 年。

46. 国务院学位委员会办公室：《学位与研究生教育文件选编》[M]，北京：高等教育出版社，1999 年。

47. 国务院学位委员会办公室：《研究生教育和学位制度研究》[M]，北京：人民教育出版社，1994 年。

48. 贺国庆：《德国和美国大学发达史》[M]，北京：人民教育出版社，1998 年。

49. 国家教育发展研究中心：《发达国家教育改革的动向和趋势（第六集）》[M]，北京：人民教育出版社，1999 年。

50. 胡玲琳：《我国高校研究生培养模式研究》[M]，上海：复旦大学出版社，2010 年。

51. 黄启兵、毛亚庆：《大众化高等教育质量保障：基于知识的解读》[M]，北京：北京师范大学出版社，2011 年。

52. 黄治国：《研究生培养制度研究》[M]，武汉：武汉大学出版社，2008 年。

53. 蒋冀骋、徐超富：《大众化条件下高等教育质量保障体系研究》[M]，长沙：湖南师范大学出版社，2008 年。

54. 李盛兵：《研究生教育模式嬗变》[M]，北京：教育科学出版社，1997 年。

55. 李素敏：《美国赠地学院发展研究》[M]，保定：河北大学出版社，2004 年。

56. 梁桂芝：《学位与研究生教育评估的理论与实践》[M]，沈阳：辽宁大学出版社，1991 年。

57. 梁桂芝：《中华人民共和国学位与研究生教育要事志》[M]，西安：西安交通大学出版社，1994 年。

58. 梁兴文：《研究生教育管理》[M]，哈尔滨：哈尔滨工业大学出版社，1997 年。

59. 廖湘阳：《研究生教育发展战略研究》[M]，北京：清华大学出版社，2006 年。

60. 林希森：《研究生教育与管理》[M]，哈尔滨：东北林业大学出版社，1993 年。

61. 廖文武：《探寻研究生教育的岁月：恢复研究生教育 30 年》[M]，上海：复旦大学出版社，2009 年。

62. 廖晓玲：《我看研究生教育 30 年：纪念中国恢复研究生招生培养 30 年征文选》[M]，北京：北京大学出版社，2009 年。

63. 刘鸿：《我国研究生培养模式研究》[M]，青岛：中国海洋大学，2007 年。

64. 刘晖：《二十国研究生教育》[M]，长春：东北师范大学出版社，1989 年。

65. 刘晖：《中国研究生教育和学位制度》[M]，北京：教育科学出版社，1988 年。

66. 刘朔：《研究生教育质量评价与保障体系的理论与实证分析》[M]，西安：西安交通大学出版社，2010 年。

67. 刘献君：《发达国家博士生教育中的创新人才培养》[M]，武汉：华中科技大学出版社，2010年。

68. 罗利佳：《研究生教育若干热点问题研究》[M]，北京：中国青年出版社，2008年。

69. 马健生：《高等教育质量保证体系的国际比较研究》[M]，北京：北京师范大学出版社，2014年。

70. 马万华：《从伯克利到北大清华——中美公立研究型大学建设与运行》[M]，北京：教育科学出版社，2004年。

71. 秦惠民：《学位与研究生教育大辞典》[M]，北京：北京理工大学出版社，1994年。

72. 秦尚海：《蓬勃发展的研究生教育》[M]，青岛：中国海洋大学出版社，2007年。

73. 清华大学研究生院：《美国研究生教育》[M]，北京：清华大学出版社，1985年。

74. 邱均平：《中国研究生教育及学科专业评价报告2011-2012》[M]，北京：科学出版社，2011年。

75. 人民教育出版社《外国教育丛书》编辑组：《高等学校的科学研究和研究生教育》[M]，北京：人民教育出版社，1979年。

76. 沈红：《美国研究型大学形成与发展》[M]，武汉：华中理工大学出版社，1999年。

77. 孙晓敏：《如何有效选拔研究生——人力资源选拔的视角》[M]，北京：北京师范大学出版社，2014年。

78. 孙义燧：《研究生教育辞典》[M]，南京：南京大学出版社，1995年。

79. 滕大春：《美国教育史》[M]，北京：人民教育出版社，1994年。

80. 滕大春：《外国教育通史（第2卷)》[M]，济南：山东教育出版社，2005年。

81. 滕大春：《外国教育通史（第4卷)》[M]，济南：山东教育出版社，2005年。

82. 田恩舜：《高等教育质量保证模式研究》[M]，青岛：中国海洋大学出版社，2007年。

83. 田逸平：《研究生教育学》[M]，石家庄：河北教育出版社，2001 年。

84. 同济大学"研究生教育国际合作经验与案例研究"项目组：《研究生教育国际合作经验与案例研究》[M]，上海：同济大学出版社，2012 年。

85. 王建成：《美国高等教育认证制度研究》[M]，北京：教育科学出版社，2007 年。

86. 同济大学研究生教育质量保证体系研究项目组：《大学研究生教育质量保证体系研究》[M]，北京：高等教育出版社，2010 年。

87. 王宝星：《美国现代高等教育制度的确立》[M]，石家庄：河北教育出版社，2005 年。

88. 王大伟：《研究生教育理论与实践》[M]，长沙：中南工业大学出版社，1998 年。

89. 王廷芳：《美国高等教育史》[M]，福州：福建教育出版社，1995 年。

90. 王秀卿、张景安：《国外研究生教育》[M]，北京：科学技术文献出版社，1987 年。

91. 王秀卿：《研究生教育概论》[M]，北京：北京理工大学出版社，2001 年。

92. 王英杰：《美国高等教育的发展与改革》[M]，北京：人民教育出版社，2002 年。

93. 王战军：《学位与研究生教育评估研究》[M]，北京：高等教育出版社，2002 年。

94. 王战军等：《中国研究生教育质量保障体系理论与实践》[M]，北京：高等教育出版社，2012 年。

95. 王忠烈：《外国学位与研究生教育法规选编》[M]，北京：中国人民大学出版社，1999 年。

96. 王忠烈：《学位与研究生教育比较研究》[M]，北京：中国人民大学出版社，1999 年。

97. 吴本厦：《中国学位与研究生教育的创立及实践》[M]，北京：高等教育出版社，2010 年。

98. 吴家国：《面向 21 世纪培养高质量研究生》[M]，北京：北京师范大学出版社，1998 年。

99. 吴镇柔：《中华人民共和国研究生教育和学位制度史》[M]，北京：北京理工大学出版社，2001 年。

100. 邢媛、陈士俊：《研究生教育卓越质量管理研究》[M]，天津：南开大学出版社，2011 年。

101. 谢桂华：《学位与研究生教育工作实践及思考》[M]，北京：高等教育出版社，2002 年。

102. 谢桂华：《学位与研究生教育研究新进展》[M]，北京：高等教育出版社，2006 年。

103. 谢桂华：《研究生教育与国家创新体系》[M]，北京：光明日报出版社，2011 年。

104. 谢维和：《学位与研究生教育：战略与规划》[M]，北京：教育科学出版社，2011 年。

105. 谢桂华：《20 世纪中国高等教育学位制度与研究生教育卷》[M]，北京：高等教育出版社，2003 年。

106. 许红：《中美研究生培养模式比较研究》[M]，成都：四川大学出版社，2010 年。

107. 徐希元：《当代中国博士生教育研究》[M]，北京：知识产权出版社，2006 年。

108. 熊志翔：《高等教育质量保障体系研究》[M]，长沙：湖南人民出版社，2002 年。

109. 徐辉：《国际视野——本土行动》[M]，合肥：安徽教育出版社，2007 年。

110. 许迈进：《美国研究型大学研究——办学功能与要素分析》[M]，杭州：浙江大学出版社，2005 年。

111. 薛天祥：《研究生教育管理学》[M]，南京：广西师范大学出版社，2004 年。

112. 薛天祥：《研究生教育学》[M]，桂林：广西师范大学出版社，2001 年。

113. 研究生教育质量报告编研组:《中国研究生教育质量年度报告》[M]，北京：中国科学技术出版社，2013 年。

114. 杨逢华:《研究生教育的改革与探索》[M]，北京：对外经济贸易大学出版社，2004 年。

115. 杨颉:《研究生教育质量：内涵与探索》[M]，上海：上海交通大学出版社，2007 年。

116. 杨晓波:《美国公立高等教育机制研究》[M]，太原：山西教育出版社，2008 年。

117. 于立:《研究生教育若干问题探索》[M]，大连：东北财经大学出版社，2005 年。

118. 张晞初:《中国研究生教育史略》[M]，长沙：湖南师范大学出版社，1994 年。

119. 赵立莹:《效力诉求：美国博士生教育评估的演进》[M]，北京：科学出版社，2013 年。

120. 赵一凡:《美国的历史文献》[M]，蒲隆等译，北京：生活·读书·新知三联书店，1989 年。

121. 中国博士质量分析课题组:《中国博士质量报告》[M]，北京：北京大学出版社，2010 年。

122. 中国教育研究生院院长联席会:《中国研究生教育年度报告 2010》[M]，北京：高等教育出版社，2011 年。

123. 中国学位与研究生教育发展年度报告课题组:《中国学位与研究生教育发展年度报告 2011》[M]，北京：中国人民大学出版社，2011 年。

124. 周光礼:《中国博士质量调查》[M]，北京：社会科学文献出版社，2010 年。

125. 周洪宇:《学位与研究生教育史》[M]，北京：高等教育出版社，2004 年。

126. 周文辉:《中国研究生教育质量保障体系研究》[M]，北京：北京理工大学出版社，2012 年。

127. 周远清:《20 世纪的中国高等教育　学位制度与研究生教育卷》[M]，北京：高等教育出版社，2003 年。

（二）学位论文类

1. 荼世俊：《中国研究生教育制度渐进变迁研究》[D]，北京：北京大学，2006 年。

2. 陈旻君：《美国博士研究生教育规模及其制约因素之研究》[D]，长沙：湖南师范大学，2008 年。

3. 陈文：《学位与研究生教育质量评估研究》[D]，西安：西安电子科技大学，2007 年。

4. 邓伟：《我国研究生教育质量保障体系的研究》[D]，天津：天津大学，2005 年。

5. 番武玲：《我国研究生教育质量评价体系研究》[D]，上海：华东师范大学，2004 年。

6. 樊秀萍：《全球化与研究生教育国际化》[D]，北京：北京师范大学，2006 年。

7. 谷秀娟：《我国研究生教育的历史考察（1949-1966）》[D]，湘潭：湘潭大学，2007 年。

8. 胡玲琳：《我国高校研究生培养模式研究——从单一轴向多元模式》[D]，上海：华东师范大学，2004 年。

9. 黄海刚：《"丛林"中的秩序：美国博士教育的变革》[D]，北京：北京师范大学，2010 年。

10. 乐晨：《博士生培养质量保障研究》[D]，长沙：湖南大学，2012 年。

11. 李壁强：《中国研究生教育质量保证模式研究》[D]，兰州：兰州大学，2011 年。

12. 李海娜：《中美博士生资助比较研究》[D]，石家庄：河北大学，2010 年。

13. 李红：《美国研究生教育的组织分析》[D]，杭州：浙江大学，2001 年。

14. 李盛兵：《研究生教育模式之嬗变》[D]，厦门：厦门大学，1994 年。

15. 廖湘阳：《研究生教育发展战略》[D]，武汉：华中科技大学，2003 年。

16. 刘卷：《美国研究生教育结构研究》[D]，长沙：湖南师范大学，2006 年。

17. 刘珊珊：《我国博士研究生教育质量保障体系研究》[D]，成都：西南交通大学，2011 年。

18. 罗中琼：《研究生教育质量影响因素分析与对策研究》[D]，成都：西南交通大学，2004 年。

19. 毛慧芳：《中美英研究型大学研究生培养的比较研究》[D]，武汉：华中农业大学，2008 年。

20. 潘武玲：《我国研究生教育质量评价体系研究》[D]，上海：华东师范大学，2004 年。

21. 逢索：《新形势下我国研究生教育质量管理的研究》[D]，上海：华东理工大学，2009 年。

22. 石磊：《研究生教育质量评价与质量保障体系研究》[D]，合肥：中国科学技术大学，2010 年。

23. 苏曼虹：《美国研究生培养模式研究》[D]，南宁：广西师范大学，2008 年。

24. 谭欢：《美国研究生硕士教育质量保障体系研究》[D]，长沙：湖南师范大学，2007 年。

25. 田俊荣：《研究生教育质量评估的进展、问题及对策研究》[D]，武汉：武汉理工大学，2008 年。

26. 田联进：《美国研究生教育制度分析》[D]，长沙：湖南师范大学，2007 年。

27. 王慧：《中美博士生培养质量保障机制研究》[D]，大连：大连理工大学，2005 年。

28. 王立良：《关于我国研究生教育质量保障的研究》[D]，上海：上海交通大学，2008 年。

29. 王昕：《美国研究生质量保障体系的研究——以宾夕法尼亚大学为例》[D]，大连：大连理工大学，2008 年。

30. 韦明伺：《学位与研究生教育质量保障研究》[D]，南京：广西师范大学，2005 年。

31. 吴惠琴：《美国研究生教育外部质量保障研究》[D]，广州：华南师范大学，2007 年。

32. 向雯芝：《学位与研究生教育质量监控研究》[D]，长沙：湖南大学，2002年。

33. 肖念：《研究生教育质量保障体系研究》[D]，北京：北京工业大学，2006年。

34. 肖瑶：《学位与研究生教育管理研究》[D]，武汉：华中师范大学，2001年。

35. 邢媛：《研究生教育卓越质量管理研究》[D]，天津：天津大学，2009年。

36. 徐希元：《当代中国博士生教育研究》[D]，南京：南京大学，2005年。

37. 许红：《中美研究生培养模式比较研究》[D]，成都：四川大学，2009年。

38. 延建林：《研究生教育发展的国际比较》[D]，北京：清华大学，2009年。

39. 杨绍志：《改革开放30年我国研究生招生制度演变研究》[D]，石家庄：河北大学，2010年。

40. 殷小琴：《美国现代研究生教育发展的特点与问题》[D]，杭州：浙江大学，2001年。

41. 袁安娜：《美国研究生教育结构研究》[D]，武汉：武汉理工大学，2010年。

42. 袁潇：《美国公立高等院校内部问责制研究》[D]，重庆：西南大学，2013年。

43. 战戈：《美国研究生教育的多样性研究》[D]，长春：吉林大学，2006年。

44. 张国祎：《学位与研究生教育服务质量管理研究》[D]，重庆：重庆大学，2008年。

45. 赵立莹：《美国博士生教育质量评估体系发展研究》[D]，武汉：华中科技大学，2009年。

46. 郑浩：《我国研究生教育的发展历史研究（1902-1998）》[D]，长沙：湖南师范大学，2005年。

47. 钟昌红：《研究生教育质量评价的理论与实践研究》[D]，北京：北京理工大学，2012年。

48. 周本回：《我国研究生教育结构研究》[D]，长沙：湖南师范大学，2007年。

49. 朱亭亭：《二战后美国博士生教育的历史研究》[D]，上海：华东师范大学，2010 年。

（三）期刊类

1. [德]〈博士生教育去向何方？——全球化背景下欧洲的新举措〉[J]，《北京大学教育评论》，2007 年第 4 期。

2. [美]菲利普·G·阿特巴赫：〈美国博士教育的现状与问题〉[J]，别敦荣、陈丽译，《教育研究》，2004 年第 6 期。

3. 芭芭拉·科姆：〈通向博士的路径：在精英选拔与规模扩张之间〉[J]，《北京大学教育评论》，2009 年第 2 期。

4. 别敦荣、陶学文：〈我国专业学位研究生教育质量体系的反思与创新〉[J]，《高等教育研究》，2009 年第 3 期。

5. 别敦荣：〈论高等学校管理的三原则〉[J]，《清华大学教育研究》，2001 年第 1 期。

6. 谷纲：〈专业学位研究生教育的质量观〉[J]，《学位与研究生教育》，2006 年第 7 期。

7. 陈庆华、沈跃进：〈美国研究生教育的历史研究（上）〉[J]，《学位与研究生教育》，1993 年第 1 期。

8. 陈庆华、沈跃进：〈美国研究生教育的历史研究（中）〉[J]，《学位与研究生教育》，1993 年第 1 期。

9. 陈庆华、沈跃进：〈美国研究生教育的历史研究（下）〉[J]，《学位与研究生教育》，1993 年第 1 期。

10. 陈树清：〈美国研究生教育发展的历程及其特点〉[J]，《外国教育动态》，1982 年第 1 期。

11. 陈伟、裴旭、朱玉春：〈我国研究生教育质量保障体系构建的有关探讨〉[J]，《学位与研究生教育》，2010 年第 7 期。

12. 陈欣欣等：〈美国著名大学博士生教育质量保障体系初探〉[J]，《学位与研究生教育》，1994 年第 1 期。

13. 陈学飞：〈传统与创新：法、英、德、美博士生培养模式演变趋势的探讨〉[J]，《清华大学教育研究》，2000 年第 4 期。

14. 陈跃:〈法国博士研究生教育的特点及其启示〉[J],《中南民族大学学报》(人文社会科学版), 2004 年第 3 期。

15. 程斯辉、詹健:〈研究生培养模式研究的新视野〉[J],《清华大学教育研究》, 2006 年第 5 期。

16. 丁康:〈世界研究生培养模式的传统与变革〉[J],《外国教育研究》, 1997 年第 4 期。

17. 董泽芳:〈博士生创新能力的提高与培养模式改革〉[J],《高等教育研究》, 2009 年第 5 期。

18. 谷贤林:〈在自治与问责之间:美国公立研究型大学与州政府的关系〉[J],《比较教育研究》, 2007 年第 1 期。

19. 谷志远:〈美国博士生培养质量影响因素的实证研究——基于美国 ARDP 调查数据的分析〉[J],《教育科学》, 2011 年第 6 期。

20. 谷志远:〈美国博士生资助:特点、趋势及启示——基于不同类型博士生的分析〉[J],《学位与研究生教育》, 2012 年第 1 期。

21. 郭建如:〈我国高校博士生教育质量保障:制度与文化分析〉[J],《高等教育研究》, 2012 年第 6 期。

22. 贺佐成:〈学术学位与专业学位的差异〉[J],《中国研究生》, 2007 年第 1 期。

23. 胡建华:〈关于研究生教育规模与质量的若干思考〉[J],《教育发展研究》, 2003 年第 8 期。

24. 黄海刚:〈从声望排名到质量改进——美国博士生教育评估模式的演进〉[J],《比较教育研究》, 2012 年第 1 期。

25. 纪勇平:〈中美研究生教育发展及其调节机制的比较分析〉[J],《江西社会科学》, 2003 年第 2 期。

26. 蒋磐岚:〈英国高等教育外部质量保障体系与牛津大学研究生教育〉[J],《研究生教育研究》, 2011 年第 2 期。

27. 蒋馨岚、徐梅:〈世界一流大学的研究生教育质量保障体系:特征与启示〉[J],《学位与研究生教育》, 2011 年第 11 期。

28. 李八方、周珊珊、曹扬:〈研究生教育质量保障体系的构成、特征和控制〉[J],《学位与研究生教育》,2004 年第 6 期。

29. 李丽、王前:〈基于实证的博士生教育质量影响因素分析〉[J],《学位与研究生教育》,2012 年第 9 期。

30. 李盛兵:〈研究生培养模式研究之反思〉[J],《教育研究》,2005 年第 11 期。

31. 李小青:〈博士生培养质量影响因素剖析〉[J],《学位与研究生教育》,2007 年(增刊)。

32. 廖文武、陈文燕、郭代军:〈研究生教育质量影响因素分析与对策研究〉[J],《研究生教育研究》,2012 年第 2 期。

33. 刘宝存:〈发达国家研究生教育的理念基础〉[J],《中国高教研究》,2005 年第 4 期。

34. 刘宝存:〈发达国家研究生教育的战略选择〉[J],《学位与研究生教育》,2006 年第 7 期。

35. 刘宝存:〈发达国家研究生教育管理模式探析〉[J],《河北师范大学学报》(教育科学版),2006 年第 1 期。

36. 刘宝存:〈我国研究生教育改革与发展的战略选择〉[J],《江苏高教》,2005 年第 7 期。

37. 李帆:〈美国研究生教育的历史进程及其特点〉[J],《高等教育研究》,1995 年第 4 期。

38. 刘炎:〈基于内容分析的国内研究生教育质量影响因素研究〉[J],《河北大学学报》(哲学社会科学版),2012 年第 4 期。

39. 刘再春:〈发达国家研究生教育外部质量保障的经验与启示〉[J],《中国高教研究》,2010 年第 8 期。

40. 马黎:〈中美研究型博士生培养模式比较研究〉[J],《高等教育研究》,1994 年第 1 期。

41. 苗乃耕、苗淳:〈美国研究生教育的特点及其启示〉[J],《中国高等教育》,2007 年第 19 期。

42. 潘武玲:〈美、英、法三国研究生教育质量评估体系的研究及启示〉[J],《现代大学教育》,2005 年第 1 期。

43. 潘武玲：〈美国研究生教育质量评价的三种主要力量〉[J]，《现代教育科学》，2006 年第 5 期。

44. 潘武玲：〈美国研究生教育质量自我评价制度及启示〉[J]，《教师教育研究》，2004 年第 2 期。

45. 孙阳春、梅海玲：〈博士生教育质量影响因素研究〉[J]，《黑龙江教育》（高教研究与评估），2009 年第 6 期。

46. 石鸥、陈旻君：〈我国博士生教育规模必须扩大——美国的经验及其启示〉[J]，《高等教育研究》，2009 年第 1 期。

47. 秦发兰、胡承孝：〈博士生教育质量保障体系构建与实践——以华中农业大学为例〉[J]，《学位与研究生教育》，2011 年第 9 期。

48. 沈文钦、赵世奎：〈西方博士生教育研究的主题〉[J]，《学位与研究生教育》，2010 年第 12 期。

49. 王晓阳：〈美国研究生教育的现状与展望〉[J]，《学位与研究生教育》，2007 年第 7 期。

50. 肖敏：〈研究生教育三维质量保障体系〉[J]，《学位与研究生教育》，2003 年第 6 期。

51. 徐晓云：〈试析影响美国博士研究生教育发展变化的社会因素〉[J]，《学位与研究生教育》，1994 年第 2 期。

52. 熊华军、丁艳：〈加州大学伯克利分校的研究生培养模式及其启示〉[J]，《研究生教育研究》，2011 年第 2 期。

53. 杨庚、杨健：〈对美国博士生资格考试制度的分析与借鉴〉[J]，《南京邮电学院学报》（社会科学版），2004 年第 6 期。

54. 詹春燕、唐信焱：〈国际视域下的研究生教育质量评价——基于美、英、法、日四国的比较研究〉[J]，《教育发展研究》，2010 年第 21 期。

55. 张慧洁：〈扩招后研究生教育质量及保障研究〉[J]，《黑龙江高教研究》，2005 年第 11 期。

56. 张继平、董泽芳：〈德国研究生教育发展探析〉[J]，《学位与研究生教育》，2009 年第 3 期。

57. 赵立莹、陈梅：〈美中博士生教育评估体系的有效性分析及启示〉[J]，

《学位与研究生教育》，2010 年第 7 期。

58. 赵立莹、张晓明：〈美国博士生教育评价：演变趋势及启示〉[J]，《高等工程研究》，2009 年第 2 期。

二、英文文献

（一）专著类

1. Alma, C. Quality Assurance in Higher Education [M]. Washington, D. C.: The Falmer Press, 1992.

2. Altmaier, E. M.. Setting Standards in Graduate Education [M]. Washington, D. C: American Psychological Association, 2003.

3. Becher, T., Henkel, M. & Maurice, K. Graduate Education in Britain [M]. Jessica Kingsley Publishers, 1994.

4. Bowen, W. G. & Shapiro, H. T.. Universities and Their Leadership [M]. Princeton: Princeton University Press, 1998.

5. Bruce, L. R. Smith. The State of Graduate Education [M]. Washington, D. C.: Brookings Institution, 1985.

6. Burgess, R. G.. Beyond the First Degree [M]. Buckingham Bristol, PA, USA: Society for Research into Higher Education & Open University Press, 1997.

7. Burke, J. C.. Achieving Accountability in Higher Education: Balanced Public, Academic, and Market Demands [M]. San Francisco: Jossey-Bass, 2005.

8. Burton, R. C. The Research Foundation of Graduate Education Germany, Britain, France, United States, Japan [M]. California: University of California Press, 1993.

9. Carmichael. Graduate Education [M]. New York: Harper, 1961.

10. Cartter, A. M.. An assessment of Quality in Graduate Education [M]. Washington, D. C. : American Council on Education, 1966.

11. Chew, R. L.. A Simulation Model for Graduate Education Planning in the University [M]. Ann Arbor, Mich.: UMI, 1976.

12. David, L. Quality Assurance in Higher Education: A study of developing

countries [M]. England: Ashgate Publishing Ltd, 2001.

13. Diana, G. What is Quality in Higher Education? [M]. SRHE and Open University Press, 1994.

14. Ellis, R. Quality Assurance for University Teaching [M]. Open University Press, 1993.

15. Ernest, R. & Renate, S. The Highest Education: A Study of Graduate Education in Britain [M]. Routledge and Paul, 1975.

16. Ernest, R. A New Look at Postgraduate Failure [M]. Guildford, Surrey: Society for Research into Higher Education & NFER-Nelson, 1985.

17. Frijal, A. & Bartelse, J. (eds.). The Future of Postgraduate Education in Europe [M]. Luxembourg, Office for Official Publications of the European Communities, 1999.

18. George E. Walker, Chris M. Golde, Laura Jones, Andrea Conklin Bueschel, Pat Hutchings. The Formation of Scholars: Rethinking Doctoral Education for Twenty-First Century [M]. San Francisco: Jossey-Bass, 2008.

19. Goetsch, D. L. & Davis, S. Introduction to Total Quality: Quality, Productivity. Competitiveness [M]. London: Prentice Hall International, INC, 1994.

20. Guo, Y. G. Graduate Education in China and its International Context [M]. Ann Arbor, Mich.: UMI ,1998.

21. Harald, S. & Ulrich, T. Higher Education and Graduate Employment in Europe [M]. Dordrecht: Springer, 2006.

22. Hastings Rashdall, F. M. & Powicke, A. B. Emden (edited). The Universities of Europe in the Middle Ages [M]. Oxford: The Clarendon Press, 1936.

23. Hofstradter, R. & Smith, W.. Higher Education: A Documentary History (VOL. I) [M]. Chicago: University of Chicago Press, 1968.

24. Hogarth, C. P.. Quality Control in Higher Education [M]. Lanham: University Press of America, 1987.

25. Jeremiah, P. O, Charlotte, V. K. & James, A. V.. A Data-Based Assessment of

Research-Doctorate Programs in the United States [M]. Washington, D. C.: The National Academies Press, 2000.

26. John, S. B. & Willis, R. Higher Education in Transition [M]. Harper & Row, Publishiers, 1976.

27. Jones, L. V., Lindzey, G, & Porter, E. An Assessment of Research-Doctorate Programs in the United States: Humanities [M]. Washington, D.C.: National Academy Press, 1982.

28. Juran, J. M.. Juran's Quality Handbook (Fifth Edition) [M]. The McGraw-Hill Companies, 1998.

29. Keniston, H. Graduate Study and Research in the Arts and Sciences at the University of Pennsylvania [M]. Philadelphia: University of Pennsylvania Press, 1959.

30. Kerry, T.. Meeting the challenges of change in postgraduate education [M]. Continuum International Pub. Group, 2010.

31. Kiley, M. and Mullins, G. (Eds.) Quality in Postgraduate Research: Knowledge Creation in Testing Times [M]. Canberra: The Australian National University, 2006.

32. Louise, M. Quality and Power in Higher Education [M]. SRHE and Open University Press, 2003.

33. Marvin, L. G,, Brendan, A. M & Pamela, E. F.. Research-Doctorate Programs in the United States [M]. Washington, D. C.: National Academy Press, 1995.

34. Marybeth, G. The History of U. S. Higher Education [M]. New York: Routledge, 2010.

35. Michael, J. P. & Lewis, C. S.. Keeping Graduate Programs Responsive to National Needs [M]. San Francisco: Jossey-Bass, 1984.

36. Mitchell G. Ash. German Universities Past and Future: Crisis or Renewal? [M]. Berghahn Books, 1997.

37. National Board on Graduate Education. Minority group participation in graduate education [M]. Washington: National Academy of Sciences, 1976.

38. National Board on Graduate Education. Outlook and opportunities for graduate education [M]. Washington, D. C.: National Board on Graduate Education, 1975.

39. Nerad, M., Raymond, J. & Miller, D. S. Graduate Education in the United States [M]. London: Garland Publishing, Inc., 1997.

40. Nerad, M.. & Mimi, H. Toward a Global Ph.D.? Forces and Forms in Doctoral Education Worldwide [M]. Washington, D. C.: University of Washington Press, 2008: 278.

41. Nerad, M.. Graduate Education and its Changes in the U.S., In Daigakuin Kyoiku no Genjo Kadai [Graduate Education, and Future] [M]. Hiroshima: Research Institute for Higher Education, Hiroshima University, Japan, 2009.

42. Nerad, M.. Doctoral Education in the USA. In S. Powell and H. Green Eds., The Doctorate Worldwide [M]. Berkshire, England: Open University Press, 2007.

43. Noble, K. A.. Changing Doctoral Degrees: An International Perspective [M]. Society for Research into Higher Education, 1994.

44. OECD. Post-graduate Education in the 1980s [M]. Washington, D. C.: Congressional Information Service, Inc.,1988.

45. Peterson, G . Peterson's Graduate and Professional Programs [M]. Princeton, NJ: Petersons, 1999.

46. Rilling, A. W. The First Fifty Years of Graduate Education in the United States navy, 1909-1959 [M]. Ann Arbor, Mich.: UMI, 1973.

47. Rudd. The Highest Education [M]. London: Routledge & Kegan Paul, 1975.

48. Sinclair, M.. The Pedagogy of "good" Ph. D. Supervision: A National Cross-disciplinary Investigation of Ph. D. Supervision [M]. Canberra: Department of Education, Science and Training, 2004.

49. Smith, G. K. Twenty Five Years: 1945-1970 [M]. Jossey-Bass Inc. Publishers, 1970.

50. Storr, R. J.. The Beginning of Graduate Education in America [M]. Chicago:

University of Chicago Press, 1953.

51. Thomas-Long, R. The Politics of Exclusion in Graduate Education [M]. Bern New York: Peter Lang, 2010.

52. Thurgood, L. L., Golladay, M. J. & Hill, S. T. US Doctorates in the 20th Century [M]. Arlington: National Science Foundation, 2006.

53. Tipps, G. E.. A Galf-Century of Graduate Education in New Mexico [M]. Ann Arbor, Mich.: UMI, 1966.

54. Vernardakis, G. Graduate Education Government: In England, France, and the United States [M]. New York: University Press of America, Inc, 1998.

55. Walters, E. Graduate Education Today [M]. Washington, D. C.; American Council on Education, 1965.

56. World Health Organization. Postgraduate Education and Training in Public Health [M]. World Health Organization, 1973.

57. Young, K. E. & Chambers, C. M. Accreditation-Contemporary Perspectives on Issues and Practices in Evaluating Educational Quality [M]. San Francisco: Jossey-Bass Publishiers, 1983.

（二）期刊类

1. Allen, C., Smyth, E. & Wahstrom, M. Responding to the Field and to the Academy: Ontario's Evolving Ph. D. [J]. Higher Education Research and Development, 2002, 21 (2).

2. Armstrong, J. A.. Rethinking the Ph. D. [J]. Massachusetts Institute of Technology, 1993, (10).

3. Bernard, B. From Graduate Education in the United States [J]. American Behavioral Scientist, 1961, 4 (5).

4. Blume, S.. The Development and Current Dilemmas of Postgraduate Education [J]. European Journal of Education, 1998, (2).

5. Bosselman, R. Report On the Conference On Graduate Education and Graduate Students Research [J]. Journal of Hospitality & Tourism Research, 1996, 20 (1).

6. Bourner, T, Rachel Bowden & Stuart Laing. Professional Doctorates in England [J]. Studies in Higher Education, 2001, 26 (1).

7. Burgess, R. G., Susan Band & Christopher J. Pole. Developments in Postgraduate Education and Training in the UK [J]. European Journal of Education, 1998, (2).

8. David, L. T. The Assessment of Quality in Higher Education: A Critical Review of the Literature and Research [J]. Research in Higher Education, 1986, 24 (3).

9. David, S. Methods of Assessing Quality [J]. Change, 1981, (10).

10. Delaney, A. M.. Quality Assessment of Professional Degree Programs [J]. Research in Higher Education, 1997, 38 (2).

11. Elbridge, S. Graduate Education in the United States [J]. The Annals of the American Academy of Political and Social Science, 1961, 334 (1).

12. Fitzpatrick, J. Self-assessment as a Strategy to Provoke Integrative Learning within a Professional Degree Programme [J]. Learning in Health and Social Care, 2006, 5 (1).

13. Galloway, R. L. & Wearn, K.. Determinants of quality perception in educational administration potential conflict between the requirements of internal and external customers [J]. Educational Management & Administration, 1998, 26 (1).

14. Gareth, W.. Total Quality Management in Higher Education: Panacea or Placebo? [J]. Higher education, 1993, 25 (3).

15. Harvey, L. External Quality Monitoring in the Market Place [J]. Tertiary Education and Management, 1997, 3 (1).

16. Huisman, J., & Naidoo, R. The Professional Doctorate: From Anglo-Saxon to European Challenges [J]. Higher Education Mangement and Policy, 2006, (2).

17. Kehm, B. M.. Doctoral Education in Europe and North America: a Comparative Analysis [J]. http://www.portlandpress.com/pp/books/online/fyos/083/0067/0830067.pdf, 2013-10-15.

18. Lloyd, E., Samuel, A. & Blauch, K. Chapter IV: Professional and Graduate Education [J]. Review of Educational Research, 1954, 24 (4).

19. Nerad, M.. Globalization and the Internationalization of Graduate Education: A Macros and Micro View [J]. Canadian Journal of Higher Education, 2010, 40 (1).

20. Nerad, M.. The PhD in the US: Criticisms, Facts, and Remedies [J]. Higher Education Policy, 2004, (17).

21. Neumann, R.. Doctoral Differences: Professional Doctorates and PhDs Compared [J]. Journal of Higher Education Policy and Management, 2005, 27 (2).

22. Ottewill, R.. What Can be Learned from Subject Review [J]. Quality Assurance in Education, 2005.

23. Powell, S. & McCauley, C. Research Degree Examining-common Principles and Divergent Practices [J]. Quality Assurance in Education, 2002.

24. Srikanthan & Dalrymple, J. F.. Developing a Holistic Model for Quality in Higher Education [J]. Quality in Higher Education, 2002, 8 (3).

25. Webster, D. S. America's Highest Ranked Graduate Schools, 1925-1982 [J]. Change, 1983, 15 (4).

（三）报告及其它类

1. Academic Benchmarks [EB/OL]. http://grad.berkeley.edu/policy/fullguide/, 2014-12-06.

2. Admission Policy [EB/OL]. http://grad.berkeley.edu/policy/admissions-policy/#b12-admission-cycle-and-requirements, 2014-12-10.

3. Admissions Procedures to Enhance Diversity [EB/OL]. http://grad.berkeley.edu/policy/diversity-policy/#c1-graduate-council-statement-diversity-in-graduate-student-recruitment-and-selection-reissued-february-1998, 2014-12-15.

4. Admissions Requirements [EB/OL]. http://grad.berkeley.edu/admissions/requirements/, 2015-01-18.

5. Andrea, B. Quality Assurance in an International Higher Education Area: A

Case Study Approach and Comparative Analysis [D]. University of Klagenfurt, 2011.

6. Berkeley Graduate Division. Guide to Graduate Policy (Full Version) [EB/OL]. http://grad.berkeley.edu/policy/fullguide/, 2014-12-06.

7. Board of Postgraduate Education. Strategy for the Internationalization of Postgraduate Education [EB/OL]. http://internwebben.ki.se/sites/default/ files/strategy_internationalisation_postgraduate_education.pdf, 2006-10-10.

8. Bound, J., Turner, S. & Walsh, P.. Internationalization of U.S. Doctorate Education [R]. National Bureau of Economic Research, 2009.

9. Byrne, J., Jorgensen, T. & Loukkola, Tia. Quality Assurance in Doctoral Education-Results of the ARDE Projiect [R]. European University Association, 2013.

10. Chris M. Golde & Timothy M. Dore. At Cross Purposes: What the Experiences of Today's Doctoral Students Reveal About Doctoral Education [R/OL]. http://www.phd-survey.org/report%20final.pdf, 2015-01-08.

11. Council of Graduate Schools and Educational Testing Service. The Path Forward: The Future of Graduate Education in the United States [R]. Princeton, NJ: Educational Testing Service, 2010.

12. Council of Graduate Schools. The Role and Nature of the Doctoral Dissertation [R]. Washington, D. C.: Council of Graduate Schools, 1991.

13. Council of Graduate Schools. White Paper-NDEA21: A Renewed Commitment to Graduate Education [R/OL]. http://www.cgsnet.org/portals/0/ pdf/NDEA21RevNovO5.pdf, 2005-11-30.

14. Cynthia A. Davenport. Recognition Chronology [EB/OL]. http://www.aspa-usa.org/content/about-accreditation, 2015-01-05.

15. Doctoral Education at the University of California and Factors Affecting Time-to-Degree [R]. California: University of California, 1991.

16. Graduate Council Statement [EB/OL]. http://grad.berkeley.edu/policy/div-ersity-policy/#c1-graduate-council-statement-diversity-in-graduate-student-

recruitment-and-selection-reissued-february-1998, 2014-12-14.

17. Graduate Education: The Backbone of American Competitiveness and Innovation [R]. Council of Graduate Schools, 2007.

18. Graduate Fellowships and Grants [EB/OL]. http://grad.berkeley.edu/financial/fellowships/#entering, 2015-01-31.

19. Graduate School of Education 2013-2014: Handbook for Advanced Degree Students [EB/OL]. http://gse.berkeley.edu/handbook-advanced-degree-students, 2015-01-23.

20. Higher Education Amendments of 1998 [R]. Washington, D. C.: House Committee on Education and the Workforce, 1998.

21. Higher Education Funding Council for England. Ph. D. Research Degrees Update: Entry and Completion [R/OL]. http://www.hefce.ac.uk/pubs/hefce/2007/07_28/07_28.pdf, 2007.

22. Hoddel, S. The Professional Doctorate and the PhD: Converging or Diverging Lines [C]. Presentation at the Annual SRHE Conference, Sheffield, 2000-12-21.

23. International Postgraduate Students Mirror: Catalonia, Finland, Ireland and Sweden [R]. Swedish National Agency for Higher Education, 2006.

24. Introduction to the Standards [EB/OL]. http://www.nwccu.org/Standards%20and%20Policies/Guide%20for%20Self-Study/Standards%20and%20Guide.htm, 2015-01-27.

25. Lori, T., Golladay, M. J. & Hill, S. T.. U. S. Doctorates in the 20th Century [R]. National Science Foundation, Division of Science Resources Statistics, 2006.

26. National Academy of Science. Rising Above the Gathering Storm: Energizing and Employing America for a Brighter Economic Future [R]. Washington, D. C.: The National Academies Press, 2007.

27. Nerad, M.. Doctoral Education at the University of California and Factors Affection Time-to-Degree [D]. California: University of California, 1991.

28. Nerad, M.. Social Science PhDs-Five+ Years Out [R]. Center for Innovation and Research in Graduate Educaiton, 2006.

29. Paula, Ries, Delores, H. T.. Summary Report 1991: Doctorate Recipients from United States Universities [R]. Washington D. C.: National Academy Press, 1993.

30. PhD Career Path Tracking [EB/OL]. http://depts.washington.edu/cirgeweb/phd-career-path-tracking/, 2015-01-06.

31. PhD Study Trends and Profiles [R]. Higher Education Funding Council For England, 2011.

32. PhDs in Art History-Over a Decade Later [EB/OL]. http://depts.washington.edu/cirgeweb/phds-in-art-history-over-a-decade-later/, 2015-01-07.

33. Quality Assurance in Postgraduate Education [R]. ENQA Workshop Report, 2010.

34. Resources for Increasing Graduate Diversity [EB/OL]. http://grad.berkeley.edu/policy/diversity-policy/#c1-graduate-council-statement-diversity-in-graduate-student-recruitment-and-selection-reissued-february-1998, 2014-12-15.

35. Ritter, J. M.. The Applicability of Total Quality Management to Higher Education: A Comparative Study of Percertions of Community College Chief Academic Officers and Chief Financial Officers [D]. Kent State University (Doctoral Dissertation), 2005.

36. Social Sciences PhDs-Five Years Out [EB/OL]. http://depts.washington.edu/cirgeweb/phd-career-path-tracking/2261-2/, 2015-01-08.

37. Subscribe to the International Doctoral Education Research Network (IDERN) [EB/OL]. http://depts.washington.edu/cirgeweb/subscribe-to-the-international-doctoral-education-research-network-idern/, 2013-02-14.

38. The Road Ahead: Improving Diversity in Graduate Education [R]. Los Angeles, CA: Center for Higher Education Policy Analysis, 2004.

39. Trends and Issues in Postgraduate Education: Challenges for Research International Experts' Workshop Final Report [R]. Dublin City University,

Dubilin, Ireland, 2008.

40. U. S. Department of Education. Overview of Accreditation [EB/OL]. http://www2.ed.gov/admins/finaid/accred/accreditation.html#Overview, 2015-01-04.

41. Ulhoi, J. P.. Postgraduate education in Europe: An intersection of conflicting paradigms and goals [J]. International Journal of Educational Management, 2005, (4).

42. University of California Statement on Diversity [EB/OL]. http://grad.berkeley.edu/policy/diversity-policy/#c1-graduate-council-statement-diversity-in-graduate-student-recruitment-and-selection-reissued-february-1998, 2014-12-14.

43. Writing a Dissertation [EB/OL]. http://grad.berkeley.edu/policy/fullguide/, 2014-12-06.

三、网站资源

1. 博士生教育研究国际网络（International Doctoral Education Research Network）：http://depts.washington.edu/cirgeweb/subscribe-to-the-international-doctoral-education-research-network-idern/

2. 高等教育专业认证委员会（Association of Specialized and Professional Accreditation）：http://www.aspa-usa.org/

3. 国际高等教育质量保障协会（The International Network for Quality Assurance Agencies in Higher Education, INQAAHE）：http://www.inqaahe.org/

4. 标准化国际组织（International Organization for Standardization, ISO）：http://www.iso.org/iso/home.html

5. 国际教育局（International Bureau of Education）：http://www.ibe.unesco.org/en.html

6. 国家科学基金会（National Science Foundation）：http://www.nsf.gov/

7. 卡内基教学促进基金会（The Carnegie Foundation for the Advancement of Teaching）：http://www.carnegiefoundation.org/

8. 联合国教科文组织（UNESCO）：http://www.unesco.org/

9. 美国大学教授联合会（American Association of University Professors, AAUP）：http://www.uiowa.edu/~aaupweb/

10. 美国大学联合会（Association of American Universities, AAU）：http://www.aau.edu/about/article.aspx?id=8374

11. 美国大学质量咨询委员会（National Advisory Committee on Institutional Quality and Integrity）：http://www2.ed.gov/about/bdscomm/list/naciqi.html

12. 美国大学生参与度的全国调查网站（National Survey of Student Engagement, NSSE）：http://nsse.iub.edu/index.cfm

13. 美国大学学业评估中心（Collegiate Learning Assessment, CLA）：http://cae.org/about/category/home/

14. 美国大学与学院治理协会（Association of Governing Boards）：http://agb.org/

15. 美国高等教育认证委员会（Council for Higher Education Accreditation）：http://www.chea.org/

16. 美国州高等教育执行官协会（State Higher Education Executive Officers Association）：http://www.sheeo.org/account/comm-home.htm

17. 美国高等教育与认证协会（American Association for Higher Education & Accreditation）：http://www.aahea.org/

18. 美国高等教育政策研究中心（Institute for Higher Education Policy）：http://www.ihep.org/

19. 美国工程院（National Academy of Engineering）：http://www.nae.edu/

20. 美国大学学习论坛（The National Forum on College Level Learning）：http://www.collegelevellearning.org/

21. 美国国家公共政策与高等教育中心（National Center for Public Policy and Higher Education）：http://www.highereducation.org/

22. 美国国家教育成就研究中心（The National Center for Educational Achievement）：http://www.nc4ea.org/

23. 美国国家教育统计中心（The National Center for Education Statistics）：

http://nces.ed.gov/

24. 美国国家学术领袖研究院（The National Academy for Academic Leadership）：http://www.thenationalacademy.org/

25. 美国教育部（US Department of Education）：http://www.ed.gov/

26. 美国教育委员会（American Council on Education）：http://www. acenet.edu

27. 美国教育问责论坛（Forum on Educational Accountability）：http://www. edaccountability.org/

28. 美国教育政策研究中心（Consortium for Policy Research in Education）：http://cpre.wceruw.org/

29. 美国科学院（The National Academy of Sciences）：http://www.nasonline. org/

30. 美国评估协会（American Evaluation Association）：http://www.eval.org/

31. 美国新闻与世界报道网站（U. S. News & World Report）：http:// www.usnews.com

32. 美国研究生院委员会（Council of Graduate Schools in the United States）：http://www.cgsnet.org/

33. 美国研究委员会（National Research Council）：http://www.nationalacademies.org/nrc/index.html

34. 美国整蛊协会（The American Osteopathic Association）：http://www. osteopathic.org/Pages/default.aspx

35. 美国政府问责办公室（U. S. Government Accountability Office）：http:// www.gao.gov/

36. 美国州长协会（National Governors Association）：http://www.nga.org/ cms/home.html

37. 美国州立大学和赠地学院协会（National Association of State Universities and Land-Grant Colleges）：http://www.nasulgc.org/

38. 美国州立学院与大学联合会（America Association of State Colleges and Universities, AASCU：http://www.aascu.org/

39. 美国专业认证协会（Association of Specialized and Professional Accreditors, ASPA）：http://www.aspa-usa.org/

40. 美国自愿问责制（Voluntary System of Accountability Program）：http://www.voluntarysystem.org

41. 欧洲高等教育质量保障协会（the European Association for Quality Assurance in Higher Education）：http://www.enqa.eu/

42. 西部研究生院协会（Western Association of Graduate Schools）：http://www.wagsonline.org/

43. 研究生教育创新与研究中心（Centers for Innovation and Research in Graduate Education）：http://depts.washington.edu/cirgeweb/

44. 中华人民共和国教育部门户网站：http://www.moe.edu.cn/

45. 中央政府门户网站：http://www.gov.cn/

附 录

附录一　美国大学联合会的学校名录

　　美国大学联合会是由美国和加拿大的主要研究性大学（59 个美国大学和 2 所加拿大大学）组成的一个组织。它是由 14 所授予博士学位的美国大学于 1900 年成立的，目的是为了加强和统一博士学位的标准。现在，联合会的宗旨是为提倡加强学术研究和本科、研究生和职业教育的学院性和全国性政策提供一个研讨处。联合会只邀请在学术研究和研究生教育出众的大学成为会员。

　　具体可参见美国大学联合会的官方网站：http://www.aau.edu/

（一）私立大学（25 所）

Harvard University 哈佛大学（1900 年）

Yale University 耶鲁大学（1900 年）

Princeton University 普林斯顿大学（1900 年）

Columbia University 哥伦比亚大学（1900 年）

Stanford University 斯坦福大学（1900 年）

University of Pennsylvania 宾夕法尼亚大学（1900 年）

Cornell University 康奈尔大学（1900 年）

The University of Chicago 芝加哥大学（1900 年）

Northwestern University 西北大学（1917 年）

The Johns Hopkins University 约翰·霍普金斯大学（1900 年）

Washington University in St. Louis 圣路易斯华盛顿大学（1923 年）

Brown University 布朗大学（1933 年）

California Institute of Technology 加州理工学院（1934 年）

Massachusetts Institute of Technology 麻省理工学院（1934 年）

Duke University 杜克大学（1938 年）

University of Rochester 罗切斯特大学（1941 年）

Vanderbilt University 范德比尔特大学（1950 年）

New York University 纽约大学（1950 年）

Tulane University 图兰大学（1958 年）

University of Southern California 南加州大学（1969 年）

Case Western Reserve University 凯斯西部保留地大学（华盛顿天主教大学）（1969 年）

Carnegie Mellon University 卡内基-梅隆大学（1982 年）

Brandeis University 布兰迪斯大学（1985 年）

Rice University 莱斯大学（1985 年）

Emory University 埃默里大学（1995 年）

（二）公立大学（34 所）

Georgia Institute of Technology 佐治亚理工学院(2010 年)

University of California, Berkeley 加州大学伯克利分校（1900 年）

University of Michigan 密歇根大学（1900 年）

The University of Wisconsin-Madison 威斯康星大学麦迪逊分校（1900 年）

University of Virginia 弗吉尼亚大学（1904 年）

University of Illinois at Urbana-Champaign 伊利诺伊大学（1908 年）

University of Minnesota, Twin Cities 明尼苏达大学（1908 年）

University of Missouri-Columbia 密苏里大学（1908 年）

Indiana University 印第安纳大学（1909 年）

The University of Iowa 爱荷华大学（1909 年）

The University of Kansas 堪萨斯大学（1909 年）

The Ohio State University 俄亥俄州立大学（1916 年）

The University of North Carolina at Chapel Hill 北卡大学教堂山分校（1922 年）

The University of Texas at Austin 得克萨斯大学奥斯汀分校（1929 年）

University of Washington 西雅图华盛顿大学（1950 年）

Purdue University 普度大学（1958 年）

Iowa State University 爱荷华州立大学（1958 年）

The Pennsylvania State University 宾夕法尼亚州立大学（1958 年）

Michigan State University 密歇根州立大学（1964 年）

University of Colorado at Boulder 科罗拉多大学（1966 年）

University of Oregon 俄勒冈大学（1969 年）

University of Maryland, College Park 马里兰大学（1969 年）

University of California, Los Angeles 加州大学洛杉矶分校（1974 年）

University of Pittsburgh 匹兹堡大学（1974 年）

University of California, San Diego 加州大学圣地亚哥分校（1982 年）

The University of Arizona 亚利桑那大学（1985 年）

University of Florida 佛罗里达大学（1985 年）

Rutgers, The State University of New Jersey 罗格斯大学（1989 年）

University at Buffalo, The State University of New York 纽约州立大学布法罗分校（1989 年）

University of California, Santa Barbara 加州大学圣巴巴拉分校（1995 年）

University of California, Davis 加州大学戴维斯分校（1996 年）

University of California, Irvine 加州大学尔湾分校（1996 年）

Stony Brook University-State University of New York 纽约州立大学石溪分校（2001 年）

Texas A & M University 得克萨斯 A & M 大学（2001 年）

（三）加拿大大学（2 所）

McGill University 麦吉尔大学（1926 年）

University of Toronto 多伦多大学（1926 年）

（四）前成员

The Catholic University of America 美国天主教大学（1900-2002 年）

Clark University 克拉克大学（1900-1999 年）

University of Nebraska-Lincoln 内布拉斯加-林肯大学（1909-2011 年）

附录二　美国专业认证机构名称、成立时间以及被 CHEA 和 USDE 认可情况

专业认证机构中文名称	专业认证机构英文名称	成立时间	CHEA 认可	USDE 认可
国际高级工商学院协会	AACSB International-The Association to Advance Collegiate Schools of Business (AACSB)	1916 年	现在具备有效认证资格（2002 年 1 月获得认证资格）	过去曾经具备有效认证资格
工程技术认证委员会	Accreditation Board for Engineering and Technology, Inc.	1932 年	现在具备有效认证资格（2003 年 1 月获得认证资格）	过去曾经具备有效认证资格
针灸和中医认证委员会	Accreditation Commission for Acupuncture and Oriental Medicine	1982 年	现在不具备有效认证资格	现在具备有效认证资格
药学教育认证委员会	Accreditation Council for Pharmacy Education (ACPE)	1932 年	现在具备有效认证资格（2004 年 4 月获得认证资格）	现在具备有效认证资格
工商学院与专业认证系会（前身为"工商学院与专业协会"）	Accreditation Council for Business Schools and Programs (ACBSP) Formerly Association of Collegiate Business Schools and Programs	1988 年	现在具备有效认证资格（2011 年 9 月获得认证资格）	过去曾经具备有效认证资格

内科助理医师认证审查委员会	Accreditation Review Commission on Education for the Physician Assistant (ARC-PA)	1971 年	现在具备有效认证资格（2004 年 1 月获得认证资格）	
新闻和大众传媒教育认证委员会	Accrediting Council on Education in Journalism and Mass Communications (ACEJMC)	1912 年	现在具备有效认证资格（2002 年 4 月获得认证资格）	过去曾经具备有效认证资格
美国博雅教育研究院	American Academy for Liberal Education	1992 年	现在不具备有效认证资格	具备有效认证资格
美国助产士学院认证部	American College of Nurse-Midwives Division of Accreditation	1929 年	现在不具备有效认证资格	现在具备有效认证资格
美国婚姻和家庭治疗教育认证委员会	Commission on Accreditation for Marriage and Family Therapy Education (COAMFTE)	1946 年	现在具备有效认证资格（2003 年 4 月获得认证资格）	现在具备有效认证资格
美国家庭和消费科学协会认证委员会	American Association of Family and Consumer Sciences Council for Accreditation (AAFCS)	1909 年	现在具备有效认证资格（2001 年 5 月获得认证资格）	现在不具备有效认证资格
麻醉护理教育专业认证委员会	Council on Accreditation of Nurse Anesthesia Educational Programs (CoA-NA)	1931 年	现在具备有效认证资格（2011 年 5 月获得认证资格）	现在具备有效认证资格
美国律师协会-法律教育和律师准入分部委员会	American Bar Association Council of the Section of Legal Education and Admissions to the Bar	1893 年	现在不具备有效认证资格	现在具备有效认证资格
美国殡葬科学教育董事会-认证委员会	American Board of Funeral Service Education Committee on Accreditation (ABFSE)	1958 年	现在具备有效认证资格（2012 年 5 月获得认证资格）	现在具备有效认证资格
美国建筑教育委员会	American Council for Construction Education (ACCE)	1974 年	现在具备有效认证资格（2011 年 1 月获得认证资格）	现在不具备有效认证资格
美国烹饪联盟教育基金-认证委员会	American Culinary Federation Education Foundation (ACFEF) Accrediting Commission	1929 年	现在具备有效认证资格（2004 年 1 月获得认证资格）	现在具备有效认证资格

美国牙医协会-牙医认证委员会	American Dental Association Commission on Dental Accreditation	1975 年	现在不具备有效认证资格	现在具备有效认证资格
美国膳食协会-膳食教育认证委员会	American Dietetic Association Commission on Accreditation for Dietetics Education	1917 年	过去曾经具备有效认证资格	过去曾经具备有效认证资格
美国图书馆协会-认证委员会	American Library Association (ALA) Committee on Education (CoA)	1924 年	现在具备有效认证资格（2013 年 4 月获得认证资格）	过去曾经具备有效认证资格
美国职业治疗协会-职业治疗教育认证委员会	American Occupational Therapy Association (AOTA) Accreditation Council for Occupational Therapy Education (ACOTE)	1923 年	现在具备有效认证资格（2013 年 4 月获得认证资格）	现在具备有效认证资格
美国验光协会-眼科教育委员会	American Optometric Association (AOA) Accreditation Council on Optometric Education (ACOE)	1934 年	现在具备有效认证资格（2012 年 9 月获得认证资格）	现在具备有效认证资格
美国整蛊疗法系会系会-职业教育局	American Osteopathic Association Bureau of Professional Education	1897 年	过去曾经具备有效认证资格	现在具备有效认证资格
美国理疗协会-理疗教育认证委员会	American Physical Therapy Association (APTA) Commission on Accreditation in Physical Therapy Education (CAPTE)	1928 年	现在具备有效认证资格（2012 年 9 月获得认证资格）	现在具备有效认证资格
美国足病协会-足病认证委员会	American Podiatric Medical Association (APMA) Council on Podiatric Medical Education (CPME)	1918 年	现在具备有效认证资格（2004 年 4 月获得认证资格）	现在具备有效认证资格
美国心理学会-认证委员会	American Psychological Association (APA) Committee on Accreditation (CoA)	1948 年	现在具备有效认证资格（2013 年 1 月获得认证资格）	现在具备有效认证资格
美国微生物协会-美国微生物院校	American Society for Microbiology American College of Microbiology	1899 年	现在不具备有效认证资格	过去曾经具备有效认证资格

美国园林设计协会-园林设计认证委员会	American Society of Landscape Architects (ASLA) Landscape Architectural Accreditation Board (LAAB)	1899 年	现在具备有效认证资格（2003 年 4 月获得认证资格）	过去曾经具备有效认证资格
美国语言听力协会-听力学及语言语音病理学专业认证委员会	American Speech-Language-Hearing Association (ASHA) Council on Academic Accreditation in Audiology and Speech-Language Pathology	1925 年	现在具备有效认证资格（2003 年 4 月获得认证资格）	现在具备有效认证资格
美国兽医协会-教育委员会	American Veterinary Medical Association (AVMA) Council on Education	1946 年	现在具备有效认证资格（2012 年 1 月获得认证资格）	现在具备有效认证资格
临床牧师教育协会-认证委员会	Association for Clinical Pastoral Education, Inc., Accreditation Commission	1967 年	现在不具备有效认证资格	现在具备有效认证资格
综合健康教育认证委员会	Commission on Accreditation of Allied Health Education Programs (CAAHEP)	1994 年	现在具备有效认证资格（2011 年 9 月获得认证资格）	过去曾经具备有效认证资格
卫生管理教育认证委员会	Commission on Accreditation of Healthcare Management Education (CAHME)	1968 年	现在具备有效认证资格（2003 年 4 月获得认证资格）	现在具备有效认证资格
大学护理教育认证委员会	Commission on Collegiate Nursing Education	1996 年	现在具备有效认证资格	现在具备有效认证资格
英语专业教育认证委员会	Commission on English Language Program Accreditation	1999 年	现在不具备有效认证资格	现在具备有效认证资格
按摩治疗专业认证委员会	Commission on Massage Therapy Accreditation	1996 年	现在不具备有效认证资格	现在具备有效认证资格
验光配镜专业认证委员会	Commission on Opticianry Accreditation (COA)	1985 年	现在具备有效认证资格（2003 年 4 月获得认证资格）	现在具备有效认证资格

咨询与相关教育专业认证委员会	Council for Accreditation of Counseling and Related Educational Programs	1981 年	现在具备有效认证资格（2002 年 4 月获得认证资格）	现在不具备有效认证资格
脊椎矫正教育委员会	Council on Chiropractic Education (CCE)	1971 年	现在具备有效认证资格（2005 年 1 月获得认证资格）	现在具备有效认证资格
室内设计认证委员会	Council for Interior Design Accreditation (CIDA)	1970 年	现在具备有效认证资格（2013 年 9 月获得认证资格）	过去曾经具备有效认证资格
公共卫生教育委员会	Council on Education for Public Health	1974 年	现在不具备有效认证资格	现在具备有效认证资格
自然疗法教育委员会	Council on Naturopathic Medical Education	1978 年	现在不具备有效认证资格	现在具备有效认证资格
康复教育理事会 - 标准和认证委员会	Council on Rehabilitation Education (CORE) Commission on Standards and Accreditation	1972 年	现在具备有效认证资格（2012 年 9 月获得认证资格）	过去曾经具备有效认证资格
社会工作教育办公室认证理事会 - 认证委员会	Council on Social Work Education Office of Social Work Accreditation (CSWE) Commission on Accreditation	1952 年	现在具备有效认证资格（2003 年 4 月获得认证资格）	过去曾经具备有效认证资格
放射技术专业联合审查委员会	Joint Review Committee on Education Programs in Radiologic Technology (JRCERT)	1971 年	现在具备有效认证资格（2004 年 4 月获得认证资格）	现在具备有效认证资格
核医学技术专业联合审查委员会	Joint Review Committee on Educational Programs in Nuclear Medicine Technology (JRCNMT)	1970 年	现在具备有效认证资格（2013 年 1 月获得认证资格）	现在具备有效认证资格
医学教育联络委员会	Liaison Committee on Medical Education	1942 年	现在不具备有效认证资格	现在具备有效认证资格
助产教育认证委员会	Midwife Education Accreditation Council	1991 年	现在不具备有效认证资格	现在具备有效认证资格
蒙台梭利教师教育认证委员会	Montessori Accreditation Council for Teacher Education	1991 年	现在不具备有效认证资格	现在具备有效认证资格

美国临床实验科学认证机构	National Accrediting Agency for Clinical Laboratory Sciences (NAACLS)	1973 年	现在具备有效认证资格（2002 年 4 月获得认证资格）	现在具备有效认证资格
美国建筑认证董事会有限公司	National Architectural Accrediting Board, Inc,	1940 年	现在不具备有效认证资格	过去曾经具备有效认证
美国女性健康护理行业协会-认证委员会	National Association of Nurse Practitioners in Women's Health Council on Accreditation	1980 年	现在不具备有效认证资格	现在具备有效认证资格
美国艺术设计学院协会-认证委员会	National Association of Schools of Art and Design Commission on Accreditation	1944 年	过去曾经具备有效认证资格	现在具备有效认证资格
美国舞蹈学院协会-认证委员会	National Association of Schools of Dance Commission on Accreditation	1981 年	过去曾经具备有效认证资格	现在具备有效认证资格
美国音乐协会认证委员会，非学位教育认证委员会，社区学院或初级学院认证委员会	National Association of Schools of Music Commission on Accreditation, Commission on Non-Degree-Granting Accreditation and Commission on Community/Junior College Accreditation	1924 年	过去曾经具备有效认证资格	现在具备有效认证资格
美国公共事物管理学院协会-同行评议与认证委员会	National Association of Schools of Public Affairs and Administration (NASPAA) Commission on Peer Review and Accreditation (COPRA)	1970 年	现在具备有效认证资格（2004 年 1 月获得认证资格）	现在不具备有效认证资格
美国戏剧学院系会-认证委员会	National Association of Schools of Theatre Commission on Accreditation	1969 年	过去曾经具备有效认证资格	现在具备有效认证资格
美国教师教育认证委员会	National Council for Accreditation of Teacher Education (NCATE)	1948 年	现在具备有效认证资格（2013 年 1 月获得认证资格）	现在具备有效认证资格

美国环境卫生科学与保护认证委员会	National Environmental Health Science and Protection Accreditation	1967 年	现在不具备有效认证资格	过去曾经具备有效认证资格
美国护理教育认证委员会（前身为"美国护理认证委员会联盟"）	Accreditation Commission for Education in Nursing (ACEN) (Formerly National League for Nursing Accrediting Commission, Inc.)	1997 年	现在具备有效认证资格（2011 年 9 月获得认证资格）	现在具备有效认证资格
美国娱乐与公园协会-美国公园、娱乐旅游与相关专业认证委员会	National Recreation and Park Association Council on Accreditation of Parks, Recreation, Tourism, and Related Professions (COAPRT)	1965 年	现在具备有效认证资格（2003 年 1 月获得认证资格）	现在不具备有效认证资格
美国森林学会	Society of American Foresters (SAF)	1900 年	现在具备有效认证资格（2001 年 5 月获得认证资格）	过去曾经具备有效认证资格
教师教育认证委员会	Teacher Education Accreditation Council, Inc. (TEAC)	1997 年	现在具备有效认证资格（2012 年 5 月获得认证资格）	现在具备有效认证资格
美国天主教会证书与认证委员会	United States Conference of Catholic Bishops Commission on Certification and Accreditation	1982 年	现在不具备有效认证资格	过去曾经具备有效认证资格
国际消防联合学位认证协会	International Fire Service Accreditation Congress Degree Assembly (IFSAC-DA)	1990 年	现在具备有效认证资格（2011 年 1 月获得认证资格）	现在不具备有效认证资格
国际大学商学教育协会	International Assembly for Collegiate Business Education (IACBE)	1997 年	现在具备有效认证资格（2011 年 1 月获得认证资格）	现在不具备有效认证资格
规划认证委员会	Planning Accreditation Board (PAB)	不详	现在具备有效认证资格（2013 年 9 月获得认证资格）	现在不具备有效认证资格
技术、管理和应用工程协会	The Association of Technology, Management, and Applied Engineering (ATMAE)	1967 年	现在具备有效认证资格（2013 年 1 月获得认证资格）	现在不具备有效认证资格

国际航海认证委员会	Aviation Accreditation Board International (AABI)	1988 年	现在具备有效认证资格（2013 年 1 月获得认证资格）	现在不具备有效认证资格
听力教育学认证委员会	Accreditation Commission for Audiology Education (ACAE)	不详	现在具备有效认证资格（2012 年 5 月获得认证资格）	现在不具备有效认证资格
美国法医科学学会-法医学教育专业认证委员会	American Academy of Forensic Sciences (AAFS) Forensic Science Education Programs Accreditation Commission	1948 年	现在具备有效认证资格（2011 年 9 月获得认证资格）	现在不具备有效认证资格
卫生信息学与信息管理教育认证委员会	Commission on Accreditation for Health Informatics and Information Management Education (CAHIIM)	不详	现在具备有效认证资格（2012 年 9 月获得认证资格）	现在不具备有效认证资格
呼吸治疗认证委员会	Commission on Accreditation for Respiratory Care (CoARC)	1954 年	现在具备有效认证资格（2012 年 9 月获得认证资格）	现在不具备有效认证资格
公共服务教育标准委员会	Council for Standards in Human Services Education (CSHSE)	1976 年	现在具备有效认证资格（2014 年 1 月获得认证资格）	现在不具备有效认证资格
临床心理学认证体系	Psychological Clinical Science Accreditation System (PCSAS)	不详	现在具备有效认证资格（2012 年 9 月获得认证资格	现在不具备有效认证资格

资料来源：

1. Councils for Higher Education Accreditation. 2014-2015 Directory of CHEA-Recognized Organizations [EB/OL]. http://www.chea.org/Directories/index.asp, 2015-01-05.
2. Recognized Accrediting Organizations [EB/OL]. http://www2.ed.gov/about/bdscomm/ list/hiedfuture/reports/recognized-organizations.pdf, 2015-01-06.

注：笔者在参照上述美国高等教育认证委员会和美国联邦教育部官网资料的同时，还参照了各专业认证机构官方网站的相关数据，据此整体而成。

附录三　我国教育学一级学科博士学位基本要求

基本要求	具体要求
一、获本学科博士学位应掌握的基本知识及结构	1. 教育基本知识：主要包括教育哲学、课程与教学理论、教育史、比较教育、教育管理理论、德育理论、教育技术、教育测量、统计与评价等，其核心概念与基本要素包括：学习、教育、教育目的、教育制度、教育管理、学校教育、课程、教学、德育、教师、学生、教育技术、教学评价，等等。
	2. 教育专业知识：教育学研究的领域十分广泛，包括教育和人的发展的关系，教育和社会发展的关系等。教育学博士生应该根据所选的学科方向，全面系统掌握所从事研究领域的历史、现状及前沿动态，透彻了解和把握与自己研究相关的重要理论、核心概念及其历史脉络。
	3. 相关知识基础：与教育学密切相关的知识系统，其范围可以涵盖人文学科、自然科学和社会科学，在这些学科中，最重要的理论基础是哲学、心理学、历史学、社会学、管理学、经济学、统计学以及信息科学与技术等。教育学博士生应该根据自己的兴趣和方向，认真学习，使自己具有人文精神，形成科学思维，能够从不同的角度分析问题。
	4. 方法论知识：全面掌握教育研究的方法论原理及具体方法，有学术想象力，能独立从事本专业领域的研究工作，善于把握学科方向的前沿性问题，进行深入的创新性研究。
	5. 语言知识：教育学博士生应娴熟地运用中文，思维严谨，逻辑严密；同时，熟练掌握一门外国语，能够充分使用教育专业的外文资料，具有良好的国际学术交流能力。
	6. 教学知识：教育学博士生应掌握高等学校的教育教学规律，具备良好的教育教学能力，不仅能够系统讲授高校的课程，而且能够组织实施小组讨论、研讨会等，协助导师指导本科生和硕士生的学习与研究。

二、获本学科博士学位应具备的基本素质	1. 学术素养： · 具有献身科学与教育、服务社会和人民的历史使命感、社会责任感。 · 保持独立的学术人格，坚持实事求是的科学精神和严谨的治学态度。 · 热爱教育事业，熟练掌握高等教育教学技巧。 · 具有求实精神、创新精神和怀疑精神，勇于探索，对教育学术研究具有浓厚的兴趣。 · 具有相应的研究领域和学术专长，具备较好的学术研究潜力。 · 全面掌握教育研究的方法论原理与具体方法，有学术想象力，善于把握学科的前沿性问题，进行深入的创新性研究。 · 较为熟练地掌握一门外国语，能阅读本专业的外文资料，与国际同行开展本专业的学术交流。 · 具有团队合作的意识与能力，树立自觉尊重与保护知识产权的价值观念与态度。 · 保持学术良知，认真履行职责，维护学术评价的客观公正。恪守基本的学术道德、学术伦理或学术规范。
	2. 学术道德： · 严格遵守国家法律、法规及规章制度，维护科学诚信。 · 充分尊重他人劳动成果和知识产权，引证他人成果须实事求是。 · 严格遵守教育学专业的基本写作、引文和注释规范。 · 不捏造、篡改自己或他人的研究成果、实验数据。 · 不抄袭、不剽窃他人学术成果或论文。 · 不故意夸大研究成果的学术价值、经济或社会效益。 · 承担学位论文和其他学术著作发表的相应责任。研究成果发表时，根据贡献大小而据实署名；合作成果发表时应征得合作者的同意；不在未参与研究、未作出学术贡献的研究成果上署名；自觉杜绝一稿多投。 · 遵守国家有关保密的法律、法规。 · 遵守学术界公认的其他学术规范。
三、获本学科博士学位应具备的基本学术能力	1. 获取知识能力： · 掌握坚实宽广的教育学基础理论和系统深入的专门知识，追踪教育科学前沿，具有较强的教育专业能力、创新能力和实践能力。 · 具有良好的语言能力，能够熟练地阅读教育学专业的外文资料，运用外语撰写学术论文，进行国际学术交流。 · 熟练掌握信息技术，能够充分利用互联网和 CD-ROM 数据库检索、获取大量的学术研究成果与其他学术信息。
	2. 学术鉴别能力： · 坚持以教育的学术价值、创新性。前沿性作为衡量学术水平的标准。 · 熟悉教育研究的学术评价标准，坚持客观公正的原则。

	· 能够明确辨别教育研究问题的前瞻性、先进性与创新性。 · 能够准确判断教育研究方法与研究问题的适切性。 · 能够中肯评判教育研究成果的理论价值或实践应用价值。
	3. 科学研究能力： · 能够瞄准教育研究前沿，关注教育热点，提出有价值的研究问题的能力。 · 具有良好的学风和教育研究方法论素养，具备较强的研究潜力。 · 具有独立从事教育研究的能力，能够根据研究问题熟练地、适切地选择和运用质化和／或量化的教育研究方法。 · 具备从事教育教学活动、组织和领导学术团队、协调和处理工作关系以及参与有关专业管理的能力。
	4. 学术创新能力： · 教育学术创新能力主要表现在：能够开拓新的教育研究领域，能够运用新的教育研究方法，能够运用新资料论证重要观点或理论，能够提出教育领域的重要问题或命题，取得创新性的或具有较大学术价值或社会价值的教育研究成果。
	5. 学术交流能力： · 熟练地在研讨班、国际和国内学术会议上进行学术交流，表达学术思想与观点。 · 具有国际教育视野，开展跨文化的国际交流与对话。
	6. 其他能力： · 应该具有较好的口头表达能力、沟通协调能力和组织能力等。
四、学位论文基本要求	1. 选题与综述的要求：选题上，要求教育学博士生在广泛调查研究、阅读文献资料、辨明研究方向的前沿成果和发展动态的基础上，提出学位论文选题。博士学位论文所选题目应涉及对某问题的系统探讨，具有相当的广度、深度与工作量；选题应对理论研究、学术发展、教育发展与改革或社会进步有重要意义。选题要与专业研究方向一致，具有较为丰富的资料基础，具有学术可行性；选题时要对研究对象有明确的认识，清楚地提出研究问题；应在规定的时间内，就选题意义、前人成果、材料基础与实验条件、理论与方法等方面展开论证，提交学位论文选题报告，并广泛地听取专家意见。综述是指研究者针对某一专题，就某一时间内大量原始研究论著中的数据、资料和主要观点进行归纳整理、分析提炼而写成的综合性评述文字。综述要求在大量阅读国内外有关文献的基础上概括性地总结前人已经发表的研究成果，所运用的研究方法以及主要观点。综述不仅需要综合，也要分析、归纳与提升。它要体现以下特点：一是综合性，要纵横交错，既有时间的维度，又有空间的维度。二是评述性。对所综述的内容进行综合、分析、评价，反映综述者的观点和见解。综述不应是材料的罗列，而是对亲子阅读和收集的材料加以归纳、总结，做出评论和评价。对综述的要求是：选题合理，视角适切，逻辑清晰，层次分明，文献充分。

	2. 规范性要求：博士学位论文是综合衡量博士生培养质量和学术水平的重要标志，应在导师（组）指导下，由博士生独立完成。博士学位论文应体现前沿性与创新性，应以作者的创造性研究成果为主体，反映作者已具有独立从事教育科学研究工作的能力，以及在教育学科上已掌握了坚实宽广的理论基础和系统深入的专业知识。博士生在学期间一般要用至少两年的时间来完成学位论文。 博士学位论文可以是基础研究或应用基础研究，也可以结合科研攻关任务从事应用开发研究，但须有自己的见解或特色。教育学各专业应结合本学科专业的特点以及不同类型人才的培养要求，制定本专业博士学位论文的具体标准及要求。 为保证博士学位论文质量，导师（组）和院系应注意抓好学位论文选题、开题报告、课题检查、答辩等几个关键环节。论文选题要具有前沿性与创新性，开题报告要综合现有同类相关研究的成果并分析其不足，阐明论文的研究方法、研究思路、基本结构、材料来源与研究过程。要定期检查学位论文的进展情况，每隔 3-6 个月，博士生应在一定范围内报告论文进展情况。导师以及指导小组应帮助分析论文工作中的难点，找出不足，提出改进建议。拟申请学位论文答辩的博士研究生在学位论文答辩前 1-3 个月提请组织论文预答辩。模拟答辩过程，听取各方意见，进一步修改和完善学位论文。 论文应当包括：封面（论文题目、作者、单位、完成时间等）、版权页（论文独创性声明和关于论文使用授权的说明）、致谢和献辞、中英文摘要、目录、图表索引、正文、参考文献、附录等。 学位论文必须做到主题焦点集中；研究思路清晰，研究方案设计合理、可行；论文层次清晰，逻辑严谨；引用资料翔实可靠；观点鲜明，论证充分有力、文笔流畅，书写格式规范。
	3. 成果创新性要求：教育学专业的博士学位论文要求博士生站在学术发展的前沿，勇于开拓新领域，有创新性和学术价值或社会价值。论文要探索有价值的现象或新规律，或者提出了新命题，或者使用了新方法，或者运用了新的材料，还可以是真的有科学证据的方案、程序或产品等。 成果创新性可以从以下几个方面进行考察：（1）提出新的重要教育理论观念，得出新的认识或见解；（2）运用新的研究方法，拓展教育研究路径；（3）通过新的论证，丰富和完善或证伪前人的学说或重要理论观点；（4）提出了教育领域的重要问题或命题，富有新意与启发性。 博士学位论文创新性研究成果的体现方式包括发表在本专业领域的国际期刊、国内权威期刊或学位授予权单位规定的其他刊物的学术研究论文，登记授权的发明专利以及国家接受或颁布的标准等著作权成果，但是否发表不能作为判断成果具有创新性的唯一依据。

资料来源：国务院学位委员会第六届学科评议组：《一级学科博士、硕士学位基本要求（上）》[M]，北京：高等教育出版社，2014 年，80-84 页。

后 记

2015 年 4 月 10 日，按下博士学位论文"提交"键的那一刻，我独自对着电脑，一股莫名的惆怅涌上心头。或是因为完成了曾认为不可能完成的一项"重大工程"，而感到喜悦？或许是因为意识到美好的学生时代将要结束，而觉得不舍？或许是因为面临博士学位论文盲审的煎熬等待，而感到不安？5 月 4 日，在传统的"五四"青年节，我的博士学位论文盲审结果全部返回：全票通过！又一次，对着电脑我楞住了，那种无以言表的心路历程再次涌上心头。或许是因为多年坎坷的求学路总算迈出了一大步；或许是因为终于有资格撰写博士学位论文后记了；或许是因为而立之年的我即将要"立"起来了。屋外阳光明媚，内心却五味杂陈，纠结于以往的种种，留恋于快乐的时光，徜徉于青春的舞台……

我的博士学位论文是伴随着北京师范大学校园里的小麦一起成长的：从选题时的播种，到丌题时的发芽、撰写时的拔节、预答辩时的抽穗、盲审时的成熟，再到正式答辩时的收获。博士学位论文的"成长"让我深深体会到：起早贪黑的不一定是备战高考的"小朋友们"，也有可能是奋笔疾书的博士生；心力交瘁的不一定是互诉衷肠的异地恋，也有可能是历尽煎熬的博士生；蓬头垢面的不一定是生活落魄的流浪汉，也有可能是无暇顾及的博士生；吃外卖的不一定是日理万机的上班族，也有可能是一筹莫展的博士生。博士学位论文的完结更是改变了我对于距离的理解：世界上最遥远的距离不是你在图书馆学习我在宿舍睡觉这种心理距离，也不是你在农村我在城市这种物理距离，而是博士学位论文从摘要到后记的路漫漫其修远！面对博士数载上下求索的荆棘岁月，我只想大吼一声：我勒个去！

......

本研究是以我的博士学位论文为基础，也是对博士学位论文的进一步拓展和延伸。同时，本研究还获得了全国教育科学"十二五"规划国家青年课题"中美研究型大学博士生教育质量保障体系的比较研究"（课题批准号：CDA150129）的资助，在此表示感谢！如今的自己，已为人父。蓦然回首曾经的青涩少年，竟也敢激扬文字谈笑之间。此刻我要感谢一路上悉心指导、帮助和照顾我的各位师长、挚友和亲人。

感谢我的博士生导师马健生教授。2011 年 6 月 23 日老师同意我报考，2012 年 3 月 10 日我进入了面试，2012 年 5 月 20 日接到拟录取通知，2012 年 9 月 6 日正式进入了北京师范大学教育学部，这几个时间节点至今仍深深地印在我的脑海中。感谢老师给予我学习的机会，让我有幸加入"马家军"这个温暖而又充满朝气的大家庭。短短三年的相处，常常聆听老师的谆谆教诲，时时感受老师的大家风范，这是我成长最快、收获最多的人生阶段。忘不了老师曾告诉我为学要做到"四个学会"、做研究要牢记"四个意识"、学习生活中要学会时间管理……何其幸哉承蒙恩师迷津指点，方知书囊无底还需力学笃行。他不仅是一位优秀的老师，更是一位很好的咨询顾问，每每当我遇到困惑抑或不解时，只要与他一沟通，顿时感觉"这都不是事儿"、"世界真美好"！师者，所以传道受业解惑也，这种亦师亦友亦父般的师生缘，不就是古往今来的学生们所向往的吗？能够在求学期间经历如此，是我莫大的荣幸！

感谢王英杰、刘宝存、谷贤林、林杰、沈文钦等老师在我整个研究过程中提供的宝贵建议和指导。感谢我的硕士生导师徐辉教授和师母曹莉，老师和师母的时刻挂记让作为学生的我深为感动。感谢陕西师范大学教育学部陈鹏、李延平、杨洁等老师的支持与帮助。当然，本研究的顺利开展也离不开朋友们的相陪相伴和扶持，是他们让我真切体会到何为温暖、何为真挚情谊、何为谦虚笃行、何为齐心协力！

世间最难得者兄弟，天下无不是底父母。十多年前一首《常回家看看》红遍了大江南北，而对于当年年少懵懂的我而言，并未体会到歌曲本身的内涵；十多年后一首《时间都去哪儿了》又唱响了祖国大地，已然而立的我，回首和审视周围所发生的一切，不禁问：时间都去哪儿了？谢谢你们给予我的一切！也感谢妹妹多年来的帮助和支持！

感谢我的妻子翟月和女儿小拾叁，只想说有你们真好，真幸福！

汪国真在《走向远方》中如此写道："人生苦短，道路漫长，我们走向并珍爱每一处风光，我们不停地走着，不停地走着的我们也成了一处风光。"我要感谢自己心中那个催促我奋进的力量和智慧之神，惟愿能够留住她，让她始终陪伴我。在未来的工作和学习中，争做一名"高富帅"：高在精神、富在学识、帅在行动！

陈　玥

2015 年 5 月 10 日写于母校北京师范大学

2021 年 9 月 30 日补充于陕西师范大学